国家「十一五」重点图书出版规划项目

中国古代地方政治研究

马新 主编

秦汉乡里控制研究

王爱清 著

山东大学出版社

图书在版编目(CIP)数据

秦汉乡里控制研究/王爱清著．—济南：山东大学出版社，2010.4
(中国古代地方政治研究/马新主编)
ISBN 978-7-5607-4060-7

Ⅰ．①秦…
Ⅱ．①王…
Ⅲ．①农村－行政管理－政治制度－研究－中国－秦汉时代
Ⅳ．①D691.2

中国版本图书馆 CIP 数据核字(2010)第 054130 号

山东大学出版社出版发行
(山东省济南市山大南路 27 号　邮政编码：250100)
山东省新华书店经销
山东新华印刷厂印刷
720×1000 毫米　1/16　16.75 印张　248 千字
2010 年 4 月第 1 版　2010 年 4 月第 1 次印刷
定价：35.00 元

总 序

地方政治相对于中央政治而言，是历代王朝政治的重要组成部分，无论是研究中国政治史，还是研究历代王朝的治乱兴衰史，或者是研究经济史、军事史、社会史等等，都离不开对地方政治的研究。地方政治的变迁既受制于中央王朝政治，同时也对中央王朝政治的方方面面施加着自己的影响；尤其是它处于国家与社会之间，上承王朝之政令，下理社会之秩序，所以说地方政治之优劣，直接关系到社会的安定与进步，更关系到王朝的兴衰。

一

地方政治相对于中央政治而言，其存在的前提自然是中央王朝的存在，因而，自夏商王朝起，中国的地方政治即告产生。自此至清王朝，中国历史上的地方政治可以分为前、后两大时期：前期即夏商西周春秋时代，是以分封制为核心的地方政治；后期即战国至明清时代，是以郡县制为核心的地方政治。

以分封制为核心的地方政治实际上又是一种共主政治。在这一政治体制下，地方当政者拥有较为完整的政治、军事与经济权力，他们与中央政权的关系实质是联盟与共主的关系。各个方国、诸侯国可以视为中央政权的地方政权，而中央政权也可以视为各方国的共主，具有一定的政治联盟关系。夏商周时代的地方政权也就是各方国或诸侯国，可以分为前、后两期。前期方国如一盘散沙，平行分布，从亲缘与地缘的合作关系，到松散的联合体，再到共主的逐渐形成，其自身的独立性都是比较强的，可以说是相对独立的政治单元。后期方国则分为两类：一类是臣服的方国，一类是分封的方国。后者又可称之为“封国”。分封制下的层层分封，造就了两种政治单元：各封国与天子是册封与共主关系，具有较强的独立性；封国内部虽也是层层分封，却实现了相对的一统，诸侯对卿大夫所拥有的权力往往要大于天子之于诸侯所拥有的权力。

在共主制下，虽然号称“溥天之下，莫非王土；率土之滨，莫非王臣”，但实际上，共主地位的奠定首先是依托力量的制衡。在自己的王畿内，共主是绝对的权威，在自己的血缘属邦内，也有相应的权力延伸；但在其他称臣的邦国那里，则只能靠震慑力维持其共主地位，所谓的侯服、甸服、绥服、荒服、要服等五服，反映的就是这种现实。到西周时代，王畿与血缘属邦这类核心层邦国占据了主导地位，周天子作为共主的地位也至于顶点。

在西周时代，各方国地位的确立通过自上而下的分封进行。分封中，既有天子贵戚，也有异姓勋旧，还有大量的称臣纳贡的异姓方国。前者为鲁，后者有齐，第三类为楚，均可作为各自的代表。一旦完成分封，各自就国，他们便享有充分的政治自主。对于天子，他们只有从征与纳贡的义务；而对于封国内的卿士民众，他们则有完全的处置权。西欧中世纪所谓“我的附庸的附庸，不是我的附庸”，放到这里，也是十分恰当的。

以郡县制为核心的地方政治实际上是集权政治。在这一政治体制下，各级地方政权都只是王朝中央集权中的一个环节，并不具备独立的地方权力，他们对于中央王朝都是服从与被统辖的关系。当然，东汉末的州牧、刺史与唐代的藩镇另当别论，它们都是正常体制外的产物。

郡县制自战国定型，一直延续到近代社会，这是一种上下一体、纵向贯通的地方政体。每一层次的政权所拥有的权力尽管不尽一致，但对于其上层权力的责任反馈是一致的。这一制度与官僚制密切相关，每位地方长官都是代行皇帝或中央政府所赋予的权力，没有自身的权力或利益分割，也不向此外的任何人负责，自然，他们也都是自上而下委任产生的。

自战国到明清时代，郡县制可以划分为三大阶段，即郡政阶段、州政阶段、省政阶段。三大阶段中，县与县政一直相对稳定，中央与县级政权之间的变动是三个阶段地方政治演变的主要内容。

秦分天下为三十六郡，实行郡、县两级制，汉沿袭之，是为郡政阶段。自秦至西汉时期，郡一级的权力较为集中：郡守集行政、经济、民政、司法诸权于一身，一郡所有事务都经由郡守上传或下达。与之相应，郡守的地位颇高，尚书令、尚书仆射有外任郡守者，郡守也往往可以入为三公九卿。另外，作为其副贰的郡尉掌军事，监郡御史掌监察。自武帝始，在全国范围内设十三部州，十三部州刺史以六条问事监察地方官，主要以郡守为监察对象。十三部州实际上是十三个监察大区。到东汉时代，州刺史渐成一级长官，尾大不掉，在东汉末年的分崩离析中，他们是主要的割据者。

自魏晋至宋为州政阶段。一方面，举国之内，实行州、县二级制；另一方面，在州与中央王朝之间，又断断续续但又越来越明确地存在着一级组织，从汉之部州、唐之道，到北宋之路，重复地实现着由监察大区向行政大区的转变，因此，又可以说，这一时期是二级制向三级制的过渡时期。在这一过渡时期中，唐代是一个重要的转折点。唐代仍实行地方二级体制，即州县制，也试图在州之上设立监察大区，所设各道观察使、黜陟使、采访使、按察使以及节度使等等，最初都是只负有监察或某一专项事务。但在运转的过程中又是渐以坐大，拥有了一道中的军政全权，成为一方割据者。如洪迈所言：

> 唐世于诸道置按察使，后改为采访处置使，治于所部之大郡。既又改为观察，其有戎旅之地，即置节度使。分天下为四十余道，大者十余州，小者二三州，但令访察善恶，举其大纲。然兵甲、财赋、民俗之事，无所不领，谓之都府，权势不胜其重。①

唐代后期，面对地方割据势力的日益发展，唐王朝在可能的范围内运用了巡院这一新设机构对地方加强控制与管理。唐中央之所以对江南有比较稳定的控制，与当地巡院机构之完备不无关系。不过，在唐后期特定的历史条件下，强藩跋扈已成事实，巡院对此也无能为力。至北宋立国，取法巡院之意，置诸路转运使，使我国地方政体正式由监察大区向行政大区过渡，维

① 洪迈：《容斋三笔》卷七。

护了中央集权的统治。

北宋一般是每路均设一转运使,“各分路列职”,置有使司,故北宋之诸路转运使又称“逐路转运使”。宋初分全国为十五路,后增至二十余路,转运使也增至二十余员,这一点与设于诸道的唐代巡院是一致的。

北宋转运使的理事特点是“事无大小,悉条陈上阙”,多督察权而较少处理权。如大中祥符五年(1012),“以侍御史赵稹为兵部员外郎,益州路转运使……稹至部,事无大小,悉心究访,至有一日章数上者”①。

自元至明清为省政阶段。这一阶段,实行了比较规范的省、州(府)、县地方三级政制。与郡政时代之郡以及州政时代之部州、诸道相比,省政运转有三个显著特点:其一是省级权力的分割恰如其分,既避免了过分集权之悍,又无诸权分散之弱。如明前期,一省之中,布政、按察、都指挥三司并存,均直接向中央王朝负责;中期以后,虽然大政统于督抚,但中央王朝各有司对省内诸司的制约仍十分有力。其二是地方大吏督抚分设,互相制约,也颇见成效。其三是省级军事、监察、漕赋诸权弱化,以中央王朝的垂直管理为主,这在很大程度上强化了中央集权。明、清两朝很少出现督抚坐大而割据者,这是非常重要的内在原因。②

以郡县制为核心的地方政治以中央集权式的中央王朝的存在为前提,自战国至明清,延续了两千年,是中国历史上持续时间最长、影响力最为深远的地方政治形态。因此,我们对中国古代地方政治的研究主要是以此为对象。

二

中国古代的地方政治是在中央集权政体下的地方治理,因而,其范围既与中央政治的运转相对应,又与地方社会的要素相配合,包括政治、军事、民政、司法、赋役等诸多方面的内容。从政治运转的角度分析,地方政治又可

① 《续资治通鉴长编》卷七七。

② 以上参见齐涛主编《中国政治通史·总论》第1卷,泰山出版社2004年版,第20、22~25页。

以分为两大运行系统，即上行系统、下行系统。

所谓上行系统，是指地方政权对中央王朝的政治反馈系统。就中央政权而言，地方政权是其基础所在，虽然韩非子早已设计了“事在四方，要在中央”的集权体制，但对于一个庞大的王朝而言，中央王朝不可能事无巨细，一切通揽，而必须向地方政府分权、授权，使其能够履行中央王朝所赋予的职责。对于地方政权而言，忠实地执行中央王朝的政令，行使其法定的职掌之责，是应有之义。但是，地方事务毕竟千头万绪，千差万别，中央政令难以全部涵盖，而且，地方政权从维护当地利益、保障地方势力权益出发，也与中央王朝存在着种种的矛盾，也时时在扩大着其政治权力与政治影响，对此，中央王朝又要加以制约与调整。

在上述条件下，地方政权对中央王朝的政治反馈系统便包括了正反馈与负反馈两个部分。正反馈是地方政权忠实有效地执行中央政令的反馈；负反馈则是与中央政令相左的政治行为的反馈。两种反馈构成了地方政治较为完整的上行系统，对地方政治与王朝政治同样起着重要作用。

以清代地方财政为例，虽然清初仍继承明代旧制，将地方赋入分为上解银与地方存留银两项，但因军务所需，中央不断裁扣地方存留银的比例，使地方财政难以为继。如直隶灵寿县，每年地方存留银原为6323两，经多次裁扣，至康熙二十年(1681)，每年仅为1700两，是原额的1/3。[①] 对于这一财政政策，地方官员有两种作为：一是尽力满足政策所需，压缩地方开支。有一些地方官员甚至因经费难以筹措而自杀。顺治十四年(1657)，清世祖为此下诏称：“近见州县官有自尽者，动称为此苦累，或实缘钱粮不足，供应不能及额……有司疲于奔命，勒索过当，除自尽之外，几无良策。”[②]二是变相变更财税政策，向百姓加征“火耗”、“羡余”等等。顺治年间，“天下火耗之重，每银一两有加耗至五钱者”[③]。其原因固然是“存留名目节次裁减，州县之事束手无策，势不得不私派之民”[④]。但这一作法对整个王朝赋税体系的

---

① 《康熙灵寿县志》卷四《田赋志》。

② 《清顺治实录》卷一一〇。

③ 《清顺治实录》卷八五。

④ 《康熙灵寿县志》卷四《田赋志》。

冲击、对百姓的侵害都不可低估。[①]

地方官员的前一种作为属于正反馈,后一种作为则属于负反馈。在两种反馈的交互影响下,清王朝不得不调整财税政策。雍正初年,在全国范围内实行耗羡归公和养廉银制度,使地方政治走上了较为良性的运转道路。

所谓下行系统,是指地方政权对基层社会的管理系统。前已述及,各王朝中央对基层社会的管理都是通过地方政权实现的,在实现社会管理的职能中,三个子系统构成了地方政权下行系统的基本架构,即官方组织系统、半官方组织系统、民间组织系统。

官方组织系统较为明确,是指以州县为主体的行政机构与各级官员,这是下行系统中的骨干子系统。

半官方组织系统处于不稳定状态中,它主要指乡里组织及充任人员。乡与乡官虽然都在正式的政府组织体系之中,但乡并非一级政区,而乡官也往往不是正式的品秩官员。唐宋以来,乡与乡官更是既无衙署,又无品秩,已成为职役。如唐代之里正实际上在行使乡之职掌。所谓里正,如王梵志诗所言:"当乡何物贵,不过五里官。"[②]但里正的选任却是"县司选勋官六品以下白丁清平强干者充",无适当人选时,"里正等并通取十八以上中男、残疾等充"。[③] 乡之下的村官自始至终都是无品无秩。唐以前的里正以及唐代的村正都是这样的村官。

无论是乡官还是村官,也无论其职掌与权力如何,大都具有两个共同的特点:其一,他们都处在官方组织体系中,其人选的使用完全由地方政府决定,他们也必须听命于各级政府;其二,他们一直都不是王朝的正式官员,无品无秩,绝大多数人都不可能由此进入官僚队伍与官方组织体系。正因为此,我们将这一系统称作"半官方系统"。

乡里系统虽是半官方系统,但其职能却直接承自县级政权,完成着县级政权对基层社会管理的重要内容。如唐代之里正,即"掌按比户口,课殖农

---

① 参见郑学檬主编《中国赋役制度史》,上海人民出版社 2000 年版,第 603~604 页。

② 《全唐诗补编》,中华书局 1992 年版,第 707 页。

③ 《通典》卷三《食货三》。

桑,检查非违,催驱赋役”[1]。仅就“催驱赋役”而言,他们如不能按期催纳上缴,或者笞杖判刑,或者代人输纳,苦不堪言。这一系统对地方政权的正反馈与负反馈状况,直接关系到地方政治的效能,是地方政治的要害所在。

民间组织系统是指非官方的在地方社会具有较强影响力的组织与人员。就中国古代社会的情况而言,主要有宗族组织、民间结社、地方乡绅势力三种力量。尽管它们都是官方体系之外的社会力量,但由于在地方社会中的实际影响力,任何时代的地方政府都必须正视并依托之。在多数情况下,它们对地方政府是顺从与配合。东汉宗族势力与地方官员的配合,唐代民间结社与官方的合作,明代乡绅对乡约的推广,等等,实际上都起到了地方政府难以发挥的作用。与此同时,在一些时期,上述力量都可能尾大不掉,形成与地方政府抗衡的力量。比如,汉代地方长吏上任伊始,往往要“先问大姓主名”,一些宗强大姓根本不把地方政权放在眼里。正如《汉书·酷吏·严延年传》所记:

> 大姓西高氏、东高氏,自郡吏以下皆畏避之,莫敢与牾,咸曰:“宁负二千石,无负豪大家。”宾客放为盗贼,发,辄入高氏,吏不敢追。浸浸日多,道路张弓拔刃,然后敢行,其乱如此。

又如,明代乡绅势力颇大,地方社会“无一事无绅衿孝廉把持,无一时无绅衿嘱托”[2]。曾任太仓州知州的陈瑛就深有感触地说:凡地方兴举之大事,“必集儒绅耆彦议”[3],否则,会一事无成。更为重要的是,在一些特定的情况下,宗族组织、民间结社以及地方乡绅势力都有可能成为官方体系的叛逆者,它们对于地方政治的威胁往往要远远大于对王朝政治的威胁。

在政治史研究中,制度与法律的研究固然重要,但政治制度与政治运行在实际政治过程中往往并不一致,在地方政治中尤其如此,所以,我们认为,中国古代地方政治运转中的上行系统与下行系统应当是地方政治研究的一个关键领域。

---

① 《通典》卷三《食货三》。

② 明人刘宗周语,转见冯贤亮《明清江南地区的环境变动与社会控制》,上海人民出版社 2002 年版,第 492 页。

③ 张国维:《吴中水利全书》卷二五。

三

郡县制以来的中国古代地方政治经历了两千年的演进，繁复多变，难以条缕，但从其总体脉络看，还是有着一以贯之的一些共同特点。比如，地方政治的集权与被集权，地方政治运转中中间组织的缺失，以及地方组织体系波动与稳定的统一，等等，都值得深入研究。

就地方政治的集权与被集权而言，主要是指处于整个王朝的中央集权政体下，地方之权必然要被集中于中央，同时也必然要被集中于长吏之手。这一点对中国古代的地方政治影响至大。

先看地方之被中央集权问题。军权方面自不待言。此外，财政、民政、用人诸权也多由中央直接掌控。这种被集权的结果直接带来了吏治的效率低下、敷衍塞责、唯上是从以及政以贿成等问题。

包拯为监察御史时，曾上奏《请支义仓米赈给百姓》。其中写道：

> 臣访闻江浙、荆湖等路自去秋亢旱，田苗一例灾伤，即日米价甚高，民食不足。若不速令救济，必致流亡。强壮者起为盗贼，老弱者转死沟壑。因此生事，为患不细。缘诸州除军粮、常平仓外，别无大段斛斗准备。窃知王琪见起请义仓，所在见管米数稍多，州县未必敢专辄支用。若一一取候朝廷指挥，往复数月，当此艰食之际，恐无所及……①

包公此奏既写明了地方州县对于赈灾专用的“义仓”之粮也无支用权，又说明了“一一取候朝廷指挥”，则要“往复数月”的效率之低下。这在历代王朝中是普遍现象。

既然中央事事集权，地方长吏便事事请示。如明人即言当时的地方官“若米盐琐细一一上闻，则所遗者反大矣”②。请示过后，则是以上方意思为准，敷衍塞责：“上官曰是，彼亦是；上官曰非，彼亦非；迨其后事势乖违，民怒沸腾，彼则曰此是上官之意。”③由是，公文往来成弊，行政效率每况愈下。

---

① 《包拯集校注》卷一，黄山书社1999年版。

② 于慎行：《谷山笔麈》卷一〇。

③ 徐栋：《牧令书》卷五。

再看地方权力集中于长吏问题。这一问题的关键在于州、县二级政府均为一长制,除长吏之外,再无制约抗衡之人。而地方政府政烦事冗,属于全权政府,虽然在财政、民政以及用人上要听命中央、受制于上司,但在其治下,其可自由裁量的余地甚大,尤其是那些中央政府干预较少的治安、诉讼、民事、征调等方面,更是可以因缘为奸。

如是看来,长吏对地方政务几乎是包揽无余。难怪时人言州县之长吏"六部之事系于一人"。这些事务中能够因缘取利的不在少数。柏桦曾对此分析道:

> 钱粮征收上为州县官提供诸多方便。首先,征收钱粮有耗羡,一般是百分之二三十,有些地方加耗更多,"乃至加耗银数倍(按,五倍)正数、十百正数,九重宁复知有此耶!"[①]朝廷不知,全在州县官加减。其次,这些加耗是州县官能够使用的主要经费来源,一个县官自己要吃用,要交际上司,要取"无碍官银,过往上司使客要下程小饭"。州县各种公费开支无不从此支出。再次,这些加耗是州县官主要的经济收入,若是清白的州县官,本着"我若把你们县里的银子拿到家里买田起屋,这样柳盗跖的事,我决不做他。你若要我卖了自己地,变了自己的产,我却不做这样陈仲子的勾当"[②]。而更多的州县官是能够把这些银子拿到家,在原籍置下许多田地房产。此外,这笔钱还用于行贿,所以"至朝觐年,则守令以上必人辇一二千金入京投送各衙门及打点使费"[③]。大多是依靠这笔钱粮的耗羡。由此可见,钱粮是既易见功,又易见利的事,州县官们把此事作为施政重点,当然也在情理之中。[④]

就地方政治运转中的中间组织的缺失而言,这一状况同样植根于中国古代的中央集权政体。打开中国政治史,我们可以清楚地看到,中国历史上的各级政府是全能的一元化政府,从中央到地方,有着机构齐全、涵盖几乎

---

① 《海瑞集》上编《兴革条例》,中华书局 1962 年版,第 61 页。

② 西周生:《醒世姻缘传》第十二回《李观察巡行收状,褚推官执法翻招》,上海古籍出版社 1981 年版,第 172 页。

③ 刘宗周:《刘子全书》卷一七《遵例请旨严饬禁谕以肃觐典疏》。

④ 柏桦:《明代州县政治体制研究》,中国社会科学出版社 2003 年版,第 210～211 页。

所有事务的机构与管理者。无论是关乎国计民生的大小事务，还是司法、治安、民政以及宗教、教化等等，都在各级政府的一元化管理之中。如经济事务的管理，从农业到工商业，无一遗漏。中央王朝既有大农令、大农丞、劝农使，又有均输官、平准官，还有工部、户部、少府，等等。县一级则有工曹、户曹、市曹等等，县城中的市场也有市令与均平令进行市场秩序维护与物价管理。社会精神生活与不同信仰也在一元化的管理下，倡导什么礼俗，尊崇什么宗教，以至于表彰孝子烈妇，调和邻里之争，也都在地方政府的统辖之下。

从朱元璋为地方官制定的《到任须知》，我们可以较为直观地了解地方政府的全能化功能。该《须知》共三十一款，内容如下：

1. 祀神有几。2. 养济院孤老若干。3. 见在狱囚若干，已完未完。4. 入版籍官军田地若干，官粮民粮若干。5. 节次奉旨制书及秦朝旨榜文谕官者若干。6. 本衙门吏典若干。7. 各房吏典不许挪移管事，违者处斩。8. 承行事务已完若干，已施行未完若干，未施行若干。9. 在城印信衙门若干。10. 仓库若干。11. 所属境内仓场库务若干，支用若干。12. 系官头匹若干。13. 会计粮储，每岁所收官民税粮若干，支用若干。14. 各色课程若干。15. 鱼湖几处，岁课若干，备开各湖多少。16. 金银场分若干，坐落何山川，所在若干。17. 窑冶各开是何使器及砖瓦名色。18. 近海郡邑煮海场分若干。19. 公廨间数及公用器皿裀褥之类若干。20. 邑内及乡村官房舍，有正有厢若干。21. 书生员数若干。22. 耆宿几何，贤否若干。23. 孝子顺孙，义夫节妇，境内若干，各开。24. 境内士君子在朝为官者几户。25. 境内有学无学，儒者若干。26. 境内把持公私，起词讼者有几，明注姓氏。27. 好闲不务生理，异先贤之教者有几。28. 本衙门及所属该设将禁弓兵人等若干，各报数目。29. 境内士人在朝为官，作非犯法，黜罢在闲者几人，至死罪者几人。30. 境内民人犯法被诛者几户。31. 境内警迹人若干。

与之相应，中国古代历史上没有独立于政府管理之外的宗教体系与宗教组织，也没有自成体系、相对独立的工商业行会或居民自治组织。中国历史上存在过宗法血缘组织，也有过村社组织，但它们都在政府的管理之中，实际上都是政府体系的末梢或变体，一旦成为异己的力量，政府会毫不犹豫地加以革除。而在欧洲中世纪，则是另一番景象。从经济体系看，欧洲是典型的二元体系：一方面是领主领地内自给自足的庄园经济体系，另一方面则是游离于其外自发形成的城市工商业经济体系。无论是君主还是领主，对城市工商业与市民都没有形成有效的管理，工商业行会的自主管理与市民自治是主要的管理模式。宗教体系也是如此。欧洲中世纪的教权和君权虽然经历过激烈的斗争，但从总体上看，是君权屈服于教权；宗教体系自立于国家体系之外，制约着人们包括君主与领主的精神世界与社会生活，实际上也制约着君主权力的行使。

就中国古代地方组织体系的波动与稳定的统一而言，主要有以下两大表现：

其一，中国古代的政治体制与政治格局处于不断的波动变化中，或者是统一的王朝政治，或者是分裂割据势力；或者是划一的郡县式地方政体，或者是间杂有分封制、准分封制的郡县制地方政体。但是，无论是统一王朝时代，还是分裂割据时代，各王朝包括各割据王朝对地方政治的管理主要都是采用集权的郡县式体制。西汉初年的分封异姓王、同姓王，仅是局限于部分地区，且历时不久；西晋的分封诸王也只是准分封制，历时更短；明朝虽然也实行分封藩王的制度，且其在明前中期对中央造成的危害也很大，但主体上实行的仍是郡县式集权管理政体。因此，中国古代地方政体一直是较为稳定的郡县式政体。

其二，在郡县式政体这一大格局中，中国古代的地方政体也表现出了波动与稳定的统一。值得注意的是，波动的部分多集中于地方政体的两端，即中央王朝与县之间二级制、三级制的波动，县至村聚间乡里之制的波动。处于中端的县与县政则保持了两千年的稳定。

前已述及，中央王朝与县之间的变动是中国古代地方政治不同阶段的标志性内容。县至村聚间乡里之制的变动可以分为两个时期：前期为秦汉至隋唐间。在此期间，乡里之制演化为乡村之制。后期为宋元明清时期。在此期间，规整简明的乡村之制演化为复杂多元的乡里管理体系。尤其在明清时代，这种复杂多元已无以复加。如冯贤亮所言：

不同府之间、同一府内的不同州县之间，基层控制系统往往无法统一。这种情况的出现，可能与各地的行政惯例和乡村传统有着密切关系。仅以文献记载的基层体系的分层来看，明代江南地区的基层管理系统根本无法统一，而且各府州县地区基层系统的分层至清代又有所不同。

为说明这一问题，他制作了《明清两代江南各府主要基层体系对比》[①]一表，兹转引如下：

	明代	清代
苏州府	县——乡—都(保)—区—扇—里(图) （县）沙—乡—团	县—乡—都—区—扇—图—圩 县—乡—都——图—圩 （都）—保—圩
松江府	县——乡—保(都)—区——图(里)	县—乡—保—区—图—圩 （乡）—团—镇 （团）—路
常州府	县——乡—都——保(图)	县—乡—都——图—圩 （都）—保—圩
嘉兴府	县——乡—都——区—扇—里	县—乡—都—区—扇—圩 （都）—扇—圩 （都）—区—里(图)—圩
湖州府	县——区—乡—都—里—(图)	县——路—区—乡—庄——圩 （县）—乡—都—里(图)

由此表我们可以清楚地看到县以下基层体系的复杂与多元，这对同期的地方政治产生着重要影响。

以上所述，当属浅陋，惟意在表明中国古代地方政治研究之意义。实际

① 冯贤亮：《明清江南地区的环境变动与社会控制》，上海人民出版社2002年版，第114～115页。

上，自20世纪以来，学界对中国古代地方政治之研究已灿然可观。早在20世纪前半叶，就有黄绶先生之《中国地方行政史》，黄豪先生之《中国地方行政》，程幸超先生之《中国地方行政史略》，朱子爽先生之《中国县制史纲》，瞿兑之、苏晋仁先生之《两汉县政考》，闻钧天先生之《中国保甲制度》等论著面世。20世纪后半叶，又有严耕望先生之《中国地方行政制度史》、商文立先生之《中国历代地方政治制度》、张厚安先生主编之《中国农村基层建制的历史演变》、赵秀玲之《中国乡里制度》等论著。与此同时，断代专题著作也不断推出，政治制度通史著作中也都有专门篇幅论述地方政治制度。如白钢先生主编之十卷本《中国政治制度通史》，各卷均为地方行政体制单列章目，进行较为充分的论述；齐涛主编之《中国政治通史》十二卷本、《资政通鉴》十卷本也从不同角度、不同层面对中国古代地方制度、地方政治的运作机制作了全方位的考察。

在前人研究的基础上，我们可以拥有更高的起点与更宽的视野；随着时代的发展与学术的进步，我们更可以找到前人尚未充分开拓的或是新的值得探讨的领域。比如，就地方政治研究而言，中国古代地方政治的分期、内涵及其特性都值得继续深入探讨；又如，以往的地方政治研究的重点往往在于对制度的研究，对于地方政治运转的研究稍嫌不足；再如，对于地方政治与地方社会的关系的研究，虽然前人也做了不少的工作，但仍有相当多的领域需要继续开拓，等等。

基于此，我们不揣浅陋，从不同角度、不同时段，对中国古代地方政治进行初步探讨，成此“中国古代地方政治研究”系列。可喜的是，该系列已列入国家“十一五”重点图书出版规划中，各卷撰著者在各自的领域也都颇有专攻。我们将殚精竭虑，精耕细作，陆续推出该研究系列，以就正于学界。

马 新

2010年4月于山大新校高阁书斋

目 录

绪论

一、概念的界定与选题的缘起

“社会控制”是社会学和政治学涉及较多的一个范畴。不过，从不同的视角和层面对其内涵的理解不尽相同。狭义上的“社会控制”可以说成是对个体越轨行为的控制，广义上则可以理解成社会力量以某种方式和手段协调与制约人们的活动以维护社会秩序的过程。社会哲学则从民族国家的角度将“社会控制”定义为社会结构的一种功能，既包括社会自觉结构的功能，也包括社会自发结构的功能。① 从范畴上讲，该定义更接近于广义之理解，其从社会结构审视社会控制的视角对于我们从宏观上把握一定时期国家与社会关系下的秩序构造特质和控制问题还是颇有启发意义的。本书涉及的社会控制系从社会结构入手对广义控制范畴相关问题的探讨。

“乡里”一词多被用来指代基层社会②，固然社会控制的具体实现并不局限于乡里，但乡里却是百姓基本的生活空间，更是国家赖以实现其各项职能

---

① 关于“社会控制”范畴的发展及其不同界定，杨桂华《转型社会控制论》(山西教育出版社1998年版)一书第119～132页作了专门研究。另外，穆怀中《社会控制概念和结构分析》(载《社会学研究》1988年第3期)一文也对此进行了探讨。

② 赵秀玲《中国乡里制度》(社会科学出版社1998年版)、仝晰纲《中国古代乡里制度研究》(山东人民出版社1999年版)二书中的“乡里”都非限于行政单位“乡”、“里”而言，而是以“乡里”指代称谓不尽一致的基层社会。

的基本场所，所以国家对乡里百姓的控制乃是控制之根本所在。自古国以民为本，对乡里百姓的控制模式及其效果直接影响和决定着国家的命运，当然也与百姓的命运息息相关。一般说来，历史上不同时期国家对乡里控制的方式和理念会表现出不尽相同的特征，这种控制方式和理念的不同既受制于各王朝或者王朝各阶段传承思想的影响，体现出国家在乡里控制途径上选择的自主性，又在更大的程度上取决于基层社会结构的历史现状。换言之，这种控制方式的选择只有较好地适应了该时期既存的基层社会结构，才能发挥出其社会控制的有效功能。当然，这种带有某种选择特征的控制方式反过来也会影响既存的社会结构，对其原型的改变和新型的塑造产生影响。任何一个时期的社会结构都不是一成不变的，而是随着社会多元要素的动态运动而处于不断变化中。这一方面会对现存的社会控制模式形成冲击，影响其对社会控制的实际效果；另一方面，社会稳定发展的需要又对原有社会控制模式提出不断调整的要求，国家唯有适时调整才能有效实现其控制功能。所以，选择从基层社会结构入手考察某一个时期的社会基层控制模式和特征，进而考察其动态演变的历程和实践效果，可以更好地展现该时期国家的基层统治理念以及国家与社会之间的互动关系，也可以使我们从深层把握该时期社会变迁的内在原因。

秦汉时期是我国古代基层社会结构塑造以及乡里控制原理形成的一个关键时期。随着专制主义统一中央集权国家的建立，国家在现实社会结构的基础上逐步建立起一套以乡、里为核心系统的乡里控制体系，并成为后世乡里控制体系构建的滥觞。在一定乡里社会结构的基础上，这样的一套乡里控制体系发挥了有效的控制作用。不过，由于乡里社会结构的发展变化，秦汉社会中一些新的因素也在不断孕育发展：诸如作为乡里百姓生存基础的土地制度从秦和汉初的国家授田逐渐发展成私有并导致愈演愈烈的兼并之害，乡里百姓等级关系由以爵为尊发展到以财势为高，百姓邻里关系由彼此嗜利冷漠发展成厚重互助，由国家抑制乡里豪民发展成豪强大族逐渐武断乡曲和把持了乡举里选，乡里百姓由原来的比地为伍到大量散亡，民间结社组织也不断兴起发展，等等。这些问题既反映了当时乡里社会结构发生的变化，也直接影响和反作用于国家制度设计对乡里控制的效果，从而使秦汉时期乡里控制和乡里秩序呈现出动态、复杂的局面。通过动态考察秦汉时期乡里社会结构诸构成要素与国家构建乡里秩序的关系，不但能加强我们对秦汉乡里社会本身变迁的宏观和深层把握，而且从历史发展的长时段来看，由于影响和决定国家乡里控制效果的诸种要素此时期大多已逐渐活跃于当时的历史舞台，并在其萌生、成长的过程中展现了其与国家乡里控制间的互动关系，其后来在国家与社会关系框架中的发展和形态充其量只是量而非质的变化而已，所以该研究对于把握秦汉之后各朝的乡里结构和秩序变迁问题同样具有重要的启发意义。就当前看，对农村的良性治理和运作机制的探讨一直是一个颇受关注的问题，我们对秦汉时期乡里控制问题进行研究并探讨其演变的规律，无疑也会对今天构建农村治理机制起到很好的借鉴作用。

二、学术史回顾与评述

秦汉乡里控制问题说到底就是秦汉基层社会的秩序构造和变化问题。由于控制范畴涉及面颇广，故而与之相关的成果极多，不仅出现了大量针对某些方面的具体研究成果，而且也形成了系统的理论。

（一）从乡里父老、豪族、宗族等民间社区力量和组织入手对秦汉时期乡里控制问题的研究

日本学者着眼于秦汉时期乡里秩序构造的结构和特质，就此问题的研究和讨论早已展开。守屋美都雄《父老》（载《日本学者研究中国史论著选译》第 3 卷，中华书局 1993 年版）一文从父老与子弟的关系的角度探讨了秦末汉初里内秩序的形成机制，认为：当时聚落的管理由称之为父老的首领来进行，汉代国家通过完善父老制度而获得了里中百姓的支持，当然随着社会的发展，里父老也会逐渐出现脱离民众的首领化倾向。增渊龙夫《汉代民间秩序的构成和任侠习俗》（载《日本学者研究中国史论著选译》第 3 卷，中华书局 1993 年版）一文从社会学的角度分析了以任侠习俗联结构成的汉代民间秩序的现实作用及其与构成外廓的政府秩序之间的关系，对土著、豪侠在乡里秩序中的作用和影响给予很高的评价。东晋次《东汉的乡里社会及其政治的变迁》（载《中国史研究》1989 年第 1 期）系统地阐述了秦汉时期的

“里共同体”理论，进而将汉魏时期乡里秩序的构造和变化解释成父老的里共同体——豪族与父老的里共同体——豪族的共同体的逻辑演进。文章指出：“东汉的乡里社会，由豪族统治与父老秩序的并存和角逐而豪族置父老秩序于自己的支配之下的方向变化发展。”这种所谓的“共同体”理论对于探讨秦汉乡里秩序构造及演进产生了深远的影响。当然，在充分注意到乡里自律性秩序存在的同时，国家行政力量在乡里控制和秩序形成中的作用也并没有被完全忽视。如西嶋定生就指出：古代中国乡村权力体系是“以通过二千石、令长这种郡县制实行地方统治为目的的官僚机构同三老、力田、父老这种具有地方自治共同体性质的机构之间的二元性结合”[①]。此外，五井直弘《汉代的豪族社会与国家》（名著刊行会 2001 年版）等也从乡里父老或豪族等入手对秦汉乡里权力结构和秩序构造作了探讨。总的来看，日本学者在这些方面的研究，一来非常重视理论性的分析，二来非常重视上述社会力量和组织在国家乡里控制中发挥的自律或自治功能，对之给予了非常高的评价。

日本学者突出乡里社会“自律性”而构建的所谓“共同体”理论，为部分国内学者所接受，如谷更有《唐宋国家与乡村社会》（中国社会科学出版社 2006 年版）一书“汉唐时期的父老与乡村控制”部分对汉代里父老、三老与乡里控制关系的探讨就是循此而展开的。国内大多数学者则不完全接受这一理论。如尹建东《“豪族共同体”论辨析》（载《华中科技大学学报》2002 年第 2 期）一文就汉末六朝“豪族共同体”存在的普遍意义提出质疑。文章指出：“‘豪族共同体’与乡里社会组织分属两种不同的类型，尽管东汉以来地方豪族对乡里社会的支配与控制程度大大超过了从前，但乡里组织并没有发生结构性改变。自上而下的行政权力始终是乡里社会权力体系的重要因素。”又说：“‘豪族共同体’是特定历史条件下的产物，并不具有普遍的社会意义。”“战乱是‘豪族共同体’形成的主要动因。但是，乡里组织重建之时，这类共同体自然面临解体的命运，其成员又会重新融入原来的乡里体系之中。”尽管在有关问题的认识上存在较大分歧，但立足于当时社会之结构，国

① ［日］西嶋定生著、冯哲佐等译：《中国经济史研究》，农业出版社 1984 年版，第 79 页。

内学者从父老、三老、宗族和豪强等民间社区组织和力量着眼对于秦汉时期乡里控制或秩序构造问题的研究还是取得了丰富的成果。

就国内从宗族、豪强、父老和三老与乡里秩序构造和控制关系入手的研究而言，劳干《汉代的豪强及其政治上的关系》（载《古代中国的历史与文化》，中华书局 2006 年版）从豪强与经济、豪强与宗族的团结及其领导性人物的影响、豪强与游侠等方面对汉代豪强与政治的关系进行了探讨；仝晰纲《秦汉时期的乡里豪民》（载《社会科学辑刊》1996 年第 3 期）、王彦辉《汉代豪民与乡里政权》（载《史学月刊》2000 年第 4 期）分析了豪民对乡里秩序的影响和冲击；张鹤泉《东汉宗族组织试探》（载《中国史研究》1993 年第 1 期）一文在对东汉宗族组织结构和特点分析的基础上集中考察了东汉宗族对地方统治秩序的影响；黎明钊《西汉中期之三老与豪强》（载《新史学》第 8 卷第 2 期，1997 年）集中分析了西汉中期乡里三老与豪强的结合及对乡里统治的影响；陈明光《汉代"乡三老"与乡族势力蠡测》（载《中国社会经济史研究》2006 年第 4 期）、牟发松《汉代三老："非吏而得与吏比"的地方社会领袖》（载《文史哲》2006 年第 6 期）和黄今言《汉代三老、父老的地位与作用》（载《江西师范大学学报》2007 年第 5 期）等文对乡三老、父老的身份及其在乡里秩序中的作用进行了较为深入的考察。马新师《里父老与汉代乡村社会秩序略论》（载《东岳论丛》2005 年第 6 期）一文则专门从官方地缘与宗族血缘有机联结的层面就里父老与汉代里内秩序的关系作了深入细致的剖析。张金光《有关东汉侍廷里父老僤的几个问题》（载《史学月刊》2003 年第 10 期）结合石券内容重点对里父老与乡里秩序的关系作了分析，认为当时国家必须依赖和通过父老者流的民间社会领袖人物来确立一种乡村社会秩序，乡里实际具有半自治的性质。此外，崔向东《汉代豪族研究》（崇文书局 2003 年版）一书第六章"豪族与乡里地方社会"集中探讨了汉代豪族与乡里权力结构的关系；尹建东《两汉魏晋南北朝时期关东豪族研究》（四川大学出版社 2007 年版）、赵沛《两汉宗族研究》（山东大学出版社 2002 年版）和马彪《秦汉豪族社会研究》（中国书店 2002 年版）等书对宗族、豪族、父老等与秦汉时期乡里控制和秩序的关系也都有所论及。

国内学者从民间结社组织着眼对汉代乡里控制和秩序问题的探讨主要

是围绕有别于里社的“私社”特别是“单”(僤、弹)展开的。在这方面,宁可《关于〈汉侍廷里父老僤买田约束石券〉》(载《文物》1982 年第 12 期)、黄士斌《河南偃师县发现汉代买田约束石券》(载《文物》1982 年第 12 期)、林甘泉《“侍廷里父老僤”与古代公社组织残余问题》(载《文物》1991 年第 7 期)、林兴龙《东汉〈侍廷里父老僤买田约束石券〉相关问题研究》(载《云南师范大学学报》2007 年第 4 期)等文,结合该石券对“单”的民间结社性及与国家秩序的关系进行了研究。张金光《论汉代的乡村社会组织——弹》(载《史学月刊》2006 年第 3 期)一文通过对汉代各种类型的“单”(僤、弹)的分析,得出汉代不但乡里民间社会自治、自助精神浓厚,而且当时政府对乡村社会控制能力强的结论;林兴龙《论汉代的民间互助组织》(载《历史教学问题》2009 年第 1 期)也以“弹”为中心分析了汉代民间的互助问题。杜正胜《“单”是公社还是结社? ——与俞伟超先生商榷》(载《新史学》1990 年创刊号)一文系统阐述了汉代“单”(僤、弹)是各种不同性质结社的观点。除从“单”(僤、弹)着眼的研究外,宁可《汉代的社》(载《文史》第 9 辑,1980 年)和马新师《论两汉乡村社会中的里社》(载《文史哲》1998 年第 5 期)两文也分析了汉代里社的变化,对汉代“私社”出现问题有所论及。杨华《战国秦汉时期的里社与私社》(载《天津师范大学学报》2006 年第 1 期)结合“社”及“单”等资料对战国秦汉时期里社与私社的关系作了探讨,认为在里社官方化、政治化的同时,被打散了血缘关系的编户齐民,又根据地缘关系、业缘关系结成信念的人群团体,这便是脱离于官方里社之外的所谓“私社”。该文最后得出结论:私社的出现并不比里社官方化、政治化的历史晚多少,可以上溯到秦汉帝国初期。以上诸家之论,多系从静态角度对民间“私社”的性质及其与当时乡里秩序的关系所作的分析。与之不同,韩国学者金秉骏《汉代乡里统治之变迁》(载《中华文化论丛》2004 年第 1 期)一文则从汉代乡里统治变迁的视角对“私社”与乡里秩序的关系提出自己新的看法,初步阐明其与社会结构变化的关系,颇具新意,但遗憾的是该文没能就此问题详细展开。

当然,学术界对于“单”(僤、弹)性质的认识仍存较大分歧,有的学者对其“私社”性质给予否认。如俞伟超《中国古代公社组织的考察——论先秦两汉的單—僤—彈》(文物出版社 1988 年版)一书第三章利用汉代的印章和墓碑资料，论证汉代“单”、里、社三者的合一性，高度评价了农村公社性质的“单”在汉代的相对完整性和持久生命力。秦晖《“大共同体本位”与传统中国社会》(中)(载《社会学研究》1999 年第 3 期)将“单”理解为里、社、“单”合一模式下的民政、社会组织，进而从“单”组织系统的复杂和强劲分析了国家乡里控制的行政单一性和渗透力。这样的争鸣对于研究的深入无疑具有重要的意义。

(二)从乡里组织及其相关制度职能入手对秦汉乡里秩序构建和控制问题的研究

建立在一定聚落形态基础之上的乡里行政组织是国家实现对乡里控制的行政机构，以乡官里吏为核心的诸项具体制度则是国家实现对乡里控制的主要手段和具体途径。所以，这些问题也成为以往探讨秦汉乡里控制和秩序构造特征的重要内容。

其一，关于秦汉时期乡、里、聚组织及其支配的研究，此方面研究可谓把握该时期乡里秩序构造和控制的基础。

由于传世史料记载的模糊不清，对于该时期存在或者出现的里、聚的性质、形态及其与国家乡里控制的关系长期以来存在较大的分歧。具体说来，围绕这一问题形成两种截然不同的观点：一种观点认为，秦汉为都市国家形态时期，从三国时期才逐渐出现了散村。日本学者宫崎市定《关于中国聚落形体的变迁》(载《日本学者研究中国史论著选译》第 3 卷，中华书局 1993 年版)和宫川尚志《六朝时代的村》(载《日本学者研究中国史论著选译》第 4 卷，中华书局 1992 年版)奠定了此说的基础。国内秦汉史研究者也不乏持此观点者，如张继海《汉代城市社会》(社会科学出版社 2006 年版)一书第一章就详细地阐释了该种观点。另一种观点主张秦汉散村型聚落论，即认为散居聚落不是到三国以后才出现的，不是都市国家形态因为豪族等势力的扩张而崩溃的产物，而是早已存在，在秦汉时期依然是乡里聚落的普遍形态。日本学者池田雄一《论汉代的里和自然村》(载《东方学》第 38 期，1969 年)和《中国古代社会聚落的发展情况》(载李范文等编《国外中国学研究译丛》第 1 辑，青海人民出版社 1986 年版)等文都认为里是自然村。马新、齐涛《汉唐村落形态略论》(载《中国史研究》2006 年第 2 期)一文充分运用新出材料，立足于汉唐散村性聚落的认识，动态地考察了汉唐时期乡里聚落形态的发展演变，指出汉代乡村组织里、聚合一和行政单元与自然聚落一致的时代特征，此后则出现里、聚分离的趋势。关于当时散村型聚落的管理问题，日本学者日比野丈夫《关于乡亭里研究》(载《中国历史地理研究》，东京同朋舍 1955 年版)一文认为当时的里不是自然村，而是人为编成的行政村落。张金光《秦乡官制度及乡、亭、里关系》(载《历史研究》1997 年第 6 期)一文明确提出所谓行政里和民居里的划分，认为一个行政里下辖几个分散的民居里。

其二，从乡、里、亭组织和属吏的职能入手对秦汉乡里控制体系的研究。

这方面研究成果相对较多。专著方面如陶希圣、沈巨尘的《秦汉政治制度》(商务印书馆 1936 年版)，安作璋、熊铁基的《秦汉官制史稿》下册(齐鲁书社 1985 年版)，周振鹤的《中国地方行政制度史》(上海人民出版社 2005 年版)和孟祥才的《中国政治制度通史・秦汉政治制度史》(人民出版社 1996 年版)等著作的相关章节都对秦汉乡里组织和乡官里吏的设置、职能作了研究。严耕望《中国地方行政制度史》甲部《秦汉地方行政制度》("中央"研究院历史语言研究所专刊 45A，1997 年版)第五、第六章对秦汉乡、亭、里组织和职能论述颇详。周长山《汉代城市研究》(人民出版社 2001 年版)一书第六章立足于对汉代城市基层居民组织的考察，对里吏的职责以及里的社会功用等分别进行了探讨。

论文方面，源于秦汉"亭"性质之争而出现了大量相关论文。如王毓铨《汉代"亭"与"乡""里"不同性质不同行政系统说——"十里一亭……十亭一乡"辨正》(载《历史研究》1954 年第 2 期)、傅举有《有关秦汉乡亭制度的几个问题》(载《中国史研究》1985 年第 3 期)、朱绍侯《汉代乡亭制度浅论》(载《河南师范大学学报》1982 年第 1 期)、罗开玉《秦国乡里亭新考》(载《考古与文物》1982 年第 5 期)和张金光《秦乡官制度及乡、亭、里关系》(载《历史研究》1997 年第 6 期)等都是此类成果，这些文章在对乡、里和亭的关系进行分析的同时，对于各自组织的职能作出了系统分析。此外，仝晰纲《秦汉乡里的社会职能》(载《山东师范大学学报》1992 年第 3 期)、《秦汉乡官里吏考》(载《山东师范大学学报》1995 年第 6 期)、《秦汉时期的乡里管理体制》

（载《东岳论丛》1999 年第 4 期）和马新师《两汉乡村管理体系述论》（载《山东大学学报》1997 年第 1 期）等文都对秦汉时期的乡里管理体制特别是职能问题作了考察。何双全《〈汉简·乡里志〉及其研究》（载《秦汉简牍论文集》，甘肃人民出版社 1989 年版）和杨剑虹《从简牍看秦汉时期的乡与里组织》（载《陕西历史博物馆馆刊》第 3 辑，西北大学出版社 1996 年版）二文主要结合简牍资料对汉代乡里的性质和职能作了探讨。

以上研究成果使得我们对秦汉乡里行政体系和控制功能有了较为系统的把握。随着尹湾汉墓简牍、里耶秦简和张家山汉简的出土，有学者结合其中的新资料对相关问题给予了进一步补充研究。臧知非《简牍所见汉代乡部的建制与职能》（载《史学月刊》2006 年第 5 期）一文集中对乡的建制和职能作了重新分析；《秦汉里制与基层社会结构》（载《东岳论丛》2005 年第 6 期）一文则就里的建制和编伍等结合社会结构作了动态考察。朱绍侯《〈尹湾汉墓简牍〉解决了汉代官制中几个疑难问题》（载《许昌师专学报》1999 年第 1 期）重新分析了乡里和亭邮之关系以及三老身份；杨际平《汉代内郡的吏员构成与乡、亭、里关系——东海郡尹湾汉简研究》（载《厦门大学学报》1998 年第 4 期）、黄海烈《里耶秦简与秦地方官制》（载《北方论丛》2005 年第 6 期）和卜宪群《秦汉之际乡里吏员杂考——以里耶秦简为中心的探讨》（载《南都学坛》2006 年第 1 期）等也都是结合出土简牍研究的新成果。这些新的成果使得我们对秦汉乡里控制体系有了更为深刻的认识。

其三，从乡里秩序形成和维系的某些特定制度功能着眼对秦汉乡里控制问题进行的考察。这方面的成果很大一部分可以说是对乡里组织控制和管理职能的进一步细化。

爵制是与秦汉基层秩序的形成和维系密切相关的，日本学者西嶋定生《中国古代帝国的形成与结构——二十等爵制研究》（中华书局 2004 年版）一书可以说是从二十等爵人手探讨秦汉乡里秩序和控制机理的经典力作。作者在充分占有史料和对之挖掘的基础上，详细地考察了秦汉二十等爵在乡里秩序塑造中的作用和实际运行机理，得出当是国家用爵制规划了里内的社会秩序，并使其成为皇帝实行个别人身统治的场所的精辟论断。国内学者朱绍侯《军功爵制试探》（上海人民出版社 1980 年版）、《军功爵制研究》

（上海人民出版社 1990 年版）两书以及高敏《秦的赐爵制度试探》、《论两汉赐爵制度的历史演变》（均载《秦汉史论集》，中州书画社 1982 年版）等文虽着眼于爵的设置，探讨了自战国以至东汉爵制的形成和发展，但其中论述了爵制与秦汉社会的关系，也从爵制变化入手提供了当时社会发生变化的重要线索。

以连坐制为核心的治安管理机制也引起重视。吴益中《秦什伍连坐制度初探》（载《北京师院学报》1988 年第 2 期）和孙英民《从云梦秦简看秦律"连坐"法》（载《中原文物》1986 年第 2 期）对秦的连坐问题作了考察；日本学者水间大辅的《战国秦汉时期连坐制下的民众统治》（载《中国出土资料研究》5）、《战国秦汉时期连坐制下的担保制度》（早稻田大学大学院文学研究科《纪要》46—4）也是这方面的专论；朱绍侯主编的《中国古代治安制度史》（河南大学出版社 1994 年版）第四章和第五章专就秦汉治安作了考察，涉及乡里治安管理。

乡里户籍管理和人身控制方面，高敏《秦汉的户籍制度》（载《求索》1987 年第 1 期）、马新师《编户齐民与两汉王朝的人口控制》（载《东岳论丛》1996 年第 5 期）、邢义田《汉代案比在县或在乡？》（载《中央研究院历史语言研究所集刊》第 60 本第 2 分，1989 年）等都结合户籍管理对秦汉乡里人身控制作了分析。日本学者池田温《中国古代籍帐研究》（中华书局 1984 年版）一书第一章中的"汉代的簿籍"一节，运用简牍资料分析了汉代名籍的内容和特征，涉及名籍与国家控制的关系；佐藤武敏《汉代的户口调查》（载《简牍研究译丛》第 2 辑，中国社会科学出版社 1987 年版）一文，从制度史方面考察了国家权力对户的控制情况。

就思想文化层面对乡里秩序塑造的探讨看，主要围绕教化问题展开。孙筱《孝的观念与汉代新的社会统治秩序》（载《中国史研究》1990 年第 3 期）、刘修明《"汉以孝治天下"发微》（载《历史研究》1983 年第 6 期）、赵克尧《论汉代的以孝治天下》（载《复旦学报》1992 年第 3 期）和仝晰纲《道德教育与汉代乡治》（载《学术论坛》2000 年第 5 期）等文都从乡里教化特别是孝的层面探讨了其在乡里控制和秩序塑造中的途径和作用。

就从土地和赋役制度方面探讨国家对乡里的控制而言，成果更为丰富。

学者或者从经济史的角度就其内容展开分析，或者就其内在的运作机制给予分析，二者又往往是结合在一起考察的。日本学者米田贤次郎《汉代田租查定法管见》（载《滋贺大学教育部纪要》17，1967 年）以及国内学者高敏《从江陵凤凰山十号汉墓出土简牍看汉代的口钱、算赋制度》（载《文史》第 20 辑，1983 年）、刘华祝《关于两汉的地租和地税》（载《北京大学学报》1981 年第 4 期）、田泽滨《汉代的“更赋”、“赀算”与“户赋”》（载《东北师范大学学报》1984 年第 6 期）和臧知非《汉代田税征收方式与农民田税负担新探》（载《史学月刊》1997 年第 2 期）等都是该方面非常有价值的论文。朱绍侯《秦汉土地制度与阶级关系》（中州古籍出版社 1985 年版）、钱剑夫《秦汉赋役制度考略》（湖北人民出版社 1984 年版）和黄今言《秦汉赋役制度研究》（江西教育出版社 1988 年版）对秦汉土地赋役制度都有较为深入的探讨，其中论及国家对乡里土地赋役的控制和管理情况。

随着张家山汉简等新资料的出土和研究，就某些特定制度入手对乡里控制问题的探讨也日趋深入。张鹤泉《〈二年律令〉所见二十等爵对西汉初年国家统治秩序的影响》（载《吉林师范大学学报》2005 年第 3 期）一文结合张家山汉简资料系统考察了爵与汉初社会结构和秩序形成的关系；李均明《张家山汉简〈收律〉与家族连坐》（载《文物》2002 年第 9 期）一文从家族连坐角度作了进一步探讨；李均明《张家山汉简所见规范人口管理的法律》（载《政法论坛》2002 年第 5 期）、杨际平《秦汉户籍管理制度研究》（载《中华文史论丛》2007 年第 1 辑）和贺双非《从走马楼吴简看汉、吴户籍制度的异同》（载《湖南城市学院学报》2003 年第 5 期）等都结合新的材料从制度层面探讨了秦汉时期国家对乡里人身和户籍的管理和控制；沈刚《〈张家山汉简·二年律令〉所见汉初国家对基层社会的控制》（载《学术月刊》2004 年第 10 期）则结合相关律文规定探讨了汉初基层社会控制的手段和特征。

当然，以上我们将相关研究成果作两类划分只是着眼于各自研究的侧重点有别而已，不但许多成果在两方面互有牵涉、论此或及彼，而且在此之外也不乏与秦汉乡里控制相关的综合性研究成果存在。仝晰纲《中国古代乡里制度研究》（山东人民出版社 1999 年版）一书第三章“秦汉时期的乡里制度”，从乡里管理体制、乡官里吏、乡里豪民、乡里教化和乡里的社会职能方面作了探讨；赵秀玲《中国乡里制度研究》（社会科学文献出版社 1998 年版）一书采用专题的形式对乡里组织的管理形式、乡里组织的领袖、乡里制度与宗法关系、乡里制度与农民等作了横向研究。二书虽注意到各朝在乡里制度上的变化，但对秦汉时期乡里制度内部之固有变化重视不够。马新师《两汉乡村社会史》（齐鲁书社 1997 年版）一书是目前唯一一部以汉代乡村社会为研究对象的专著。该书资料丰富翔实，将乡村社会的各个层面可谓包罗无遗，对乡里诸制度及组织与乡里秩序之关系不乏探讨，但该书的侧重点并不在于探究该时期国家对乡里的控制和秩序问题，也不在于对乡里控制给予动态的考察，而是侧重于从社会史的角度展现汉代乡村社会的全貌。

（三）关于秦汉乡里控制及秩序构造问题的理论之争

在以往的研究中，学者们不仅注重对社会力量和行政组织制度力量与国家乡里控制和秩序构造作一般性的分析，而且往往由之上升到对秦汉时期乡里控制机理和秩序构造的理论探讨。有关日本学者的“里共同体”论前面已经有所交代，所以这里重点谈一下国内相关理论问题。就秦汉时期乡里秩序构造理论而言，国内大致有所谓乡里控制和秩序构造的一元“自治”论、公私系统共同作用论、一元的“大共同体本位”论三种观点（需要指出的是，这些观点往往并非特就秦汉时期而论，而是作为中国古代长时段历史的共同结论，不过都无一例外地将秦汉时期纳入自己的理论范畴之中）。着眼于中国基层社会固有乡土文化的特征，费孝通认为：乡土社会是个“无法”的社会，假如把法律限于国家权力所维护的原则，“无法”并不影响这个社会的秩序，因为乡土社会是“礼治”的社会，而礼却不需要这有形的权力机构来维护，维护礼这种规范的是传统。[①] 与这种过于强调乡村自治的论断不同，孙筱认为秦汉时期中央集权与乡村自治均是相对的，指出：“在汉政中，对乡村自治权的肯定，则有利于利用旧的血缘关系安顿战后混乱的社会秩序，对社会生产的恢复和发展创造有利的社会环境。通过乡村自治政策，以乡村血缘关系为经纬，重新整合新的以地缘为基础的编户齐民社会关系是汉政重

① 参见费孝通《乡土中国》，上海人民出版社 2006 年版，第 40～44 页。

要内容。”[①]林甘泉《秦汉帝国的民间社区和民间组织》一文也认为：“决不能认为秦汉的乡里已经完全丧失了先前共同体的自治功能。作为一种聚落形态，秦汉的乡里并非单纯是封建国家的基层行政组织，它实际上扮演了封建国家基层行政组织和民间社区的双重角色。”[②]作者进而从乡三老、里父老对于乡里民政具有较大发言权等方面论证了乡里的自治性。此外，大量的明清史和近代乡村社会史研究者在论中国传统社会乡里控制问题时更是持此观点，且无一例外地将秦汉时期纳入自己的理论范畴之中。如傅衣凌《中国传统社会：多元的结构》（载《中国社会经济史研究》1988 年第 3 期）一文指出：“由于多元的经济基础和高度集权的国家政权之间既相适应又相矛盾的运动，中国传统社会的控制系统分为‘公’和‘私’两个部分。特别是秦汉以后，大一统国家真正形成，继承了六国的传统，中央集权与地方分权的斗争更为激烈和明显，但两种势力又互相妥协和利用。一方面，凌驾于整个社会之上的是组织严密、拥有众多官僚、胥役、家人和幕友的国家系统……另一方面，实际对基层社会直接进行控制的，都是乡族的势力……国家政权对社会的控制，实际上也就是‘公’和‘私’两大系统互相冲突又互相利用的互动过程。”徐勇《中国古代乡村行政与自治二元权力体系分析》（载《中国史研究》1993 年第 4 期）一文从乡村社区天然的自组织功能着眼，认为乡村权力体系包含寓于社会之中的自治权因素。他指出：“古代中国乡村权力体系是具有行政权与自治权的二元特征。”显然，这种关于古代乡里社会的行政权与“自治”（或“私”系统）并存的结论主要是着眼于以血缘为核心的宗族在乡里控制中的作用得出的。其立论的另一个重要着眼点则是国家不能通过行政机构直接实现对乡里的有效控制。如上引徐勇一文所指出的：“在古代中国，国家与乡村基层社会是相隔离的。自上而下的国家权力以各级各地城市为载体发号施令，没有也不可能全面介入以小农经济为基础的分散性日常生活。”骆正林着眼于儒家伦理和乡族力量的影响也认为：“乡村社会是一种差序结构的社会，是一种以血缘与地缘关系紧密结合、注重教化的传统礼

---

① 孙筱：《两汉经学与社会》，中国社会科学出版社 2002 年版，第 69 页。

② 林甘泉：《秦汉帝国的民间社区和民间组织》，载《燕京学报》新 8 期，2000 年。

治社会。制度是塑造政治文化的重要环境，乡里制度作为乡村社会的上层建筑，直接决定了乡村政治文化的基本特点：以血缘为前提的有限自治。”[①]上述观点相对于强调“国权不下县，县下惟宗族，宗族皆自治，自治靠伦理，伦理造乡绅”[②]的乡里完全“自治”的一元论而言，在强调地方自治权作为“二元”之一存在的同时，并不否认国家行政权的同时存在。与上述观点不同，有的学者反对将乡里自治权的存在作为中国古代乡里社会控制和秩序构造的普遍原理，认为至少在一定时期内这一原理不成立，倒是以国家一元行政权为特征的“大共同体本位”特征明显。秦晖《“大共同体本位”与传统中国社会》(中)(载《社会学研究》1999 年第 3 期)和《传统中华帝国的乡村基层控制：汉唐间的乡村组织》(载其《传统十论》，复旦大学出版社 2003 年版)二文可为这方面的代表。其后一文指出：汉唐时期，国家政权在县以下的活动与控制十分突出，而乡村社会实质上是个极端“非宗族化”的“吏民”社会；并认为“在我国历史上大部分时期，血缘共同体(所谓家族或宗族)并不能提供——或者说不被允许提供有效的乡村‘自治’资源，更谈不上以这些资源抗衡皇权”。秦晖的立论点为：汉唐时期乡里宗族的不发达从而没有形成自治的能力，与之相对的是乡村行政权力的相对强大和对基层的直接控制。因此，汉唐时期乡里根本不存在什么“自治”特征。崔向东《汉代豪族研究》一书第六章“豪族与乡里地方社会”也以王权支配社会理论为基础对秦汉乡里秩序构造作了考察，并指出：“秦汉的乡里不是地方自治体，它不具备内在自生的秩序，乡里秩序是王权通过乡三老、里父老实现的权力控制，本质上是王权秩序。”[③]

以上只是与秦汉乡里控制研究相关的主要成果，限于学识，难免挂一漏万。综观这些成果，我们可以发现，国内外学者从不同层面入手对秦汉时期乡里控制或秩序构造的研究已经较为深入，无论在宏观还是微观层面可以

---

① 骆正林：《中国古代乡村政治文化的特点——家族势力与国家势力的博弈与合流》，载《重庆师范大学学报》2007 年第 4 期。

② 这是秦晖对主张乡里“自治”一元论者观点的概括。(参见秦晖《传统中华帝国的乡村基层控制：汉唐间的乡村组织》，载其《传统十论》，复旦大学出版社 2003 年版)

③ 崔向东：《汉代豪族研究》，崇文书局 2003 年版，第 253 页。

说都取得了很大的成绩,但是在相关的研究中难免还存在缺憾之处:

其一,从对国家力量与社会势力之关系分析得出的秦汉乡里秩序构造理论或者是以后代的情况涵盖秦汉,从而将秦汉纳入某一种所谓长时段的通用理论范畴之下;或者虽立足于秦汉或两汉,由对国家制度设计与社会力量之秩序塑造机能给予特定分析而得出某一结论,但却将社会秩序和结构的变化理解成此种理论架构内的变化。此等理论上的静态倾向大大桎梏了将秦汉乡里秩序原理上升为动态的、阶段性的、更具体的理论问题的探讨,不但影响了我们对该时期秩序构造理论认识的深入,也局限了我们对具体问题研究的视野。"里共同体"说虽不被普遍接受,但毕竟有学者在"里共同体"论下升华出乡里秩序结构的阶段性、动态的理论分析,除此之外,这样的研究成果就寥寥无几了。

其二,以往从制度或社会力量入手对秦汉乡里控制的研究成果,多为静态的考察。如对乡里控制制度性成果的研究,多系围绕制度之控制机理和功能展开,对于该制度机理随着社会结构变动在现实中的实践效果重视不够。从社会组织和力量入手的考察,也同样存在这种倾向。这些都不利于从社会结构入手对秦汉乡里秩序的宏观性把握和深入认识。

其三,随着新的简牍资料的出土,尽管出现了大量与秦汉乡里控制问题相关的新的研究成果,并弥补和纠正了某些传统认识的偏差,但从总体上来看,目前诸项新研究成果尚处于零散状态,缺乏综合各项新成果进而以一种新的认识为基点从社会结构入手动态、宏观地考察秦汉乡里控制问题的大作。

三、研究思路与方法

秦汉国家对乡里的控制及其发展变化既不是国家单方面制度规划的结果,也不是社会力量和组织的单方功能所致的结果,而是体现为一定社会结构基础之上双方的合力作用和互动。就国家制度之设计而言,它很好地体现了当时国家的基层控制理念。不过,制度设计要转化为控制社会的实践功能,还必须以一定的社会结构为基础,社会结构的多变性与制度设计的相对恒定性往往会产生差距,从而对制度的实践效用带来影响。就乡里社会组织和力量言，它们是社会结构的主体，有因应社会结构和变化的自然性发展倾向，也依赖国家并受国家权力和制度所左右，从而与乡里秩序之间体现出动态、复杂的关系。基于以上考虑，本书大致设计了如下写作思路：

其一，通过乡里制度设计探讨秦汉乡里控制体系，由此从制度层面对秦汉时期乡里控制形成总体性把握。

其二，立足于秦汉社会结构的变动，选定制度的几个具体层面，就制度特质和实际效果给以动态分析，如编伍、等级和精神塑造等，由之揭示秩序构造特征和变化轨迹。

其三，通过对乡里社会力量和组织的发展及与国家乡里秩序构造关系的分析，揭示乡里权力结构特质和秩序变迁的深层原因，并上升为对该时期乡里秩序构造理论的重新定位。

历史研究的推进一方面源于方法，另一方面取决于资料的发掘和利用。就秦汉乡里控制研究来看，虽然正史文献多系帝王将相的记载，直接与乡里有关的记载相对较少，但其中有关强宗大姓与乡里之关系及其乡里组织建制等记载仍是我们所需的资料，所以《史记》、《汉书》、《后汉书》、《三国志》、《晋书》等正史文献为资料来源之一；《商君书》、《新语》、《潜夫论》、《盐铁论》、《白虎通》、《论衡》和《春秋繁露》等时人之作也蕴涵相关信息，此为资料来源之二；出土秦汉、三国简牍，诸如《睡虎地秦墓竹简》、《张家山汉墓竹简(二四七号墓)》、《居延汉简释文合校》、《敦煌汉简》、《长沙东牌楼东汉简牍》和《长沙走马楼三国吴简·竹简(一)》中不乏有关基层社会的材料，所以也成为我们最重要的资料来源之一，此为其三；此外，如出土的秦汉碑、印资料也不乏有关内容，此为其四。在运用文献和出土资料时，我们并不局限于传统的解读和理解，而是着眼于发掘隐藏于其中尤其是新出简牍中对本书研究主题有价值的材料，并将对其的解读和理解放在社会结构和乡里社会变迁的大背景下，力求在传统的相关认识基础上作出更为准确的解读，避免因受制于静态考察视角对既有的材料解释形成偏差。当然，这只是我的努力尝试，纰漏之处在所难免，敬请方家指正。

就研究方法而言，本书主要用的是历史学的方法，立足于基本史料作出客观的分析和解释。同时，在某些方面的论证中充分运用社会学和政治学的理论，力求做到微观的考证和宏观的理论分析有机结合。

鉴于目前研究的现状，我们认为秦汉乡里控制问题并非无可再深入探讨的余地，动态、深入地探讨秦汉乡里控制的理论和相关问题，既有研究的必要，新的材料和成果也可以给我们提供这方面的可能。在前人研究的基础上，本书力图从以下几个方面作一些独到的探讨：

1. 本书在充分运用新出土的简牍资料的基础上，结合最新研究的成果，对有关秦汉乡里具体制度和社会力量的某些认识给以补充和修正。

2. 本书立足于秦汉乡里社会结构，对国家乡里控制中的制度设计与实践效果作了动态分析，从而动态地考察了秦汉乡里控制的变迁。

3. 本书以该时期的基层社会结构变迁为视角，结合新材料从国家与社会力量之关系层面探讨了基层秩序形成中两方的地位和作用机理，在此基础上对已有的秦汉乡里控制理论作出动态的、新的解释。

第一章 秦汉乡里控制体系的构建

秦汉时期，我国在战国区域性集权国家的基础上建立起统一的中央集权王朝。以高度集权和专制为特征的秦汉帝国为了实现对基层百姓的有效控制，在春秋战国时期逐步建立起来的基层行政组织的基础上，进一步完善和建立起系统的乡里控制体系，以保证国家各项职能的有效完成，进而达到基层社会秩序稳定的目标。欲弄清秦汉时期乡里控制和秩序构造问题，我们首先必须弄清该时期建立在基层聚落基础上的乡里组织情况。因为乡里组织是百姓的基本生活空间，聚落的形态制约着乡里秩序的格局和运作，其更是当时乡里制度的基本组成部分和国家在基层职能展开的场所，在一定意义上讲，也是国家在基层控制理念的重要体现。诚如张金光先生所言："国家政治与权力不是空的，它的真正实现，最终还是要落实到乡村庶民社会。"[①]在一定的乡里组织基础上，与控制相关的各项具体制度则必然要落实到每一个民众，从而乡里吏员（或具有相类职能的"非吏比者"）就成为乡里各种制度赖以贯彻及运行效果如何的决定者和灵魂。"天下之治，始于里胥，终于天子，其灼然者矣"[②]，可谓一语道破个中玄妙。当然，宗族等社会性力量在其中发挥的作用也不容忽视。需要指出的是，秦汉时期的乡里组织

① 张金光：《秦制研究》，上海古籍出版社 2004 年版，第 426 页。

② 顾炎武著、黄汝成集释：《日知录集释》（外七种）卷八"乡亭之职"条，上海古籍出版社 1985 年版，第 621 页。

是郡县组织实际职能的下延，“汉代的郡县是实际执行政令、直接管理百姓的地方政府层级，了解它们的运作过程，也就可以了解中华帝国时期的普通百姓是如何被政府统治和支配的”①。秦代的郡县也是如此。它们在乡里控制中的作用也是非常关键的，那些在乡里活动的小吏实际上很多是县的属吏。② 作为上承先秦下启魏晋的一个特定阶段，从乡里制度的总体模式而言，秦汉时期乡里组织和吏员设置虽与其他朝代相比没有什么质的差别，但实际上，由于社会结构的固有特征，上述二者还是体现出较强的时代特色；而作为王权在乡里支配实现的各项制度，既体现了这一时期乡里控制的时代特征，也可以使我们从官方的角度管窥这一时期国家的基层统治理念。本章拟从秦汉时期乡里组织形态、与乡里控制相关的职能性人员的设置和选派以及对乡里实现控制的制度性机理三方面予以探讨，以求通过分析使我们对这一时期国家对乡里的控制理念和时代特征有总体性把握。

第一节　秦汉时期乡里组织形态及其演变

一、乡里组织的出现和早期发展

以控制和管理百姓为目的的秦汉乡里行政组织的建立，既需以一定时空的基层自然聚落为基础，也是统治者不断以行政力调整和完善的过程，而先秦时期特别是春秋战国时期各地基层行政组织的普遍建立则为秦汉乡里行政体系的确立提供了治政经验和建制基础。

早在进入国家时代之前，我国境内就存在众多的聚落组织。仝晰纲先生指出：“夏商时期，随着国家的出现和国家机器的日渐完备，原始村落的性质由单纯的经济意义逐渐向政治、经济的双重意义发展，当氏族公社转变为按地域来划分的国家后，聚族而居的共同体也就逐渐具备了政治的性质。”③

---

① 周长山：《汉代地方政治史论——对郡县制度若干问题的考察》，中国社会科学出版社 2006 年版，第 2 页。

② 参见邹水杰《两汉县行政研究》，湖南人民出版社 2007 年版，第 86 页。

③ 仝晰纲：《中国古代乡里制度研究》，第 10 页。

西周之前，这种聚落共同体多名曰"邑"等。

到西周时，"邑"作为聚落组织的称谓仍然存在，又出现了"里"。早期典籍不乏对于"里"的记载。《尚书·酒诰》："越在内服百僚庶尹惟亚惟服宗工，越百姓里居，罔敢湎于酒。"《逸周书·商誓》："王若曰：告尔伊旧何父……及百官里居献民。"《逸周书·允文》："无迁厥里。"可见，至迟到西周时期，里已作为一种居民组织存在于社会中。不过，也诚如臧知非先生所说的那样，西周是一个宗族城市国家，小国寡民，有点无面，里的地位比后代要高得多，它们是国君直接控制的单位，里君、里人直接受命于国君，和卿事、诸侯并列，其地位显赫，能任此职者均为贵族，并世袭其职。[①] 至于这种居民组织的形态，《说文解字》释里为"居也，从田从土"。段玉裁注云："有田有土而可居矣。"[②]可见，里本是一种有田有人的小聚落，与同期存在的邑并无本质的区别。同时，西周时期宗族血缘关系还是社会的基本特征，此时的里基本上还是一个宗族血缘体，里君、邑人是由里、邑内的宗族长直接担任。当时国野分域明显，里、邑也还只是国人的居住单位，后来普遍意义上的基层行政组织色彩还不突出。关于该时期里、邑之关系，仝晰纲先生在研究周代宗族里社后指出："里是人们为了生活和生产方便而形成的以一定劳动力和一定生产资料相结合的社会共同体，它和原始村落并无本质的区别，只是随着国家的出现，它多少具备了地方基层行政单位的性质。它既保留了原始氏族公社的习惯，同时又带有阶级社会的明显特征，是一种以血缘关系为主，以地域关系为辅结合起来的农村公社组织。"[③]田昌五、臧知非先生指出："里的出现晚于邑，当系西周制度，从邑演变而来，仅实行于国，如果说邑之作为一个居民区还属于自然聚落状态的话，里则带有行政规划的色彩。这从一个侧面说明了西周的国家更成熟于商。"[④]从里存在的实际意义来看，它体现了统治者对所属国人控制的需要，这从《周礼》一书的记载可窥见一斑。据

---

① 参见臧知非《先秦什伍乡里制度试探》，载《人文杂志》1994 年第 1 期。

② 许慎撰、段玉裁注：《说文解字注》，上海古籍出版社 1981 年版，第 694 页。

③ 仝晰纲：《中国古代乡里制度研究》，第 15～16 页。

④ 田昌五、臧知非：《周秦社会结构研究》，西北大学出版社 1996 年版，第 55 页。

学者考证,《周礼》所载职官内容在一定程度上反映了西周的事实。[①]《周礼·地官·里宰》载:里宰"掌比其邑之众寡与其六畜、兵器,治其政令。"书中关于里宰等活动的记载充分说明里决不是以自然形态而存在的,恰恰相反,里已经带有明显的人为政治色彩。结合《尚书·毕命》更可看出这一点,如:"康王命作册毕,分居里,成周郊……旌别淑匿,表厥宅里。"此处"分居里"具有明显的按里分民之义。

据《周礼》记载,西周在国野之中还存在所谓"乡遂"之制。在国中,"令五家为比,使之相保;五比为闾,使之相受;四闾为族,使之相葬;五族为党,为之相救;五党为州,使之相赒;五州为乡,使之相宾"。分别设有比长、闾胥、族师、党正、州长和乡大夫。在野中,"五家为邻,五邻为里,四里为酂,五酂为鄙,五鄙为县,五县为遂"。当时是否存在这样的一套行政系统,学界普遍存疑,多认为系后人理想的拼凑而已。如王彦辉、徐杰令二先生就说:

> 西周时期的乡里组织和乡官的设置囿于资料阙如并真伪难辨,还相当模糊,强而概之,似有如下特点:一、里或邑本是一些自然聚落,里早于乡成为基层行政组织,里与乡的统属关系尚不明确。二、乡、里等地缘组织同宗法血缘组织紧密粘合,里君、乡大夫等乡官与宗族长一身二任,体现了早期社会政权、族权孪生的特点。三、乡官享有崇高的地位和权力,直接隶属于国君和周王,秉承王命统族行政。[②]

春秋时代,社会结构发生巨大的变化,统治宗族内部矛盾激烈,贫富升降不定,加上各国间频繁的争霸战争,许多人失去其传统的族姓地位,为谋生计而迁徙,野人也因为各种原因而流动。这样,原来维系人们之间的血缘纽带变得松弛,聚族而居的状况被打破,国野界限日趋消失,西周时期人们以城为中心的居住形态体现出分散性的特点。有学者指出:"春秋战国时代随着突破周制的列国领土国家的形成,国家权力深入社会基层,社会的国家化也大体完成。"[③]正是在这样一种历史条件下,里的建制逐渐普遍化,由国

① 参见张亚初、刘雨《西周金文官制研究》,中华书局1986年版。

② 王彦辉、徐杰令:《论东周秦汉时代的乡官》,载《史学集刊》2001年第3期。

③ 卜宪群:《春秋战国乡里社会的变化与国家基层权力的建立》,载《清华大学学报》(哲社版)2007年第2期。

及野，里内居民构成远远超出国人范围，里在国家行政体制中的位置也逐渐下移。诚如臧知非先生所言："春秋时代，在国野相互渗透，什伍制产生的同时，乡里制度也由国及野，大量设立，向地方基层政权转化，尤以里制突出。"[①]当时的里在国家版图上统称为"书社"，如《荀子·仲尼》云齐桓公见管仲"与之书社三百"。《左传·哀公十五年》载："昔晋人伐卫，齐为卫故，伐晋冠氏，丧车五百，因与卫地，自济以西，禚、媚、杏以南，书社五百。"一次就割让了五百个书社。《史记·孔子世家》谓楚昭王"将以书社地七百里封孔子"。《吕氏春秋·高义》更云墨子游于越，越王谓墨子之徒公上过曰："子之师苟肯至越，请以故吴之地阴江之浦书社三百以封夫子。"这些不同地区的资料至少可说明当时里(即"书社")存在的普遍。此时的里(即"书社")，直接掌握于国家政权之下，所以国君才得以随时赐予。《史记索隐》注"昭王将以书社地七百里封孔子"："古者二十五家为里，里则各立社，则书社者，书其社之人名于籍。"[②]《左传·哀公十五年》杜注："二十五家为一社，籍书而致之。"杨琼注《荀子·仲尼》曰："书社，谓以社之户口书于版图。"这样，从行政的角度上看，大量书社的出现既是当时社会大变动的产物，也是国家对基层人口掌握的需要。有人说"家族组织与地域组织系两种相反的力量，互为消长的"[③]，不过，就春秋时期的里(即"书社")而言，血缘家族的力量虽然正在日渐弱化，但其在很大程度上还是存在的。所以，此时的里(即"书社")只能说是一个血缘与地缘的混合体，血缘成分还占有很大的比重。有的学者视其为一个过渡形态，还是比较符合事实的[④]。

在里的性质变化和普遍化的同时，乡在春秋时期也逐渐发展成为一级行政组织。如《国语·齐语》曰："管子于是制国：五家为轨，轨为之长；十轨为里，里有司；四里为连，连为之长；十连为乡，乡有良人焉。"《管子·立政》曰："分国以为五乡，乡为之师。分乡以为五州，州为之长。分州以为十里，

---

① 臧知非：《先秦什伍乡里制度试探》，载《人文杂志》1994年第1期。

② 《史记·孔子世家》。

③ 李玄伯：《中国古代社会新研》，上海文艺出版社1988年影印本，第204页。

④ 参见邢铁《井田制度与户籍管理》，附见作者《户等制度史纲》一书之后，云南大学出版社2002年版。

里为之尉。分里以为十游，游为之宗。十家为什，五家为伍，什伍皆有长焉。"《史记·老子列传》曰："老子者，楚苦县厉乡曲仁里人也。"从中我们不难发现，由于各国的差异，乡、里在具体行政层次上还存在着较大的差异。

战国时代，封建领土国家形成，地方行政组织进一步发展完善。有学者指出："和春秋时代相比，战国基层政权的发展表现在县制已完全成为地方最高政府，乡的地位进一步下降，逐步形成了乡辖里的地方基层行政系统。"①县在春秋时就已出现，《史记·秦本纪》载：秦武公"十年，伐邽、冀戎，初县之。十一年，初县杜、郑"。战国时县的地方政权化可以说是当时地方行政体系进一步发展的结果。至于县向地方政权的转化问题，田昌五、臧知非先生作出了如下解释：

> 春秋县制或者是兼国为之，或者是因自然居邑发展而来，没有统一的规划，其性质还受到采邑制的较大影响，没有最后冲破宗族城市国家的藩篱，县公、县尹、县大夫之职一般的都是终身制，有的还是世袭制，在县内亦君亦臣；其治民基本上沿用采邑制的传统，并不具备地方政府的职能；其居民划分也没有完全打破宗族血缘关系，没有系统的以地缘为基础的基层行政组织。战国则不然，县普遍地成为地方政府，是君主集权的有力手段，是封建领土国家的最有效的行政管理体制。②

在当时各国征战的背景下，为了适应耕战的需要，各国纷纷加强对基层人民的控制，这是基层行政组织的规划与经营日趋系统化的主要动因，而各国授田制的有力推行和严格户籍管理体制则发挥了基础性的作用。记载当时不同地域的材料可充分说明这一趋向。《史记·秦本纪》载：秦孝公十二年，"并诸小乡聚，集为大县，县一令，四十一县"。这说明秦以县统辖下级行政组织的体系的确立。银雀山汉墓竹简《田法》曰："五十家而为里，十里而为州，十乡（州）而为州（乡）。"③这反映的是当时齐国的制度。同期的楚人著作《鹖冠子·王𫓧》有文曰："五家为伍，伍为之长；十伍为里，里置有司；四里

① 田昌五、臧知非：《周秦社会结构研究》，第208页。

② 田昌五、臧知非：《周秦社会结构研究》，第225页。

③ 银雀山汉墓竹简整理小组：《银雀山竹书〈守法〉、〈守令〉等十三篇》，载《文物》1985年第4期。

为扁，扁为之长；十扁为乡，乡置师；五乡为县，县有啬夫治焉；十县为郡，有大夫守焉，命曰官属。”虽然当时由于分裂和地域差别导致各国行政组织的称谓不尽一致，但各国行政组织所发挥的作用则是一样的。“这时各诸侯国的统治机构，从国到郡，从郡到县，从县到乡，已是有系统地分布到每一个角落，层层控制着整个国家。”①从社会结构的角度看，随着地方行政机构的建立，百姓之间的地域性和行政性关系增强，血缘关系趋向淡薄，聚族而居为行政编制所取代。

综观先秦时期乡里组织的产生和发展，可以说在国家行政的层面上经历了一个由高到低、由小集团性到普遍性、由血缘性到地缘性的过程。这固然是社会结构变化使然，但更是统治阶级为加强社会控制需要的“杰作”。当然，在这一过程中，基层行政组织的建立表现在地域差异性上的不同特征也是不容忽视的。

二、秦汉时期乡里组织形态

秦统一全国之后，随着国家着力健全和统一地方基层政权，由春秋战国时期分裂因素所导致的基层政权组织地域称谓上的差异逐渐趋同。不但如此，作为一级组织的郡，在经历战国时期职能的不断调整和变迁后，逐渐发展成为县之上的地方政权组织。对于这一问题，田昌五、臧知非先生考察并指出：

> 秦统一之后，郡专门作为军事防备区的历史相应结束，而转变为最高政区，郡守既是军事长官，也是行政长官，另设郡丞、郡尉辅助管理行政和军事事务；为加强君权，另设郡监以监察守尉的违法行为，郡县乡里的地方行政体制最终定型，许慎说的“至秦初置三十六郡以监其县”是正确的。②

我们知道，伴随领土的扩张秦朝后来又增置了一些新郡，郡县乡里这种行政体制肯定适用于这些新郡。关于秦的地方行政组织体系，通过里耶出

① 杨宽：《战国史》，上海人民出版社 1980 年版，第 214 页。

② 田昌五、臧知非：《周秦社会结构研究》，第 239 页。

土的部分秦简可以知其大略。该部分简中很大一部分涉及当时洞庭郡下属迁陵县的行政结构情况。如里耶秦简[8]157：

(正面)卅二年正月戊寅朔甲午，启陵乡夫敢言之：成里典、启陵邮人缺，除士五(伍)成里匄成，[成]为典，匄为邮人。谒令、尉以从事，敢言之。

(背面)正月戊寅朔丁酉，迁陵丞昌郄(却)之启陵，廿七户已有一典，今有(又)除成为典，何律令？应尉已除成，匄为启陵邮人，其以律令。/气手。/正月戊戌日中，守府快行。正月丁酉旦食时，隶妾冉以来。欣发。壬手。

这里的启陵乡乃迁陵县所辖，成里乃启陵乡所辖的一个里，三者存在行政上的隶属关系。再看里耶秦简[16]9：

(正面)廿六年五月辛巳朔庚子，启陵乡□敢言之：都乡守嘉言：渚里□□劾等十七户徙都乡，皆不移年籍。令白移言，今问之劾等徙□书告都乡，曰：启陵乡未有枼(牒)，毋以智(知)劾等初产至今年数□□□□谒令，都乡具问劾等年数。敢言之。

(背面)□迁陵守丞敦狐告都乡主，以律令从事。/建手。□☑

甲辰水十一刻[刻]下者十刻，不更成里午以来。貄手。①

简文中的渚里显然是启陵乡所属的一个里，启陵乡又属于迁陵县，县—乡—里的行政结构一目了然。汉承秦制，地方行政体制的建立也存在继承关系。据《汉书·百官公卿表上》载："县令、长，皆秦官，掌治其县。县大率方百里，其民稠则减，稀则旷，皆秦制也。万户以上为令，秩千石至六百石；减万户为长，秩五百石至三百石。……大率十里一亭，亭有长。十亭一乡，乡有三老、有秩、啬夫、游徼。"当然在地方行政建制方面，秦汉之间还是存在一些差异的，主要表现在秦在全国统一推行郡县制，而汉代则是郡国并行的。如《汉书·百官公卿表上》就记载了西汉平帝时"凡县、道、国、邑千五百八十七"。这反映出两汉时期地方行政体制较秦为复杂。尽管如此，乡里制仍为秦汉

① 湖南省文物考古研究所等：《湘西里耶秦代简牍选释》，载《中国历史文物》2003年第1期。

时期通行的基层管理体制。在这样一套体制中，如果说县是地方行政的重心①，那么乡里则是地方行政具体展开和实现的场所。一段时期内，学界曾一度认为秦汉时期县之下存在乡、亭、里三级相统属的行政模式。王毓铨先生首先依据文献对此提出质疑，后来的学者也从不同层面进行了论证和新的解释。② 随着尹湾汉墓简牍等的出土和研究，学者们已证实：亭不是一级行政组织，只是乡里之外的治安组织，乡里才是基层行政单位。③

不可否认，作为国家基层行政单位的乡和里二级组织都是建立在当时基层聚落基础上的，该二级行政组织的建立也是以完成对基层聚落百姓的各项职能为终极目的的。关于以县辖乡和以乡统里的问题，学术界并没有什么疑问。尹湾汉墓出土木牍《集簿》反映了汉代东海郡所辖县、邑、侯国的行政组织情况：

县邑侯国卅八县十八侯国十八邑二其廿四有堠(?)都官二乡百七十□百六里二千五百卅四正二千五百卅二人④

一百七十个乡下有两千五百三十四个里，平均每个乡辖有十五个左右的里，当然这只是个约数而已，具体到各地各乡可能会存在较大的差别。至于一乡所领的户口数，这可以从安徽天长西汉墓出土的《户口簿》中窥其大概：

户凡九千一百六十九少前

口四万九百七十少前

东乡户千七百八十三口七千九百九十五

都乡户二千三百九十八口万八百一十九

杨池乡户千四百五十一口六千三百廿八

---

① 参见邹水杰《两汉县行政研究》一书第六章第一节。

② 参见王毓铨《汉代"亭"与"乡""里"不同性质不同行政系统说——"十里一亭……十亭一乡"辨正》(载《历史研究》1954 年第 2 期)、朱绍侯《汉代乡亭制度浅论》(载《河南师范大学学报》1982 年第 1 期)和马新《两汉乡村社会史》(齐鲁书社 1997 年版)一书第 195～200 页。

③ 参见杨际平《汉代内郡的吏员构成与乡、亭、里关系——东海郡尹湾汉简研究》(载《厦门大学学报》1998 年第 4 期)、高敏《试论尹湾汉墓出土〈东海郡属县乡吏员定簿〉的史料价值——读尹湾汉简札记之一》(载《郑州大学学报》1997 年第 2 期)、高荣《"十里一亭"说考辨——秦汉亭制研究之一》(载《南都学坛》2008 年第 3 期)等文。

④ 连云港市博物馆等:《尹湾汉墓简牍》，中华书局 1997 年版，第 77 页。

鞠(?)乡户八百八十口四千五

垣雍北乡户千三百七十五口六千三百五十四

垣雍东乡户千二百八十二口五千六百六十九[1]

该《户口簿》反映的是西汉时期东阳一县的户口情况。从中我们不难看出当时东阳县所辖共有六个乡，所领户为九千一百六十九，万户左右。所辖的六个乡所领户口数存在较大的差异，鞠(?)乡最少，仅八百八十户四千零五口，都乡最多，有两千三百九十八户一万零八百一十九口。尹湾汉墓出土《集簿》，记载汉成帝末年东海郡十八个县、两个邑、十八个侯国共计一百七十乡，户口总计为：

户廿六万六千二百九十多前二千六百廿九其户万一千六百六十二获流口百卅九万七千三百卌三其(?)四万二千七百五十二获流[2]

每个乡平均一千五百余户。乡与乡之间户口实际存在的较大差异可能与地域自然分割和国家在地方的行政分割等多种因素的影响有关，恐怕国家在划分乡时，也可能和县的区辖划分一样，在参照一定户数的基础上，更会充分考虑到地理等自然界限，而不苛求户口多寡的趋一。

在明确了县—乡—里的层级行政问题的基础上，我们再将眼光放到秦汉时期里与自然聚落之间的关系的争论上来。在这一问题上，有学者提出了所谓的“都市国家”论，认为秦汉时期我国不存在散居村落，而为相对集中的都邑形态。[3] 新材料的面世，引起人们对该问题的重新反思。马新、齐涛先生针对学术界普遍认可的汉代“都市国家”论，进行了系统的分析：

从文献数据，尤其是出土的考古文献资料看，并非如此。在两汉社会，虽然史籍与法律文书都以乡、里涵盖整个乡村社会，然而实际上除了政府法定的基层单位乡里之外，还存在着大小不一的自然村落，它们实际上是乡里之制的基础。这些村落，汉人称之为“聚”、“落”或“格”。

---

① 天长市文物管理所、天长市博物馆：《安徽天长西汉墓发掘简报》，载《文物》2006 年第 11 期。

② 《尹湾汉墓简牍》，第 77 页。

③ 代表性的论述有日本学者宫崎市定的《关于中国聚落形体的变迁》(载刘俊文主编，黄金山、孔繁敏等译《日本学者研究中国史论著选译》第 3 卷，中华书局 1993 年版)等。

这些聚落既然错落参差，大小不一，而地方政府只能因地制宜，在现有的自然聚落基础上设置里的建置，除非一些大至数百户或小至三五户人家的特殊聚落，一般情况下，都是每个聚落设置一里，三十几户、四十几户以至百余户都可作为一里。史料记载与有关规定，均是举其成数而已。①

对于汉代里与自然聚落的关系，马新师的最终结论是：(1)汉代社会存在大量的自然村落，是以村落为基本细胞、以城邑为核心的上下贯通的中央集权制国家。(2)汉代乡村社会的特点是里、聚合一，也就是基层行政单位的里与自然村落的基本重合。

以上认识可以说纠正了以往认识中存在的偏差，特别是对于秦汉时期行政组织单位的里与自然聚落的有机合一的认识，对于我们深化乡里制度及其控制机制的认识具有极大的启发意义。尽管如此，目前对于秦汉时期里与自然聚落的合一性的论证，在一些相关资料和数据的定性与认识上还存在较大的分歧，如对于最能说明当时聚落里居形态和性质的长沙马王堆驻军图的认识就是如此。② 秦汉“都市国家”说或者“行政里”说③立论的一个重要根据就在于典籍文献中一里户数的规整性。我们无意去争论诸如马王堆驻军图是否具有普遍代表性及其所反映的聚落性质，而是力求据其他史料再作分析。这样既可回答诸争议方的正确与否，更可加深对秦汉自然聚落与里的性质和形态的认识。

近些年出土的湘西里耶秦简[8]157简背面有文曰：

正月戊寅朔丁酉，迁陵丞昌郄(却)之启陵，廿七户已有一典，今有

---

① 马新、齐涛：《汉唐村落形态略论》，载《中国史研究》2006年第2期。

② 关于马王堆驻军图所反映的当时聚落形态及其性质，张继海认为其反映的不是典型的汉代聚落形态，不能以之来否定文献中关于汉代县城以下基层聚落形态的记载(参见《汉代城市社会》，社会科学文献出版社2006年版，第80～83页)；周世荣《有关马王堆古地图的一些资料和几方汉印》(载《文物》1976年第1期)一文针对驻军图中参差不齐的里户数，认为“这些户口数可能不是行政户口，而是居住户口数字”。

③ 张金光先生在《秦乡官制度及乡、亭、里关系》(载《历史研究》1997年第6期)一文中明确提出了“民居里”和“行政里”的区别。

(又)除成为典,何律令?应尉已除成,匄为启陵邮人,其以律令。[①]

从简文“廿七户已有一典”来看,简文所涉及的这个里总共有 27 户百姓,这也是目前不多见的准确记载秦代里内户数的资料。而从 27 户中置一里典来看,这个里当是一个行政单位无疑。里耶北护城壕还出土了一批秦户籍简[②]。张荣强先生认为这是秦代迁陵县南阳里户版,进而指出:“这批木简是单独出土的,除拼接复原所得的 24 枚户籍简外,其余皆为无字残简。24 枚木简(整简 10 枚、残简 14 枚),一简一户,应当就是南阳里的所有民户。”[③]从该里户版独成一个编写单位来看,这应该也是一个独立的行政单位。以上二例所见的 24 户抑或 27 户一里虽不足以说明当时一里的户数组成均为二十几户,但至少可以证明现实生活中里的实际户数远不像文献记载的那样整齐划一,因而仅仅局限于文献中相对规整的里户数来否定诸如此类户数参差不齐的里的行政单位的性质是难以令人信服的。根据反映西汉情况的尹湾汉墓简牍《集簿》载东海郡有“户廿六万六千二百九十”、“里二千五百卅四”[④],可大致推断当时每里一百多户。于振波先生在考证出土吴简所见里的大致户数后指出:出土三国吴简中的里户数也一般为二十户到五十户之间变化不等,与西汉时期东海郡里的户数平均 105 户存在较大的差距,这可能是地域差别所致。[⑤] 总之,我们不能据里户数是否规则或数量多少来妄论里的性质。

明白了上述问题,我们再来分析行政单位的里与自然聚落的合一性问题,即秦汉时期社会上在多大程度上存在几个自然聚落仅仅在行政上组成一个里,而空间上却分散存在的现象。

首先,秦汉的里当与先秦的里存在着渊源关系,此点前已有所交代。而就先秦史料中有关里的记载来看,不见一个里下又包括几个自然聚落的现

---

① 湖南省文物考古研究所等:《湘西里耶秦代简牍选释》,载《中国历史文物》2003 年第 1 期。

② 该批简详见湖南省文物考古研究所《里耶发掘报告》,岳麓书社 2007 年版,第 203～208 页。

③ 张荣强:《湖南里耶所出“秦代迁陵县南阳里户版”研究》,载《北京师范大学学报》2008 年第 4 期。

④ 《尹湾汉墓简牍》,第 77 页。

⑤ 参见于振波《从长沙走马楼三国吴简看其户籍中的性别与年龄结构——兼论户与里的规模》,载《台大历史学报》第 34 期,2004 年。

象;相反,有关里的记载和描述,都把里作为一个集中而非分散的实体,而且里的内部运作也都以之为中心展开。如《管子·立政》曰:“分州以为十里,里为之尉。一道路,博出入,审闾闬,慎筦键。筦藏于里尉,置闾有司,以时开闭。”班固《汉书·食货志上》也有如下追述文字:“春,(秋)[将]出民,里胥平旦坐于右塾,邻长坐于(右)[左]塾,毕出然后归,夕亦如之。”这里的“里胥”即里典、里正之谓。

其次,相关的秦汉律文不但证实了一定时期内里的封闭性,而且也证实了其空间实体的单一性与行政性的不可分。秦简《法律答问》有这样的规定:“越里中之与它里界者,垣为‘完(院)’不为?巷相直为‘院’;宇相直者不为‘院’。”①反映汉初事实的《二年律令·杂律》规定:“越邑里、官市院垣,若故坏决道出入,及盗启门户,皆赎黥。其垣坏高不盈五尺者,除。”又,“捕罪人及以县官事征召人,所征召、捕越邑里、官市院垣,追捕、征者得随迹出入”②。根据这些律文不难推知,当时的里都是有垣的,而且从汉初律文针对罪人“其垣坏高不盈五尺者,除”的规定来看,可能要求里垣之高度在五尺或五尺以上。如果垣坏或高不足五尺,因而给不法之人以可乘之机,只好责任自负,而对不法之人不予追究。这样说来,当时的里都是一个个相对封闭的单位,与今天的散居村落不可同日而语。显然,这种居住形态也决非里民随意所为,而是被纳入国家的法律规定之中。出于行政目的,以上对基层居民单位的封闭性结构规定肯定是针对全体居民而言,而不会有城里乡下之别。《二年律令·户律》中有律文曰:“募民欲守县邑门者,令以时开闭门,及止畜产放出者,令民共(供)食之,月二户。”③这说明当时的城市并非如今天一样都以商业性为主导特征,特别是对于广大郡城县邑而言,其居民主体仍是朝出夕入的农民。

以此为基点,我们首先来分析《二年律令·户律》中的另一则律文:

自五大夫以下,比地为伍,以辨□为信,居处相察,出入相司。有为

---

① 睡虎地秦墓竹简整理小组:《睡虎地秦墓竹简》,文物出版社1978年版,第231页。

② 张家山汉墓竹简整理小组:《张家山汉墓竹简(二四七号墓)》,文物出版社2001年版(下文均书为《张家山汉墓竹简》),第157页。

③ 《张家山汉墓竹简》,第175页。

盗贼及亡者，辄谒吏、典。田典更挟里门籥(钥)，以时开；伏闭门，止行及作田者；其献酒及乘置乘传，以节使，救水火，追盗贼，皆得行，不从律，罚金二两。①

显然，这种对民众行为的约束也并非仅就城中之里而言，而是对城里乡下基层行政组织的统一规定。仅就乡下居民来看，如果像某些学者所说当时社会上存在某一个行政里包含着几个并不紧邻而自我结构封闭的自然聚落(或曰"里")的话，那么一套基层里中行政系统是无法按律文所言开展工作的。就"田典"而言，如何完成法律规定"田典更挟里门籥(钥)，以时开"的分内职责？难道只管所谓的行政中心里而将其他行政上隶属而空间上分散的聚落置之不管？这恐怕于理不通。反之，如果存在分散聚落仅在行政上共属一个里的情况，恐怕统治者在颁行此律令时不可能不注意到，而将之置于集权理念之外。换个角度说，如果有空间上分散而行政上隶属的自然村落存在，除非要给每一个自然聚落都配置一个田典才合乎律文规定。而据现有史料得知，当时的一个基层行政组织里内只设有一个田典，而不可能有几个田典同时存在。所以说，从法律对基层行政的规定来看，当时是不可能存在一个行政里在空间上分管几个相邻聚落的现象的。

再次，秦简《法律答问》有文曰："贼入甲室，贼伤甲，甲号寇，其四邻、典、老皆出不存，不闻号寇，问当论不当？审不存，不当论；典、老虽不存，当论。"②"典"指里典，"四邻"即"伍人"，显然律文规定是就一个行政单位——里而言。虽然律文是针对这些人不在里中而有人号寇的情况所言，但我们从"皆出不存，不闻号寇"不难推知：在当时里中有人号寇，若其四邻、典、老在里中的话，应该是能听到号寇之声的，而且要闻而相救。四邻和伍老本身就与号寇之家比地为伍，听到号寇之声实属情理之中的事。但就里典言，如果存在中心里下的分散聚落，就算其人在其中一个聚落中没有离开自己所在的行政里，也往往不可能听到来自其他相属聚落内的号寇之声。如果这样，当时法律规定岂不与社会既存事实不合？如果当时存在一个行政里由

① 《张家山汉墓竹简》，第175页。

② 《睡虎地秦墓竹简》，第193页。

几个分散聚落组成的普遍社会事实，以秦律之严密，恐怕是不会对此熟视无睹的。

上述分析可以加深有关行政组织的里与自然聚落单位基本合一的认识。因此，当时的乡里组织从基本上看是在原有自然聚落之上建立里一级行政组织，再在里之上设置乡来完成的。也正是因为由几个分散的自然聚落（或曰“里”）只在行政上编成一个行政里而在空间上分散的现象很少见，所以国家在对乡里百姓作出种种法律规定时往往将这种情况忽略不书。

三、秦汉乡里组织形态的演变趋向

需要指出的是，上述秦汉时期里、聚合一的结构并非一成不变的，在广大的乡村就更是如此。臧知非先生研究指出：“从制度设计的层面看，秦汉时代不存在乡村之里和城市之里的区别，但从里的空间分布看，里则有一个由城邑向乡村发散、由初期的城邑之里发展为乡村之里并以乡村之里为主的过程。”①诚然，城乡之分离与里、聚合一结构的变化并无必然关系。在秦和汉初虽然不乏大量散居城邑之外的聚落存在，但如上面相关律文规定所反映的那样，此等聚落仍以里、聚合一为基本特征，从中也可看出里、聚合一的乡里体制的建立乃是秦汉统治者为实现对百姓有效控制的“杰作”，是国家将行政性强加于城乡自然性聚落的结果。但伴随社会结构的变动，城里人口不断向四野分散，再加上诸种因素造成既存的乡野聚落百姓不断流移，这不但给城乡格局带来变化，而且也可能对原来里、聚基本合一的结构产生影响，从而直接影响和反映着国家对乡里控制的变化与新动向。

对于汉代行政单位里和自然聚落关系的这种变化，已经有学者给予关注。② 总体说来，在秦和西汉的一段时期，由于国家授田制度的推行和对乡

① 臧知非：《秦汉里制与基层社会结构》，载《东岳论丛》2005 年第 6 期。

② 关于秦汉基层行政组织里与自然聚落由合一逐渐向一个行政组织下辖数个自然村落的变化，韩国学者金秉骏《汉代乡里统治之变迁》（载《中华文化论坛》2004 年第 1 期）有所研究。他根据里父老人数和里的规整户数与不规则户数的差异，认为西汉前期就已经普遍存在一个里下辖几个自然村的现象，这一点与本书的观点有着根本的不同。但他指出西汉武帝以后由于社会结构的发展变化以及战乱而导致新自然村落的形成和普遍化，还是颇值得关注的。

里强宗豪右的相对有效抑制，土地兼并尚未大规模发展起来，授田制对百姓的地著功能尚能较好地发挥作用，所以此时里、聚合一的结构相对稳定。不但城中聚落，就是由城内居民发散而形成的乡野聚落，国家一般每聚设一个行政里来管理。西汉自武帝之后，由于社会结构的变动所致的土地兼并愈演愈烈，直接导致了百姓的大量流亡和弃邑居野现象的出现。虽然国家出于自身的利益考虑会不断采用赐爵、假贷等形式招徕流民重新编入原籍，但大部分流民会采取就地为居的形式。他们或被纳入国家控制体系之内，如“流民稍还，渐成聚邑，使输租赋，同之平民”[①]之类；或者流而不定，居深山高壑，暂时或长期游离于国家乡里控制之外。马新师统计《汉书·地理志》和《续汉书·郡国志》中关于“聚”的记载，后者明显多于前者，大有增多的趋势。[②] 固然，见载的“聚”可能较大而为乡邑所在，但我们从“聚”的出现和发展趋势来看，完全存在更多的小“聚”因为人户规模小、地名没有特别意义而不见记载。这些小的“聚”作为自发形成的居民点，具有不稳定性，聚合无定，随时分散，又不断地生成。但是，从国家的角度来说，并不会对之视而不见，“聚”的形成过程也是国家不断努力将其纳入乡里控制体系的过程。

虽然这些以自然聚落为特征新出现的“聚”不断被纳入国家乡里控制之下，但大量小“聚”的出现，在逐渐改变着原来乡里控制体制下里、聚基本合一的格局。换句话说，秦汉时期里、聚合一形态的变化是伴随乡里社会大量新聚落的生成而演进的。国家对这些新生成的小聚落可能不再每个聚落都设为里一级行政单位，而是采取一个里下辖几个聚落的形式。[③] 遗憾的是，汉代资料中没有这一方面直接相关的记载。不过，从历史发展之连续性认识出发，近年来出土的三国吴简所体现的乡里组织格局还是可以给我们提供反观汉代乡里组织演变情况的相关证据的。吴简中乡级组织之下有大量

① 《后汉书·卫飒传》。

② 参见马新《两汉乡村社会史》，第202～204页。

③ 参见金秉骏《汉代乡里统治之变迁》，载《中华文化论坛》2004年第1期。

的里，更有大量的丘存在，目前关于里与丘的性质问题尚无定论。[①] 我们比较赞同吴简中的丘为自然聚落之说。这点可从以下几个方面再作补充：

其一，通览《长沙走马楼三国吴简·嘉禾吏民田家莂》和《长沙走马楼三国吴简·竹简（一）》不难发现这样一个问题[②]：大凡登录于丘下的名籍，都不见诸如"公乘"之类的爵称，而登录于里下的名籍则频见"公乘"的爵称身份说明。虽然在西汉中期以后，随着赐爵的日益泛滥，二十等爵制逐渐失去了其固有的价值而仅仅成为荣誉的象征，但作为民爵上限的"公乘"随附于里的名籍记载，说明其至此时仍为名分的象征而存在并为人们所认可，其仅仅与特定政治经济利益脱离而已。所以，在进行户籍登记时涉及里民身份时将百姓的爵登记就不足为奇了。这与秦汉以来交代身份时的"爵里刺"传统完全一致。与之相反，爵与丘无关，从一个侧面进一步说明里与丘存在区别，而且吴简中与丘相关的内容大都与赋役征发有关，而不在于身份名籍之登记。我们认为，爵与丘的不相关，正是因为当时的丘只是具有赋役征发之经济意义的自然聚落而非自成体系的行政单位使然。众所周知，本来秦汉乡里百姓的爵级等次是与其本身的赋役征发等经济利益息息相关的，也直接关乎国家的财政大计，所以当时与赋役征发相关的各类名籍的记载必须详录各家爵等情况。及至三国时期，民爵已经从根本上与经济徭役征发毫无干系，故在对丘民登记赋役征发时就完全可以略而不书了。这说明丘与里在职能上不能等同视之。

其二，反映东汉灵帝时情况的《长沙东牌楼东汉简牍》100号简有文：

（正面）中平三年二月桐丘男子何君□从临湘伍仲取☐

---

① 有的学者认为吴简中的里与丘一样均为基层行政组织，如高敏《从嘉禾年间〈吏民田家莂〉看长沙郡一带民情风俗与社会经济状况》（载《中州学刊》2000年第5期）等；有的学者认为丘是与里有别的自然聚落，即汉代的"聚"，如宋超《走马楼吴简中的"丘"与"里"再探讨》（载《吴简研究》第2辑，崇文书局2006年版）。以上二观点都不否认丘为百姓聚落单位，只是在行政性与自然性上存在分歧而已。于振波《走马楼吴简中的里与丘》（载《文史》第70辑，2005年）认为丘不是百姓居住聚落，而是赋税征收单位或耕作区。

② 参见长沙市文物考古研究所等《长沙走马楼三国吴简·竹简（一）》，文物出版社2003年版；长沙市文物考古研究所等《长沙走马楼三国吴简·嘉禾吏民田家莂》，文物出版社1999年版。

(背面)十月当还。以手书券信。同文☐[1]

该简中的"桐丘"可能与吴简中的"桐丘"有关,此乃一合同券书,内容与赋税征发和登记毫无关系。简文中的"桐丘"显然是表示该立券男子的生活住处而非赋役或耕作区所属。如果像一些学者所理解的丘仅仅是赋役征收区划而非百姓居住场所的专名显然是讲不通的。换句话说,如果丘仅仅是赋役征收单位而非居住地,这里用"桐丘"说明该男子所属地是毫无意义的。这与宋超先生指出的丘与"居"相关的观点正好吻合[2],由此更坚定了丘乃自然聚落之说。在此基础上,我们就不难发现吴简中的乡、里和丘之间存在的复杂格局。一方面,是对秦汉以来里、聚合一形式的延续。据有学者统计,吴简中里的户数多为二十到五十户之间[3],像这类的里一般就是一个个自成体系的基层行政单位。另一方面,吴简反映了一个行政组织里下辖几个自然聚落丘之现象的存在。如陈颜在9156简中的记录是"宜阳里户人公乘陈颜年五十六真吏",他在行政户籍上属于宜阳里;而在4891简中的记录则是"嘉禾二年十月廿八日新城丘州吏陈颜……付仓吏",缴纳赋税的记录则为新城丘。又如,雷宜在8446号简中的记录是"平阳里户人公乘雷宜年卌八苦腹心病",户籍行政上属于平阳里;而在6271号简中的记录是"入南乡让何丘雷宜二年一匹三丈",缴纳赋税的记录说明他属于让何丘。诸如平阳里、宜阳里这样的里户数可能就不止二十或五十户了。如9407号简:

☐迁里领吏民户二百五十五户口一千一百一十三人收☐☐口算钱合六万二千一百一十八钱[4]

该里总计有二百五十五户,规模远较同简中其他里户数多得多,极有可能就是由相邻几个丘在行政上组合而成。当然,在几个丘在行政上组合成一个里的过程中里户数的参差不齐就可想而知了。

---

① 长沙市文物考古研究所等:《长沙东牌楼东汉简牍》,文物出版社2006年版,第112页。

② 参见宋超《走马楼吴简中的"丘"与"里"再探讨》,载《吴简研究》第2辑,崇文书局2006年版。

③ 参见于振波《从走马楼三国吴简看其户籍中的性别与年龄结构——兼论户与里的规模》,载《台大历史学报》第34期,2004年。

④ 上引吴简均见长沙市文物考古研究所等编《长沙走马楼三国吴简·竹简(一)》。

诚然，像吴简所多见的“丘”不待三国始出现。上引东汉灵帝时简中已有“桐丘”，另《长沙东牌楼东汉简牍》88号简有度上丘郭某的名簿曰“度上丘郭☐”。我们知道东汉灵帝时乡里组织依然存在，联系吴简中里与丘的情况，说灵帝时已经存在像吴简中的乡里格局就不为过了。考虑到西汉武帝以前乡村社会里、聚合一的格局及其后大量新兴聚落的出现，吴简所反映的这种基层管理格局，完全可能与大量新聚落的不断出现有关。

至此，我们可以说，秦汉时期国家为了有效地实现对基层的控制，着力于在城里乡下所存聚落的基础上建立起自成行政体系而且结构相对封闭的里、聚合一的里级行政组织，并在其上设乡以统之。随着社会结构的变化和其他因素所致大量小的乡野聚落的出现，原来行政组织里与居民聚落组织有机统一的结构开始发生变化，在乡野逐渐出现了里聚、里丘或者两者合一(如吴简中的“刘里丘”)，或者一个行政里下辖几个“丘”或“聚”的行政模式。[①] 至于以乡统里的行政模式前后则没有发生根本性变化。当然，乡和里相统的行政体系在当时国家对基层控制中所发挥的作用并没有因聚落形态变化而发生质的改变。

当然，秦汉时期乡里组织形态的变化不仅仅体现在乡里行政层面里、聚关系的变动上，还可能从其他方面体现出来。从聚落自然发展的角度看，特别是就乡野聚落而言，某一聚落百姓人口的增长和分户等所致户数的增加完全可能导致其固有的封闭性结构发生变化，这种自然性的趋势可能导致原来里落的百姓由封闭里居结构发展成相对开放的居住状况。近年在河南内黄县三杨庄首次发现了汉代聚落遗址[②]，该遗址目前尚处于陆续发掘过程

① 需要说明的一点是，秦汉时期社会普遍存在居于行政单位“里”之上名曰“某某丘”的县邑组织。如《居延汉简释文合校》简45·27“☐戍卒陈留郡平丘史盖里爰盖之 ☐☐”，简82·9“田卒魏郡贝丘武昌里李年槀矢五十”，简202·3“陈留郡封丘南益里蔡得臣”，简499·3“大河郡瑕丘多禾里阳振”，简515·42“田卒大河瑕丘邑广昌里张☐”。这些显然和作为基层聚落单位出现和存在的“丘”不可同日而语，也不能据此而否定我们从“丘”着眼所得出的秦汉社会基层聚落形态演变的结论。

② 该处聚落遗址的年代确定为西汉晚期，性质现在尚未取得一致意见，可能是村落、城镇或庄园。有关介绍见刘海旺、朱汝生等《河南内黄县三杨庄汉代庭园遗址》(载《考古》2004年第7期)和刘海旺、张履鹏《国内首次发现汉代村落遗址简介》(载《古今农业》2008年第3期)等文。

中。有学者根据已发掘情况认为这是一处大规模的两汉之交的村落遗址，并进而指出："从13处庭院遗存和对其中4处的发掘，可以看出汉代村落的格局。当时的农村社会实行什伍制，每家有小道路相通，连接公共大路。而户与户之间并不紧连，中间均有距离25米到50米农田毗地相邻，所以有'毗邻'的说法。"①这是否确为汉代普遍存在的村落实态问题随着发掘的深入会变得明晰。如果确为一村落遗址，则从中根本看不出如汉初材料所反映的聚落封闭性结构，这究竟是汉代乡里结构的变化所致抑或反映了当时乡里结构的多元性和复杂性，都有待进一步深入探讨。

第二节 秦汉乡里控制的职能性人员体系

郡—县—乡—里行政组织的建置可以说为秦汉时期国家对乡里的控制奠定了组织外壳，也是秦汉国家将百姓聚落纳入国家基层控制系统的体现。以此为前提，国家控制乡里百姓和各项职能的具体实现则是通过在乡里选派各类乡里吏员以及充分选用具有秩序维系功用的乡三老和里父老等来实现的。这部分人共同构成秦汉时期国家对乡里控制的介体。当时县不仅是乡里之上的一级行政机构，而且是地方行政的重心，负有制驭下属乡里的权限。所以，当时乡里相关职能性人员的选派很大程度上也与之密切相关。至于郡一级组织，虽从直接行政的角度看与百姓相隔较远，然其总领地域方略与地方执政的好坏密切相关。诚如《汉书·循吏传》所载汉宣帝言："庶民所以安其田里而亡叹息愁恨之心者，政平讼理也。与我共此者，其唯良二千石乎！"在现实生活当中，乡官里吏等与百姓接触最多，他们事实上是政府与人民之间的中介。有关秦汉时期郡县以及乡里相关职能性人员的选置情况

① 刘海旺、张履鹏：《国内首次发现汉代村落遗址简介》，载《古今农业》2008年第3期。

前人多有考证[①]，随着简牍资料的出土，这方面的认识也更加深入。[②] 为明确该时期国家对乡里控制的实质及实践中上通下达的架构，这里略及郡县相关人员的设置情况，而着重结合有关材料就当时乡、里二级组织相关职能性人员的设置情况作出分析说明。

一、乡官和乡吏的设置

有关秦汉时期乡一级职能性人员的设置，《汉书·百官公卿表上》称“大率十里一亭，亭有长。十亭一乡，乡有三老、有秩、啬夫、游徼……皆秦制也”。《续汉书·百官志五》也云：

> 乡置有秩、三老、游徼。本注曰：有秩，郡所署，秩百石，掌一乡人；其乡小者，县置啬夫一人。皆主知民善恶，为役先后，知民贫富，为赋多少，平其差品。三老掌教化。凡有孝子顺孙，贞女义妇，让财救患，及学士为民法式者，皆扁表其门，以兴善行。游徼掌徼循，禁司奸盗。又有乡佐，属乡，主民收赋税。

以上记载已经为学界所熟知。随着简牍材料的出土，不但上述文献的记载进一步得到证实，而且有关当时国家对乡一级相关职能性人员的选派和设置情况也进一步明晰化。秦简《法律答问》中有“部佐匿者(诸)民田，者(诸)民弗智(知)，当论不当”[③]的条文，整理小组释“部佐”为“乡部之佐”，即乡佐。江陵凤凰山十号汉墓出土的木牍有“西乡偃佐”[④]，此处的“佐”即西乡的“乡佐”。反映东汉末期情况的《长沙东牌楼东汉简牍》87 号简“☐游徼区□☐”，这是游徼区某的名簿残简，105 号简中仓租券签牌背面有文曰“南山乡啬夫租券本也”。这也说明游徼、乡啬夫等乡级职能性人员体系终秦汉之世没有

---

① 参见严耕望《中国地方行政制度史》甲部《秦汉地方行政制度》第三章“乡官里吏”部分，“中央”研究院历史语言研究所专刊 45A，1997 年版。

② 参见卜宪群《秦汉之际乡里吏员杂考——以里耶秦简为中心的探讨》(载《南都学坛》2006 年第 1 期)、臧知非《汉代乡部建制及其职能》(载《史学月刊》2006 年第 5 期)、邹水杰《里耶简牍所见秦代县廷官吏的设置》(载《咸阳师范学院学报》2007 年第 3 期)及邹水杰《两汉县行政研究》一书第一章“县行政载体的建置概况”等。

③ 《睡虎地秦墓竹简》，第 218 页。

④ 裘锡圭：《江陵凤凰山十号汉墓木牍考释》，载《文物》1974 年第 1 期。

发生大的变化。有关上述人员在乡中设置的具体情况，我们可以从江苏尹湾出土的东海郡《吏员簿》中获得较为直观的认识。[①] 臧知非先生据此作出系统的分析，并得出了新的认识：

其一，乡的长吏确实分别命名为乡有秩和乡啬夫，大乡为有秩，小乡为啬夫，前面均冠以乡字以示其为一乡之长，他们都是县令属吏。

其二，游徼不是乡的属吏，是隶属于县令的治安官吏，并非一乡设一名，其数量与乡的数量并非成正比。

其三，乡佐也是县令属吏，不因其名为乡佐就对乡有秩、乡啬夫负责，而是直接对县令、丞负责，他们并非一乡一人，固定不变。[②]

这些认识使得我们对于秦汉乡中职能性人员的配置情况有了更为准确的把握。这样我们再着眼于走马楼吴简中强大的乡吏体系，对于他们在国家乡里控制中所发挥的作用就一目了然了。当然，秦汉之间，县在乡所选派辟置的属员名目并非完全一致，从已经出土的秦简资料来看，秦代县所属乡一级吏员的名目要比上举汉代文献以及出土汉简记载复杂得多。由此不难推知，秦汉间在乡里吏员的选派设置方面很可能经历了一个称谓和职能的统一或变迁的过程[③]，至于其间的细节问题已难知其详。

湘西里耶秦简中有大量内容涉及秦代乡里吏员的设置情况，如：

乡守([16]9 正面)

乡主([16]9 背面)

乡啬夫(J1⑨984 背面)

乡守([16]2)

乡司空([16]5 背面)

乡佐([16]2)[④]

---

① 参见《尹湾汉墓简牍》，第 79～81 页。

② 臧知非：《简牍所见汉代乡部的建制与职能》，载《史学月刊》2006 年第 5 期。

③ 卜宪群《秦汉之际乡里吏员杂考——以里耶秦简为中心的探讨》(载《南都学坛》2006 年第 1 期)一文对该问题进行了详细分析。

④ 所引里耶秦简均见湖南省文物考古研究所等《湖南龙山里耶战国——秦汉古城一号井发掘简报》(载《文物》2003 年第 1 期)和湖南省文物考古研究所等《湘西里耶秦代简牍选释》(载《中国历史文物》2003 年第 1 期)。

从简中可看出秦迁陵县下有“乡守”、“乡主”、“乡司空”、“乡佐”和“乡啬夫”等乡级职官官目。学界对于简中的“乡主”和“乡守”的理解存在分歧。有学者认为“乡主”和“乡守”是秦代乡职官之一[①]；有学者则认为“乡主”只是“乡中某事负责人”之意，而并不是一个特定的职官，与吏员设置无关，如“都乡守”等也不是官名[②]。“乡主”、“乡守”暂且不论，仅就其他官目来看，不仅汉代的乡啬夫、乡佐与秦一脉相承，而且秦的乡级还设有一些于汉不见的职官。李学勤先生曾指出：“秦的职官系统非常庞大复杂，汉初制度虽由之脱胎，但似已多有减省。”[③]此说颇有道理。

至于乡的三老问题，对于其身份目前学术界尚存争议。学者们或者强调其“吏”的身份，认为其为在编正式乡官；或认为其不是在编乡官，而仅仅是作为荣誉头衔和民意代表而存在；或者认为其具有“非吏而得与吏比者”的双重身份。[④] 但在国家设乡三老在于强化对乡里百姓的教化，从而更好地实现其乡里控制这点上是没有疑义的。前文已指出，秦汉乡中除有秩、啬夫为每乡均设一人外，其他如游徼、乡佐等并非每乡都置，往往一人兼领数乡之务。尹湾汉墓出土的东海郡《集簿》有文曰：

> 县三老卅八人乡三老百七十人孝弟力田各百廿人凡五百六十八人[⑤]

当时东海郡共有一百七十个乡，所设乡三老恰为一百七十人。由此可见，乡三老是不论乡之大小，每乡必设，不可或缺。这充分说明国家对该类人员在维持乡里秩序中所发挥作用的高度重视。尽管国家对乡三老之设置如此重视，但恰如为学者们研究东海郡《集簿》和《吏员簿》所注意到的那样：一方面，东海郡《吏员簿》列载东海郡、县(邑、侯国)及乡亭全部在编吏员人数，其

---

① 参见《湘西里耶秦代简牍选释》，载《中国历史文物》2003 年第 1 期。

② 参见卜宪群《秦汉之际乡里吏员杂考——以里耶秦简为中心的探讨》，载《南都学坛》2006 年第 1 期。

③ 李学勤：《张家山汉简研究的几个问题》，载《郑州大学学报》2002 年第 3 期。

④ 关于汉代三老身份的诸争议，参见牟发松《汉代三老：“非吏而得与吏比”的地方社会领袖》(载《文史哲》2006 年第 6 期)和陈明光《汉代“乡三老”与乡族势力蠡测》(载《中国社会经济史研究》2006 年第 4 期)等文。

⑤ 《尹湾汉墓简牍》，第 77 页。

中在编乡官有乡有秩、乡啬夫、游徼及乡佐，没有县、乡三老和孝悌、力田；另一方面，《集簿》是对三老、孝悌、力田与吏员分别列项统计的。由此足以证明三老等并不归属正式的吏员系统。[①]《汉书·司马相如传》有"让三老孝弟以不教诲之过"之语，从国家对不称职的三老等加以"责让"而非"罚"的差别也可看出，"师而不臣"的三老与上属于县的诸乡官乡吏在身份上还存在着一定的差别。

总而言之，就乡一级职能性人员的设置来看，一方面是行政性的吏员系统，一方面是"非吏而得与吏比"的三老等，二者相辅相成，再加上县所派出的治安亭吏等，就共同构成国家乡一级的权力中介，其职能涵盖了百姓人身、赋役、治安和精神的各个领域。

二、里吏和父老的设置

相对于乡而言，里与百姓的日常生活更显密切，所以国家对百姓的控制最终要在里中落实。与乡一级职能性控制人员的二重结构相类，作为最基层行政组织的里的职能性控制人员也体现出二重性：

一是每里都有里正（或曰"里典"）、田典、伍长，还有具有雇佣性的里监门，他们负责里中的具体事务，成为乡在基层上传下达和具体职能完成的直接执行者，此为学界熟知。

二是里中存在里父老。关于当时每个里中的里父老人数目前尚无一致意见。主张一里有里父老多人的以下面材料为证：《居延汉简释文合校》之45·1A简有"东利里父老夏圣等教数"之文；《春秋繁露·止雨》曰："雨太多，令县邑以土日，塞水渎，绝道，盖井，禁妇人不得行入市。令县乡里皆扫社下。县邑若丞合吏、啬夫三人以上，祝一人；乡啬夫若吏三人以上，祝一人；里正父老三人以上，祝一人；皆斋三日，各衣时衣。"笔者认为，这些材料并不足以说明秦汉时期每个里会设一个以上的里父老，但用来说明一个里中会有多名父老倒不成问题。金秉骏先生认为，汉代一里有里父老多名是

① 参见牟发松《汉代三老："非吏而得与吏比"的地方社会领袖》，载《文史哲》2006年第6期。

与社会结构变化所致一个行政里下辖几个自然村的情况相一致的[①]，其实董仲舒所言一个里出多名父老参加里社之祀是具有普遍意义的，而我们可以肯定的一点是，至董仲舒之际，汉代里、聚合一的情况即便会出现分离的契机，但绝对不会具有普遍意义，所以金先生立说之据颇值得商榷。关于董仲舒所言，显然是以里、聚合一结构为背景的，其所谓的一里出多名父老显然是指里、聚合一之下每个里出多名父老参与里社之祀。我们不难推知，在当时，一个里中的父老恐怕远不止一人。"父老"一词本有泛指长者尊者之含义，上举一里多名父老的情况恐怕是指作为对里中长者尊者的泛称而非专称出现的。与这种泛称"父老"的存在不矛盾，秦汉时期每个里中设有一名专职的里父老。牟发松先生据《侍廷里父老僤约束石券》得出"一个里可以有许多父老，但只有一个里父老"[②]的结论是完全正确的。而从尹湾汉简《集簿》将里正归入吏员系列而不书里父老来看，里父老不属于里吏系统是显而易见的。

对于里中这二系统的区别，我们还可以从他们责罚连及问题上加深认识。如秦简《法律答问》曰："贼入甲室，贼伤甲，甲号寇，其四邻、典、老皆出不存，不闻号寇，问当论不当？审不存，不当论；典、老虽不存，当论。"[③]《秦律杂抄·傅律》规定："匿敖童，及占瘁(癃)不审，典、老赎耐。百姓不当老，至老时不用请，敢为酢(诈)伪者，赀二甲；典、老弗告，赀各一甲；伍人，户一盾，

① 参见金秉骏《汉代乡里统治之变迁》，载《中华文化论坛》2004 年第 1 期。

② 牟发松：《汉代三老："非吏而得与吏比"的地方社会领袖》，载《文史哲》2006 年第 6 期。

③ 《睡虎地秦墓竹简》，第 193 页。

皆罨(迁)之。”①以上二处之“典”指“里典”,“老”指“伍老”②,即一伍之长。《二年律令·钱律》规定:“盗铸钱及佐者,弃市。同居不告,赎耐。正典、田典、伍人不告,罚金四两。或颇告,皆相除。”③像这样将里中里典(里正)和田典的责任连坐,与里父老却毫不相涉。这样看来,与“师而不臣”、“非吏比者”三老相类,里父老明显也具有“非吏”色彩,难怪会有里父老“比三老、孝悌官属”之比拟称谓了。

由上面乡里二级组织中职能性控制人员的组成来看,大致可以分为两个系统:一是乡三老、里父老的“非吏比者”系统;一是乡里的“吏”系统。由于成员身份上的差别,他们在乡里控制中发挥作用的途径表现出不同的特征,但所涉乡里控制诸事务往往多有交叉,如乡三老并非仅仅以教化为务,里父老在乡里诸种事务中更是频见其身影。

总之,乡里组织和乡里职能性控制人员的建置和选派,是国家对乡里进行控制的基础和依赖。正因为如此,当乡里因为各种原因出现该类人员缺员时,为了有效加强国家权力对乡里的渗透,重新选置补充人员是非常必要的。如《汉书·韩延寿传》载其“又置正、五长,相率以孝弟,不得舍奸人。闾里仟佰有非常,吏辄闻知,奸人莫敢入界”。又,《汉书·黄霸传》载:黄霸“然后为条教,置父老师帅伍长,班行之于民间,劝以为善防奸之意,及务耕桑,节用殖财,种树畜养,去食谷马”。此虽都是循吏的杰作,反映了他们整顿乡里秩序的努力,但从中可看出,上述乡里人员的存在对乡里秩序的塑造起着不可或缺的作用。

---

① 《睡虎地秦墓竹简》,第 143 页。

② 对于秦简中的“伍老”,学术界存在不同理解:睡虎地秦墓竹简整理小组从“伍”着眼作“伍长”解(参见《睡虎地秦墓竹简》,第 143 页);杜正胜和邢义田先生着眼于“老”,作“父老”解(参见杜正胜《编户齐民——传统政治社会结构之形成》,联经出版事业公司 1990 年版,第 137 页;邢义田《汉代的父老、倬与聚族里居》,收入其《秦汉史论稿》,台北东大图书公司 1987 年版,第 221 页)。我们虽从睡虎地秦墓竹简整理小组之解释,但认为上述二家之间并非截然矛盾。因为广义的民间父老本身即为自然聚落之尊者长者,在“伍长”之推任中这一群体具有自然优势,所以不难想象当时里中的伍长之主体即为该里之父老群。《韩非子·外储说右下》中“王訾其里正与伍老”之“伍老”恰恰反映了伍长多由里之父老担任的一般趋势,这样的“伍老”从身份上讲乃一伍之长,仍不可与里中专职里父老者相混淆。

③ 《张家山汉墓竹简》,第 160 页。

三、郡县职官员属在乡里控制中的作用

从行政上看，郡领县，《汉书·百官公卿表上》曰："郡守，秦官，掌治其郡，秩二千石。有丞，边郡又有长史，掌兵马，秩皆六百石。"县是乡的上一级行政组织，所以乡官里吏中很多可以说是县级政府的属吏。① 他们或为县在乡里所置的常员，如乡啬夫等；或为县向乡里的派出人员，如游徼、乡佐和亭长等。作为地方行政的重心，县在国家对乡里的控制中发挥了上承下达的作用，县一级的常置之员就显得至关重要。如《汉书·百官公卿表上》曰：

> 县令、长，皆秦官，掌治其县。万户以上为令，秩千石至六百石。减万户为长，秩五百石至三百石。皆有丞、尉，秩四百石至二百石，是为长吏。百石之下有斗食、佐史之秩，是为少吏……列侯所食县曰国，皇太后、皇后、公主所食曰邑，有蛮夷曰道。凡县、道、国、邑千五百八十七，乡六千六百二十二，亭二万九千六百三十五。

《续汉书·百官志五》曰：

> 每县、邑、道，大者置令一人，千石；其次置长，四百石；小者置长，三百石；侯国之相，秩次亦如之。本注曰：皆掌治民，显善劝义，禁奸罚恶，理讼平贼，恤民时务，秋冬集课，上计于所属郡国。

由上记载我们可以大致了解秦汉县的职官情况，秦汉之别就在于秦时不存在与县同级的道、国和邑。② 当然秦汉时期县的职官称谓也并非一成不变的，而且在县令、长、丞、尉之下还有为数众多、职掌不一的县廷小吏，如令史、主户等等，对此邹水杰先生已有详论③，不予赘述。又，《汉书·高帝纪》曰："举民年五十以上，有修行，能帅众为善，置以为三老。择乡三老一人为县三老，与县令、丞、尉以相教，复勿徭赋。"尹湾汉墓简牍《集簿》也有当时东海郡所属38个县、邑、国置三老的记载：

---

① 参见邹水杰《两汉县行政研究》第一章第三节。

② 关于汉代侯国、邑、县的异同问题，朱绍侯《〈尹湾汉墓简牍〉解决了汉代官制中的几个疑难问题》（载《许昌师专学报》1999年第1期）一文进行了专门探讨。

③ 参见邹水杰《两汉县行政研究》，第84～85页。

县三老卅八人乡三老百七十人孝弟力田各百廿人凡五百六十八人①

这说明汉代还在县一级设县三老，他们与乡三老一样，负有教化一县百姓的职责。

通过这些县的职官、县三老以及县廷小吏，县级行政和乡里之间建立起有机的联系，国权不是到县一级就止步了，而是通过县直接向下延伸到基层的乡里。关于"国权不下县"和县下唯"自治"论与秦汉社会的矛盾问题后文会具体展开，在此我们不妨通过实例来分析一下县与乡里之间行政与控制的密不可分。里耶秦简[8]157 正面：

卅二年正月戊寅朔甲午，启陵乡夫敢言之：成里典、启陵邮人缺，除士五（伍）成里匄成，[成]为典，匄为邮人。谒令、尉以从事，敢言之。

简文说明启陵乡啬夫因为本乡所属的成里里典和启陵邮人缺员，拟任用士伍"成"为成里里典，士伍"匄"为邮人，但首先必须报请所属迁陵县的县令、县尉核准。这很好地说明县对乡里事务的直接干预和控制。再如里耶秦简J1⑨984：

廿八年八月戊辰朔丁丑酉阳守丞口敢告迁陵丞主亭里士五顺小妾□馀有律事□□□□迁□令史可听书从事□□□/八月甲午迁陵拔谓都乡啬夫以律令从事/朝手即走印行都乡八月壬辰水下八刻隶妾以来/□手

简文大意是说，酉阳守丞某某告诉迁陵丞：主亭里士伍"顺"的小妾某某与迁陵县某案有关，将此事交给迁陵县的令史去办，迁陵县官拔告诉都乡的啬夫，要其依律令办事。县与乡之行政隶属关系也一目了然。

汉承秦制，在基本上继承了秦的行政体制的同时，各级行政组织之间包括县—乡—里在内的行政逻辑关系也被继承下来。如《二年律令·贼律》规定："诸欲告罪人，及有罪先自告而远其县廷者，皆得告所在乡，乡官谨听，书其告，上县道官。廷士吏亦得听告。"②这种上通下达、职责分明的行政体制构成秦汉时期乡里控制的基础。

---

① 《尹湾汉墓简牍》，第77页。

② 《张家山汉墓竹简》，第148页。

第三节　以王权为轴心的乡里制度性控制机理

"制度本质上是一种规范，它在一定意义上约束着人们的行为；就其内容而言，制度本质上是一种关系，它表征着人们之间关系的某种结构性和秩序性。"[①]国家作为制度规定的主导者与仲裁者，以对基层秩序塑造和控制为出发点的各项制度的建立乃是"王权"的集中体现，当然也是某一时期国家对基层统治理念的最好说明。通过对秦汉时期国家以实现对乡里百姓有效控制为目的的诸项制度的分析，我们可以从"王权"层面掌握此时期国家的基层统治理念，这可为我们在下面章节立足于社会结构变迁对乡里秩序构造的动态考察奠定基础。

一、户籍制所见对百姓的人身控制

乡里百姓既是国家政权支配的对象，也是国家政权赖以存在的基础，所以对百姓人身的控制就成为国家职能的重要组成部分。诚如汉代人徐幹《中论·民数》所言："故民数者，庶事之所自出也，莫不取正焉。以分田里，以令贡赋，以造器用，以制禄食，以起田役，以作军旅。国以之建典，家以之立度，五礼用修，九刑用措者，其惟审民数乎?"此处的"民数"包括百姓的名数和身份，即针对百姓的人身控制而言。秦汉时期，国家非常重视人身控制对整个国家政权存在的基础作用，并为此制定了针对人身控制的相关制度。然而，从根本上说，这些制度无论就其实际内容还是就其具体执行来看，都是立足于一定社会结构之上，并通过乡官里吏的具体行政来完成的。

(一)乡里户籍登记与人身控制

先秦时期，户籍制随着社会结构的变动和国家不断强化对基层的控制

---

① 李松玉：《制度权威研究——制度规范与社会秩序》，社会科学文献出版社 2005 年版，第 25 页。

而发展起来[①],“案比”作为其中的重要手段之一也在春秋战国时期出现[②]。秦自献公始“为户籍相伍”,着手建立户籍制度,此后,秦的户籍制度逐渐完善。《商君书·境内》记载当时“四境之内,丈夫女子,皆有名于上者著,死者削”。在户籍所包含的内容中,户口名数与人身控制的关系最为密切。从睡虎地秦简来看,当时的户口名数登记与乡官里吏紧紧联系在一起。《秦律杂抄·傅律》规定:“匿敖童,及占瘩(癃)不审,典、老赎耐。百姓不当老,至老时不用请,敢为酢(诈)伪者,赀二甲;典、老弗告,赀各一甲;伍人,户一盾,皆瞿(迁)之。”[③]显然,在户籍登记过程中,户口的登录由乡里百姓自我占报,而由所在里的里典和伍老监督来完成。在此过程中,不但当事人必须如实呈报,就是同伍之人、伍老和里典更得相互监督,否则就要承担连带责任。汉代的户口登记更为严格。张家山汉墓出土的《奏谳书》载有高祖时的一则律令:“诸无名数者,皆令自占书名数,令到县道官,盈卅日,不自占书名数,皆耐为隶臣妾,锢,勿令以爵、赏免,舍匿者与同罪。”[④]这主要是针对汉初天下初定“民前或相聚保山泽,不书名数”[⑤]的情况强制无名数的百姓登记户口而言的,但充分体现了国家将全部百姓纳入自己控制范畴的企图。对于当时户口登记的具体程式,从下列律文可见一斑。《二年律令·户律》规定:“民皆自占年。小未能自占,而毋父母、同产为占者,吏以□比定其年。自占、占子、同产年,不以实三岁以上,皆耐。产子者恒以户时占其◫◫罚金四两。”[⑥]此似非仅指无名数者而言,而是对百姓自己如实占报户口年龄的一般性规定,对于占报年龄不实者要给予严厉的处罚。同简《置后律》中还有这样两则律文:“父母及妻不幸死者已葬卅日,子、同产产、大父母、大父母之同产十五日之官。”[⑦]“诸当(拜)爵后者,令典若正、伍里人毋下五人任占。”[⑧]“爵后”

---

① 参见田昌五、臧知非《周秦社会结构研究》,第194~208页。

② 参见钱剑夫《汉代“案比”制度的渊源及其流演》,载《历史研究》1988年第3期。

③ 《睡虎地秦墓竹简》,第143页。

④ 《张家山汉墓竹简》,第218~219页。

⑤ 《汉书·高帝纪上》。

⑥ 《张家山汉墓竹简》,第177页。

⑦ 《张家山汉墓竹简》,第184页。

⑧ 《张家山汉墓竹简》,第185页。

也称为“后子”，即经官府认可的作为爵位继承人的子嗣。他的这一地位的取得，必须得到官府的认可，而取得官府认可首先要取得相关里吏和同伍邻人的担保证任。毕竟爵制等级直接影响着里内的秩序，人口死亡直接影响着户籍的变动，这充分体现了当时国家对户籍和里中等级制度的重视。

由上我们不难看出，在户口的占报过程中，百姓自占是主导，里吏和伍人的监督证任是必要的补充形式。这种百姓自己占报户口的形式无疑成为国家对百姓人身控制的有效形式。在此基础上，国家每年八月进行全国范围内的案比户口，以此来检核百姓之户口情况。因为相关史料中关于汉代案比的记载多与东汉有关，如《续汉书·礼仪志中》曰：“仲秋之月，县道皆案户比民。”以往学者们据此曾对汉初或者西汉时期有无“八月案比”民户的定制表示怀疑，将其说成是东汉的常制。《二年律令·户律》规定：“恒以八月令乡部啬夫、吏、令史相杂案户籍，副臧(藏)其廷。”[①]这是汉初存在“八月案比”户口制度的明证。所以，东汉案比之制系承西汉而来。这种每年定期进行的案比户口可以避免因为百姓自占所带来的户口不实的弊端，通过检核户口，有利于乡对户口民数的掌握和控制，再通过乡案比后上报于县，县就各乡上报情况汇总，从而使国家能有效把握户口民数及其变动。安徽天长西汉墓出土的《户口簿》即为东阳县对所属六个乡户、口的统计：

户凡九千一百六十九少前

口四万九百七十少前

东乡户千七百八十三口七千七百九十五

都乡户二千三百九十八口万八百一十九

杨池乡户千四百五十一口六千三百廿八

鞠(?)乡户八百八十口四千五

垣雍北乡户千三百七十五口六千三百五十四

① 《张家山汉墓竹简》，第177页。

垣雍东乡户千二百八十二口五千六百六十九[1]

袁延胜先生研究指出，此簿所载即为汉代东阳县"八月案比"的结果。[2]关于案比进行的地点，一般认为是在县。如《后汉书·江革传》载："每至岁时，县当案比，革以母老，不欲摇动，自在辕中挽车，不用牛马，由是乡里称之曰'江巨孝'。"也有学者认为案比方式有两种：一是集县内民众至县衙所在地统一案验、登记，验试地点在户曹；二是县衙有关官吏直接到各乡进行案比。[3] 还有学者认为案比算民名义上可能由县负责，实际施行却在更基层的乡、里。[4] 在这一问题上，笔者赞同案比是以乡、里为单位进行的看法。上引《二年律令·户律》规定："恒以八月令乡部啬夫、吏、令史相杂案户籍，副臧(藏)其廷。"将乡部啬夫置于案验户籍之首恰可从一个侧面说明八月的案比和随后进行的户籍造簿是以乡为中心完成的。

这样一年一度的案比户口，乡里百姓无论年老年幼都得参加，江革用车载老母去案比就是最好的说明。既然秦汉时期在乡里掌管户籍的是乡有秩和乡啬夫，案比这样复杂的任务自然由他们具体负责完成。如邢义田先生指出：其他乡官里吏的参与也是理所当然的，"然而，值得注意的是，一乡赋钱的征收和封缴，是由里父老、里正、乡有秩或啬夫以及乡佐共同具名负责。从而不难推测，算民之时，除了乡有秩或啬夫，里正和父老也应参与"[5]。又，《周礼·地官·小司徒》曰："及三年，则大比，大比则受邦国之比要。"郑玄注曰："大比，谓使天下更简阅民数及其财物也。"郑司农云："五家为比，故以比为名，今时八月案比是也。要，谓其簿。"可见，案比在很大程度上说可能是按伍次第进行的。至于案比后对人身户口情况登记的内容，湘西里耶出土

---

① 天长市文物管理所、天长市博物馆：《安徽天长西汉墓发掘简报》，载《文物》2006 年第 11 期。

② 参见袁延胜《天长纪庄木牍〈算簿〉与汉代算赋问题》，载《中国史研究》2008 年第 2 期。

③ 参见马新《编户齐民与两汉王朝的人口控制》，载《东岳论丛》1996 年第 5 期。

④ 参见邢义田《汉代案比在县或在乡？》，载《中央研究院历史语言研究所集刊》第 60 本第 2 分，1989 年；苏诚鉴《"头会箕敛"与"八月算人"》，载《中国史研究》1983 年第 1 期。

⑤ 邢义田：《汉代案比在县或在乡？》，载《中央研究院历史语言研究所集刊》第 60 本第 2 分，1989 年。

的一批秦代户版简可以给我们一些启示[①]，如：

简 K17

南阳户人荆不更黄□　子不更昌　妻曰不实　子小上造悍

子小上造　子小女规　子小女移

简 K27

南阳户人荆不更蛮强　妻曰嗛　子小上造□　子小女子驼

臣曰聚　伍长

简 K1/25/50

南阳户人荆不更黄得　妻曰嗛　子小上造台　子小上造

子小上造[定]

简 K28/29

南阳户人荆不更黄□　妻曰负刍　子小上造□

子小女子女[祠]　毋室

此类简还有很多，张荣强先生据此分析归纳出秦代户籍简著录的基本格式，认为："第 1 栏为壮男，第 2 栏为壮女，第 3 栏为小男，第 4 栏为小女，第 5 栏为老男、老女并及伍长之类的备注项目。"[②]在每一栏中，有爵者则录其爵级，如简所见的"不更"、"小上造"等，另要说明"小"、"小女"等身份，户主的身份（如"伍长"）和家臣也需著录。杨际平先生联系吴简及西凉籍帐分析认为：汉代作为案比户口的"狭义"户籍主要记吏民家口名年等。[③]联系里耶秦代的户版，从中不难看出其相似性。当然，不论秦还是汉，还存在与百姓相关的其他诸类名籍记载。如居延出土汉简中有如下记载：

□□市阳里上造王福年六十长七尺二寸黑色（《居延汉简释文合校》14·13）

魏郡繁阳高忘里大夫谢牧年卌长七尺二寸黑色（《居延汉简释文合

① 参见湖南省文物考古研究所《里耶发掘报告》，第 203～208 页。

② 张荣强：《湖南里耶所出"秦代迁陵县南阳里户版"研究》，载《北京师范大学学报》2008 年第 4 期。

③ 参见杨际平《秦汉户籍管理制度研究》，载《中华文史论丛》2007 年第 1 辑。

校》15·14)

可见,这些名籍所记内容比案比时登记更为详细,除包含与人身相关的里、爵、名、年龄外,国家根据特定的需要,完全可以把身高、肤色等内容也纳入其中。

仅就一年一度的案比对百姓人身控制的意义言,通过这样的一套人身登记和定时核对制度,国家就把每户里民以及里民个人的情况直接掌握在自己手中。也正是在这个前提之下,当时国家对百姓的户籍根据其身份的不同而进行了分类,如有针对学门弟子的“弟子籍”,有针对商人的“市籍”等。又,《汉书·晁错传》中晁错在述及秦的谪戍情况时就说:“先发吏有谪及赘婿、贾人,后以尝有市籍者,又后以大父母、父母尝有市籍者,后入闾,取其左。”《汉书·景帝纪》曰:“今訾算十以上乃得宦,廉士算不必众。有市籍不得宦,无訾又不得宦,朕甚愍之。”这种籍属划分很大程度上满足了当时统治者特定的政治需要。

除了常规户籍登记和定时案比对人身形成的控制外,当时国家还对非法脱籍逃往者给予严厉的惩罚。从秦简《封诊式·覆》可以看出,当时对逃亡者要进行详细讯查,其文曰:

> 敢告某县主:男子某辞曰:“士五(伍),居某县某里,去亡。”可定名事里,所坐论云可(何),可(何)罪赦,【或】覆问毋(无)有,几籍亡,亡及逋事各几可(何)日,遣识者当腾,腾皆为报,敢告主。①

《二年律令·亡律》也规定:

> 吏民亡,盈卒岁,耐;不盈卒岁,(系)城旦舂;公士、公士妻以上作官府,皆偿亡日。其自出殹(也),笞五十。给逋事,皆籍亡日,軵数盈卒岁而得,亦耐之。②

对逋事或逃亡者要“皆籍亡日”,并视情况给以惩罚。所有这些都充分显示了国家对百姓人身控制的严格程度。

---

① 《睡虎地秦墓竹简》,第250页。

② 《张家山汉墓竹简》,第154页。

(二)乡里名籍变化与人身控制

秦汉时期国家虽然严格限制百姓脱籍流亡,但对于各种原因的正当移居并不限制,只是要求必须严格按照相关规定行事,从而既能以法律制裁的威力限制里民脱籍逃亡,也能通过名籍的不定时变更来保证对百姓人身控制的准确性。在此类事务中乡官里吏也发挥了关键性作用。

首先,乡里百姓合法性移居异地必须办理严格的名籍转移手续。秦简《法律答问》有文曰:

> 甲徙居,徙数谒吏,吏环,弗为更籍,今甲有耐、赀罪,问吏可(何)论?耐以上,当赀二甲。[①]

简文大意是说:甲迁居异地,请求吏迁移户籍,吏加以拒绝,不为他更改户籍,如甲有处耐刑、罚款的罪,问吏应如何论处?甲罪在耐刑以上,吏应罚二甲。显然里民如合法徙居他处,政府是允许的,但必须先谒吏说明,并办理户籍转移手续。张荣强先生指出:"里耶出土的户版是乡户籍,其采用一户一版的形制,很大原因是为了民户迁徙时便于移送。"[②]如果是相关的吏推诿不予更籍,则该吏当依律遭到处罚。里耶秦简[16]9有如下文字:

> (正面)廿六年五月辛巳朔庚子,启陵乡□敢言之:都乡守嘉言:渚里□□劾等十七户徙都乡,皆不移年籍。令白移言,今问之劾等徙□书告都乡,曰:启陵乡未有桀(牒),毋以智(知)劾等初产至今年数□□□□谒令,都乡具问劾等年数。敢言之。
>
> (背面)□迁陵守丞敦狐告都乡主,以律令从事。/建手。□☑
>
> 甲辰水十一刻[刻]下者十刻,不更成里午以来。貄手。[③]

简文大意是:秦始皇二十六年由启陵乡啬夫上报迁陵县丞,都乡的代理负责人嘉曾向启陵提出,由启陵乡渚里迁徙到都乡的劾等十七户,都没有移交年龄的登记。启陵乡负责人作了调查,在劾等户迁徙时,有过文书通知都乡,说启陵乡没有记录,不知劾等人的年龄。因此上报县廷,请告知都乡,由都

---

① 《睡虎地秦墓竹简》,第213～214页。

② 张荣强:《长沙东牌楼东汉"户籍简"补说》,载《中国史研究》2008年第4期。

③ 湖南省文物考古研究所等:《湘西里耶秦代简牍选释》,载《中国历史文物》2003年第1期。

乡自行问询。迁陵守丞敦狐对都乡的负责人说，依律令办事。具体而言：从“迁陵守丞敦狐告都乡主”来看，都乡和启陵乡一样是迁陵县下属的乡，将启陵乡所属的渚里□□劾等十七户徙都乡的具体原因不得而知，但此次移民是合法迁移当无疑。从都乡守上禀县丞诉明启陵乡在人口迁徙时没有随之将这部分民户的年籍移送来看，一般来说“不移年籍”是不符合规定的。这里之所以没有随时移徙年籍，是因为启陵乡当时并没有这十七户的年籍登记档案，很可能是因为此时秦刚刚完成统一，对新统一地区的户籍厘定正处于进行过程中。

《二年律令·户律》也有乡里百姓移籍的规定，其文曰：

有移徙者，辄移户及年籍爵细徙所，并封。留弗移，移不并封，及实不徙数盈十日，皆罚金四两；数在所正、典弗告，与同罪。乡部啬夫、吏主及案户者弗得，罚金各一两。①

律文大意是规定移居者的年籍爵细必须随本人移居别处而迁到新的住所，即要交给新到地的户籍管理机构。相反，如果相关官吏滞留或不经封存迁转户籍，就会遭到处罚；户籍已经从原居地迁出，而相关民户滞留原地不迁，也要受罚；移徙者所在里中的里典或里正必须时刻关注已获准移徙者的动向，一旦出现当移而不移等情况，正、典不能及时上报，就要受到责任连坐的处罚，而乡啬夫等相关人员不能及时发现也要受到处罚。这样就从根本上防止了由于里民移居而造成的户籍紊乱现象的出现，能够真正实现人在籍在，人移籍随，从而形成对里民人身的有效控制。《居延汉简释文合校》175·13简曰：

□城仓居延农延水卅井甲渠殄北塞候写移书到遗脱有移名籍遣吏将属居延毋有以书言会月廿日如律令／掾仁属宁

这说明如果丢失了移徙者的名籍，相关负责人必须遣吏告知所到地。湖北荆州高台秦汉墓所出编号为M18：35－乙木牍载：

七年十月丙子朔庚子，中乡起敢言之：新安大女燕，自言与大奴甲、乙，大婢妨徙安都。谒告安都，受名数，书到为报，敢言之。十月庚子，

① 《张家山汉墓竹简》，第177～178页。

江陵龙氏丞敬移安都丞。亭手。[①]

该木牍性质为一"告地书",大意为:江陵中乡乡吏名为"起"者上报县廷,说新安女子燕一家报请移居安都,望县署通告安都县接纳户籍。上述这些足以看出当时对移籍移居者的控制程度。

其次,百姓有其他事由离开原乡里到外地,除了具备正当的理由之外,乡官还必须结合户籍对其身份情况进行审核。审核合格者,由乡有秩和啬夫拟定该人的过所文书,说明所去地和所经过的关卡,并得到批准后方可成行,没有过所文书就会沿途遭到稽查拦截。居延汉简中有大量乡有秩和乡啬夫为本乡里百姓申请"过所"的记载。如《居延汉简释文合校》15·19简:

永始五年闰月己巳朔丙子北乡啬夫忠敢言之义成里崔自当自言为家私市居延谨案自当毋官狱征事当得取传谒移肩水金关居延县索关敢言之闰月丙子觻得丞彭移肩水金关居延县索关书到如律令掾晏令史建

其大意是:北乡义成里居民崔自当,为了动身去居延市买东西,通过乡啬夫忠申请"过所",在乡啬夫出具证明证实该人未曾有狱讼犯法等事后,由县丞彭批给"过所"。类似的过所文书尚存很多,如《居延汉简释文合校》505·37A简:

建平五年八月戊□□□□广明乡啬夫宏假佐玄敢言之善居里男子丘张自言与家买客田居延都亭部欲取检谨案张等更赋皆给当得取检谒移居延如律令敢言之

敦煌悬泉出土汉简也有相关记载:

□二年九月辛酉朔甲申,浩檀长、丞忠,移过所,谴□□□□□□□……毋苛留,当……(Ⅱ0313S:160)[②]

在对移徙者的身份进行审查时,要结合乡户籍的记载,重点查验其是否有官狱征事,是否更赋皆已完成。"官狱"即指犯罪狱讼,不仅指当时,有前科者也包括在内;"征事"即更赋完成情况。现实中这种事还通过当时人们

---

① 湖北省荆州博物馆:《荆州高台秦汉墓——宜黄公路荆州段田野考古报告之一》,科学出版社2000年版,第224页。

② 胡平生、张德芳:《敦煌悬泉汉简释粹》,上海古籍出版社2001年版,第47页。

普遍的地府观念得以反映，如甘肃武威五坝山3号汉墓出土木牍有文：

张掖西乡定武里田升宁今归黄过所毋留难也故为□□□[①]

由此不难推知，如果没有通行的过所文书，是会遭到所经之处的县邑关津留难止行的。当时百姓户籍藏于乡，乡啬夫等对于本乡百姓是否有官、狱征事等了如指掌，所以由他们来审核本乡外出百姓的情况并申请"过所"就成为他们的主要职责之一。

（三）对乡里新占、客居民户等的人身控制

如上所言，秦汉时期国家并不限制百姓合法性移居，但必须随时移身移籍。这部分人一旦在新居地落籍，自然被编入所在乡里的户籍名数之下，接受当地各级行政组织的管理和控制。这种情况之外，由于各种原因而在各个乡里出现的新占民和客民也是各地乡里组织所面临的一个重要问题。对这部分人的人身控制自然成为当时国家对百姓人身控制的重要内容之一。

居延出土汉简中频见有关"客民"的记载，如：

候客民王凤　乘要虏隧长薛立乘今守士吏（《居延汉简释文合校》308·38）

渠斗食令史备寇虏盗贼为职至今月八日客民不审（《居延新简》E. P. T68：17）[②]

常及客民赵闳范翕一等五人俱亡皆共盗官兵（《居延新简》E. P. T68：60）

有的学者着眼于阶级分析，认为客民为"客"，属于雇佣劳动者。此说恐怕值得商榷。客民的身份首先是民而不是雇佣劳动者，是由于某种原因并得到政府许可而暂时寄居于他地者，与因流亡等原因而在落脚地占籍定居者不

---

① 李均明、何双全：《散见简牍合辑》，文物出版社1990年版，第25页。

② 甘肃省文物考古研究所等：《居延新简——甲渠候官与第四燧》，文物出版社1990年版（下引该书，均书为《居延新简》）。

可同日而语。[①] 客民与新占民有着根本的不同，其不在当地著籍。如《居延汉简释文合校》157・24A简有"客居长安当利里者洛阳上商里范义"之文，范义的客居地为长安当利里，其名籍仍在洛阳上商里。《后汉书・马援传》载："帝然之，于是诏武威太守，令悉还金城客民。归者三千余口，使各反旧邑。"这样大规模徙还客民于旧邑之举显然是与国家对客民名籍的掌握分不开的。而新占民则是在当地著籍定居者。又，《潜夫论・实边》载王符论云："内郡人将妻子来占著，五岁以上，与居民同，均皆得选举。"此是就新占民而非客民说的，因为客民不著籍久居，故不享此权利。如果客民已经在当地著籍，就不可能有集体性归返旧邑之举了。如《居延新简》E. P. T57：97简载：

> ☐得毋有侵假藉贷钱财物以惠贸易器　☐簿不贯卖衣物刀剑衣物客吏民所　证所言它如爰书敢言之

这里显然是将客民和当地的吏民区别看待的，即指客民之居所和当地吏民的居所。

就这些客民而言，虽然他们不在当地著籍落根，但也完全处于所在地乡里组织的控制之下。"建武三年候粟君所责寇恩事"册[②]中就说明原籍在颍川昆阳市南里的客民寇恩，直接受居延都乡啬夫管辖，有关案件也由所在地乡啬夫直接处理。这些客民既然暂时寄居在某乡某里，他们接受当地乡里官吏的管理也就很自然了。上引简中"客民不审"虽非就乡官而言，但我们仍可推知审查管理客民乃是他们的职责之一。像这样的客民，与其说是百姓因为某种原因自发流寓新处，还不如说是官方出于缓和某种危机的需要

---

① 关于客民，邢义田《汉代案比在县或在乡？》（载《中央研究院历史语言研究所集刊》第60本第2分，1989年）一文认为与"客子"同义，是指客居他乡并处于客居所在乡有秩或乡啬夫管辖之下的百姓，与原居地的"居民"相区别。王子今《居延简及敦煌简所见"客"——汉代西北边地流动人口考察札记》（载《秦汉社会史论考》，商务印书馆2006年版）一文也指出："其实，也可能在当时的社会经济生活情势下，不必强以阶级分析的眼光看'客'。'客'也许仅仅是一种体现户籍管理状况的身份标志。"这些对于正确理解"客"的身份都颇具启发意义。但对于"客民"和"新占民"身份的差别二文都没有指出。

② 册文参见甘肃居延考古队简册整理小组《"建武三年候粟君所责寇恩事"释文》，载《文物》1978年第1期。

有计划地临时性徙民行为，否则新居处是不能准确掌握他们的原籍情况的。我们推测，最大的可能是为了加强对客民的控制，在国家有计划地将这部分人暂时徙居新地时，虽出于暂时性考虑不办理移籍手续，但同时将其原户籍备份传送到新居处，这样就利于新居地乡里组织将之纳入自己的管理体制之下。对客民的控制说明，即使是对于客居异地者，国家也在努力对之进行有效控制，这可以很好地反映当时国家对乡里人身控制的理念。不但如此，当时国家为了加强对流动人口的规制，同时也是出于地方治安考虑，要求百姓一旦有从外地而来的"客"，要随时上报。《居延新简》中有如下简：

▨而得其所止占客在门所为来者言▨(E. P. T43：174)

四月得占客在门所为来者言▨(E. P. T43：197)

▨□聚□占客□门□□□者▨(E. P. T40：64)

上述各简中的"占"即占报之义，如果有外来的客到，必须及时向上呈报。又，《史记·商君列传》载："商君亡至关下，欲舍客舍。客人不知其是商君也，曰：'商君之法，舍人无验者坐之。'"从汉简资料比照来看，汉代完全继承了商鞅时的这一传统，"汉承秦制"可谓不虚。这些充分反映了当时国家对乡里人身控制的严密程度。

除了临时寄居的客民外，由于社会结构的变动导致大量的流民出现，特别是在西汉中期以后兼并之潮的冲击下，这种情况更为严重。对于百姓的脱籍流亡，国家除了制定"舍匿法"等严加打击外，更通过赐爵等形式鼓励百姓回原地或随地占著，如宣帝地节三年春三月诏就有"今胶东相王成劳来不怠，流民自占八万余口"[①]的记载。尹湾汉墓出土《集簿》记载了西汉末元延年间东海郡的人口情况：

户廿六万六千二百九十多前二千六百廿九其户万一千六百六十二获流口百卅九万七千三百卌三其(?)四万二千七百五十二获流[②]

"获流"即是对新占籍的流民而言。从户数差可知当时东海郡有八千多户流亡。我们不能否认有的流民会重返原籍，但流民之占籍者更多的恐怕是在

---

① 《汉书·宣帝纪》。

② 《尹湾汉墓简牍》，第77页。

流寓地占籍，这些在流寓地重新占籍的民户就是所谓的“新占民”。居延出土汉简中有很多记载：

府记曰遣新占男子刘迁代燧长☐　（《居延新简》E. P. F22：648）

☐新占男子丘常☐　（《居延新简》E. P. F22：656）

迹候备盗贼寇虏为职乃丁亥新占民居延临仁里（《居延新简》E. P. T68：35）

简 E. P. T68：35 记载的是居延临仁里新占民的事宜，乡里在对这些新占民人身登记时当与原乡里百姓人身登记内容无异。但这些新占民毕竟不同于“故民”。如《潜夫论·实边》所云“内郡人将妻子来占著，五岁以上，与居民同均，皆得选举”。再加上新占著者往往会享有赐爵和经济上的优遇，这些就决定了乡官里吏在对新占著者进行人身登记时必须与原居民区别记录。所以，在人身登记时详细注明其“新占民”、“新占男子”也就显得非常必要了。或许正是考虑到当时的新占民以及客民等在身份上与原居民还是存在一定差别的，所以在某些场合必须对之区别，采用与之相对的“故民”称谓。如居延出土汉简中就有如下简文：

官大夫年廿四姓夏氏故民地节三年十一月中除为（《居延汉简释文合校》10·10）

士伍居延鸣沙里年卅岁姓衣氏故民（《居延新简》E. P. T59：1）

总的说来，通过对原籍居民的著籍、移籍，对由外地暂时寓居某处的客民以及新占民的名籍登记和管理，国家通过户籍编制和管理的途径在制度层面上形成了对乡里百姓人身的有效控制。当然，除了对普通百姓的户籍进行登记和管理外，当时还通过法律严格将一些特殊身份者排除在乡里居住区内，如《二年律令·户律》就有“隶臣妾、城旦舂、鬼薪白粲家室居民里中者，以亡论之”[①]之类的规定。

总之，从国家通过户籍对百姓进行人身控制来看，可谓相当系统和严格，诚如王彦辉先生所指出：“秦汉政府建立的严密户籍制度以及围绕人口流动制定的各种法令法规，都是为了有效防止在籍人口的流失，而鼓励早婚

① 《张家山汉墓竹简》，第 175 页。

早育的政策也是为了增加国家的人口总量，西汉中期以后，中央与地方豪族之间的矛盾冲突实质就是围绕人口控制展开的。”①不但如此，凡涉及里民的人身事宜基本都要由乡官里吏参与，这决非他们的自愿，而是他们作为国家基层行政官吏的法定职责，违此则要受到法定的惩罚。显然，国家既赋予他们这种职责，同时也对其分内职责作出了硬性规定，责权关系在此有机统一。

二、摊租征税与对百姓的经济控制

乡里经济既是百姓赖以生存的基础，也是国家对其进行剥削从而维持国家政权运作和统治阶级私欲的根本来源。从根本上说，国家对乡里经济的控制就在于满足其政治剥削的目的，毕竟“从经济上或者更准确地说从财政角度来看，中央集权君主专制国家是建立在对小农的剥削和压榨的基础上的”②。秦汉时期，在国家不断通过乡里制度设计完善对百姓人身控制的基础上，对乡里经济的控制也成为乡里控制体系的重要组成部分。从具体层面看，国家对于百姓经济控制的范畴相当广，而服务于国家摊租征税这一目的则是毫无疑问的。

(一)百姓资产注籍与经济控制

乡里百姓赖以生产和生活的基础在于一定的生产和生活积累，即家资。家资的范畴非常广，诸如田宅、奴婢、生产工具等都包括在内。由于这些资产不仅对家庭的维系和再生产具有特别的意义，而且其对于国家经济控制意义非凡，所以被纳入国家对乡里经济控制的范畴就不难理解了。

关于秦汉时期户籍的详细内容和编排形式，由于长期未见正式户籍样本出土，尚存在较大的争议。有的学者根据新出土汉简和吴简资料研究指出，当时的户籍乃户口籍与财产籍的紧密结合。③ 有的学者则得出户口籍和资产籍是区分开的结论。④ 现在结合新出土的里耶户版资料，我们可以大胆

---

① 王彦辉:《秦汉时期的“户绝”与社会控制》，载《学习与探索》2008年第6期。

② 刘泽华等:《专制权力与中国社会》，吉林文史出版社1988年版，第22页。

③ 参见张荣强《孙吴简中的户籍文书》，载《历史研究》2006年第4期。

④ 参见杨际平《秦汉户籍管理制度研究》，载《中华文史论丛》2007年第1辑。

推测秦汉时期的户口籍与资产等籍应该是分开的。以资产籍为基础，当时国家对百姓的资产情况存在着严密的登记入籍制度。如《二年律令·户律》规定：

民宅园户籍、年细籍、田比地籍、田命籍、田租籍，谨副上县廷，皆以箧若匣匮盛，缄闭，以令若丞、官啬夫印封，独别为府，封府户；节（即）有当治为者，令史、吏主者完封奏（凑）令若丞印，啬夫发，即杂治为；臧（藏）□已，辄复缄闭封臧（藏），不从律者罚金各四两。其或为诈（诈）伪，有增减也，而弗能得，赎耐。官恒先计雠，□籍□不相（?）复者，（系）劾论之。民欲先令相分田宅、奴婢、财物，乡部啬夫身听其令，皆参辨券书之，辄上如户籍。有争者，以券书从事；毋券书，勿听。所分田宅，不为户，得有之，至八月书户，留难先令，弗为券书，罚金一两。①

其中“民宅园户籍”中的“户籍”与“年细籍”并列，说明二者所登录的内容和重点是有区别的，很可能“户籍”也如里耶秦代户版所反映的那样只载家庭成员、爵级和身份等，“年细籍”则侧重于年龄、肤色等个人相关细节。至于“田比地籍”和“田命籍”二项显然与田宅财产相关。其中的“田比地籍”之义，整理者释为“依田地比邻次第记录的簿籍”。至于百姓所拥有的其他资产也得登记入籍则是肯定的，这从“民欲先令相分田宅、奴婢、财物，乡部啬夫身听其令，皆参辨券书之，辄上如户籍”可得而知。又，《二年律令·户律》规定：

民大父母、父母、子、孙、同产、同产子，欲相分予奴婢、马牛羊、它财物者，皆许之，辄为定籍。②

正是因为这些家资本来就著籍登记在册，所以当因分析而发生所有权转移时，要求随时变更定籍。居延汉简中有的简文涉及百姓资产登记情况：

候长觻得广昌里公乘礼忠年卅　小奴二人直三万　用马五匹直二万　宅一区万　大婢一人二万　牛车二两直四千　田五顷五万　轺车二乘直万　服牛二六千　●凡訾直十五万（《居延汉简释文合

① 《张家山汉墓竹简》，第178页。

② 《张家山汉墓竹简》，第178页。

校》37·35)

三燧长居延西道里公乘徐宗年五十　徐宗年五十　妻妻　宅一区直三千　妻　妻一人　子男一人　田五十亩直五千　男子一人　子男二人　男同产二人　用牛二直五千　子女二人　女同产二人　男同产二人　女同产二人(《居延汉简释文合校》24·1B)

上述二简所记是否就是汉代资产籍的全部内容，我们不敢妄下结论。从二简所记来看也不尽相同。如24·1B简将部分家庭成员也记录在内，这不能说是独立的资产籍。不过二简明显与资产有关。从当时关于资产登记的内容来看，主要包括田宅、奴婢、牛马、车等，可以说将家庭主要资产包罗无遗。这种国家对家庭资产详加登记注籍的制度终两汉未变。1966年四川郫县犀浦出土一块东汉残碑[①]，大约是顺帝年间的簿书。虽然关于其性质还存在不同的观点，但从中我们仍可以看出当时资产登记情况。秦晖先生曾就郫县残碑内容作一统计表[②]，我们不妨转录如下：

序号	户名	田地		房舍		奴婢		耕牛	
		亩数	价值	区数	价值	人数	价值	头数	价值
1	?	8	4000	?	?	?	?	?	?
2	王岑鞠	?(有)	?	?	?	?	?	?	?
3	?	59	?	6	443000	?	?	1	15000
4	叔长?	30	6000	?	?	?	?	?	?
5	(故)□□?	[200?]	?	?	?	5	20000	1	15000
6	?	[≧275]	≧55000	?	?	?	?	?	?
7	康眇	0	0	1	5000	0	0	0	0
8	王奉坚	[0]	[0]	?(有)	?	[0]	[0]	[0]	[0]
9	王岑	[300?]	?	?	?	5	[20000]	?	?

① 参见谢雁翔《四川郫县犀浦出土的东汉残碑》，载《文物》1974年第4期。

② 该表格转引自秦晖《郫县汉代残碑与汉代蜀地农村社会》，载《陕西师范大学学报》1987年第2期。

续表

10	长彦长?	150	30000	[0]	[0]	[0?]	[0?]	[1?]	[15000?]
11	何广周	80	?	?	?	?	?	?	?
12	?	?(有)	?	?	?	5	20000	1	15000
13	元始?	[80]	8000	0	0	0	0	0	0
14	(故)王汉	190	31000	0	0	0	0	0	0
15	(故)扬汉?	260	?	?	?	5	20000	1	15000
16	?	130	?	1	4000	?	?	?	?
17	苏伯翔	0	0	1	17000	0	0	0	0
18	张王	38	3000	?	?	7	[28000]	?	?

该碑所记是一个里中民户资产的统计，涉及田地、房舍、奴婢和耕牛等项，与上述简牍所反映的情况基本一致。

秦汉时期，作为基层行政组织的乡里乃各种簿籍的调查和编制单位，所以上列百姓资产情况及其随时变化情况也是由在任乡官里吏来直接掌握和登记的。如《二年律令·户律》规定："代户、贸卖田宅，乡部、田啬夫、吏留弗为定籍，盈一日，罚金各二两。"①上引汉律中"先令"问题的实际操作可以更好地说明该问题。"先令"即遗嘱，《汉书·景十三王传》有"病先令，令能为乐奴婢从死"之文，颜师古注云："先令者，预为遗令也。"上列律文表明，乡部、啬夫在民户立先令时必须亲临现场，主持此事，亲身聆听先令内容；先令一式三份，像户籍文书一样分别保存于县、乡，另一份由立嘱人保存。江苏义征胥浦101号汉墓也出土平帝元始年间的先令券书，内容包括了参与立先令的人员。此券书云：

> 元始五年九月壬辰朔辛丑□，高都里朱凌，凌庐居新安里，甚疾，其死。故请县乡三老、都乡有秩、佐、里师田谭等，为先令券书……时任知

① 《张家山汉墓竹简》，第177页。

者：里师、伍人谭等及亲属孔聚、田文、满真。先令券书明白，可以从事。①

参与立先令者除去自家亲人外，有县乡三老、乡有秩、乡佐、里师田谭等。为什么百姓立先令券，都有乡官里吏参与呢？结合上引《户律》关于"先令"问题的规定来看，乡官的参与是法律性规定，不是百姓自愿请与不请的问题，而里师则辅助乡官共同完成此等事情。这一方面固然为防止以后诸分户者出现财产争端，根本上则因为其直接影响着以后户籍资产的编制和登记问题，为更好地把握里中户籍资产的情况并为八月书户做好准备，这才是乡官里吏必须参与其中的真正原因。上举朱凌一家的史例并不是个案，而是当时社会的通则。也正因先令之立由众乡官里吏到场作证，它的权威性才不可动摇。《居延汉简释文合校》202·10简"知之当以父先令户律从"即是此事的最好说明。

至于对百姓资产清单的入籍程序，除了随资产转移随时定籍外，当还有一个例行的登记造籍常制。由于史料并无直接记载，所以我们对此难以确知，不过通过其他材料我们还是可以窥知其梗概的。张荣强先生据前引《周礼·地官·小司徒》中"三年大比"条郑玄注得出汉代对人口"八月案比"的同时也对家庭主要财产进行调查登记。② 此说有一定道理。但是有一点当注意，即秦汉时期对人口的案比调查造籍地在乡，即百姓要到乡去进行貌阅，除特例外是不到里户进行的。这种情况下对财产的调查造籍与对人口的调查造籍肯定是相对独立的两个过程。二者的合一只能是在造籍时统一进行而不是具体调查核实中的合一。也就是说，乡里对百姓资产的调查是一个独立的过程。在此过程中，百姓的自占和官吏的比核当是密切结合在一起的。如《续汉书·百官志五》谓："乡置有秩、三老、游徼……其乡小者，县置啬夫一人。皆主知民善恶，为役先后，知民贫富，为赋多少，平其差品。"其中"知民贫富"和"平其差品"显然与乡官对百姓家资的调查评定密切相关。又，《敦煌悬泉汉简释粹》有简曰：

① 李均明、何双全：《散见简牍合辑》，第105～106页。
② 参见张荣强《孙吴简中的户籍文书》，载《历史研究》2006年第4期。

骊靬武都里户人大女高者君，自实占家当乘物□。□□年廿七□□，次女□□□□□□……（Ⅴ1210③：96）[①]

兵令十三：当占缗钱，匿不自占，【占】不以实，罚及家长戍边一岁。（Ⅱ0114③：54）[②]

“占”即占报之义，“自占”即自我占报的意思。我们不难推知，对百姓资产的调查和造籍很可能伴随百姓自占的是乡官里吏的比对核实。

由上看来，秦汉时期国家通过对百姓家资的严格统计和登记，已建立起一套严格掌控乡里百姓资产情况和变动的机制。

（二）租算赋税征派与经济控制

国家对百姓人身和资产的有效控制，从根本上说为租算赋税的征派提供了基本的依据和保证。秦汉时期每乡置一名乡啬夫或乡有秩，另外还有县所派出的“主民收赋税”的乡佐，由他们共同负责一乡的租算田赋的征派工作。出土简牍资料也证实了这一点。如居延汉简对申请过所之人是否“更赋皆给”的审查就是由乡啬夫和乡佐完成的，从中可知一乡所辖百姓更赋完成的具体情况为他们所掌握。长沙东牌楼出土简牍中《荆南频遇军寇文书》有文曰：

临湘守令臣肅（?）上言：荆南频遇军寇，租芗法赋，民不输入，冀蒙赦令，云当亏除。连年长逋，仓空无米，库无钱布。督课乡吏如旧。故自今虽有赦令，不宜复除。[③]

王素先生认为，上述牍文内容是说当时荆南四郡经常发生讨伐贼寇的行动，老百姓的生活受到干扰，都乘机不交租赋，希望等待大赦，可以全部减除。由于连年拖欠租赋，政府仓库空虚，米和钱布均无。然而，监督交纳租赋的乡吏仍在工作。希望今后即使下达赦令，也不应该轻易减除。[④] 此处的“督课乡吏”当系乡啬夫、乡有秩或乡佐无疑，显然由他们督课乡里的租赋。

秦汉时期，乡里百姓主要的经济负担有田租、刍稿、以人口为基础的算

① 胡平生、张德芳：《敦煌悬泉汉简释粹》，第61页。

② 胡平生、张德芳：《敦煌悬泉汉简释粹》，第11页。

③ 王素：《长沙东牌楼东汉简牍选释》，载《文物》2005年第12期。

④ 参见王素《长沙东牌楼东汉简牍选释》，载《文物》2005年第12期。

赋和以资产为参数的“訾算”，这些都由乡督责检核，由里来具体完成。湖北江陵凤凰山10号汉墓出土木牍反映了文景时期市阳里算赋的具体征收情况。如出土编号为4的木牍正面文字如下：

市阳二月百一十二算算卅五钱三千九百廿正偃付西乡偃佐缠吏奉卩受正□二百卌八

市阳二月百一十二算算十钱千一百廿正偃付西乡佐赐口钱卩

市阳二月百一十二算算八钱八百九十六正偃付西乡偃佐缠传送卩

市阳三月百九算算九钱九百八十一正偃付西乡偃佐赐　·

市阳三月百九算算廿六钱二千八百卅四正偃付西乡偃佐赐

市阳三月百九算算八钱八百七十二正偃付西乡偃佐赐

市阳四月百九算算廿六钱二千八百卅四正偃付西乡偃佐赐

市阳四月百九算算八钱八百七十二正偃付西乡偃佐赐①

木牍中的“市阳里”是当时西乡所辖的一个里，这个里的算钱征收情况说明：算钱是每月分散而不是一次性征收完毕，甚至一个月中也是分征几次；征收算钱是里正的分内职责，里中每月的算数并不恒定，征收后由里正统一上缴到乡佐处。这样频繁的定算和征算离开国家对里内百姓人身的严格把握是无法完成的。

安徽天长西汉墓也出土了西汉时期的《算簿》，其文如下：

集八月事算二万九复算二千卌五

都乡八月事算五千卌五

东乡八月事算三千六百八十九

垣雍北乡户八月事算三千二百八十五

垣雍东乡八月事算二千九百卅一

鞫(?)乡八月事算千八百九十

杨池乡八月事算三千一百六十九

·右八月

① 李均明、何双全：《散见简牍合辑》，第68页。

·集九月事算万九千九百八十八复算二千六十五[①]

“算”指算赋。显然,该《算簿》是东阳县对所辖乡算赋情况的总计。分析该簿内容,我们一方面可以断定该簿乃根据所属各乡统计和呈报结果而制成,因此乡在算赋征派过程中的作用可想而知;另一方面也可证明百姓的算赋并不是一次性征齐完成,而是可能分散在几个月中来分开完成的,这与上举市阳里算钱征收的情况是一致的。就最基层的行政单位里来说,算赋的征收和上缴也并不一定由里正独自完成,其他的里内人员可以代其完成或协助其完成。又,居延出土汉简中有如下简:

□□里父老□□ 回 回秋赋钱五千 正安释□□ 乡 啬夫京佐吉□(《居延汉简释文合校》526·1A)

简文是指某里父老和里正征收该里秋赋5000钱,交给乡啬夫京和乡佐吉。再如:

荥阳 回秋赋钱五千 东利里父老夏圣等教数 西乡守有秩志臣佐顺临 □□亲具(《居延汉简释文合校》45·1A)

对于此简,杨剑虹先生解释为:“荥阳西乡某里父老收集里民算赋钱5000交给西乡有秩和乡佐,‘教数’即‘校数’,意思是当面点清钱数。”[②]里父老只是佐助里正征缴算赋而已,不可理解为里父老实际主管此事。

下面我们来看里中租税的征派情况。当时的征收名目主要有刍和稿。如《秦律十八种·田律》云:“入顷刍稿,以其受田之数,无豤(垦)不豤(垦),顷入刍三石、稿二石。”[③]汉代继承了秦朝按顷计征刍稿的制度。《二年律令·田律》规定:

入顷刍稿,顷入刍三石,上郡地恶,顷入刍二石;稿皆二石。令各入其岁所有,毋入陈,不从令者罚黄金四两。收入刍稿,县各度一岁用刍稿,足其县用,其余令顷入五十五钱以当刍稿。刍一石当十五钱,稿一

---

① 天长市文物管理所、天长市博物馆:《安徽天长西汉墓发掘简报》,载《文物》2006年第11期。

② 杨剑虹:《从简牍看秦汉时期的乡与里组织》,载《陕西历史博物馆馆刊》第3辑,西北大学出版社1996年版。

③ 《睡虎地秦墓竹简》,第27～28页。

石当五钱。刍稿节贵于律，以入刍稿时平贾(价)入钱。[①]

《田律》还规定：

卿以下，五月户出赋十六钱，十月户出刍一石，足其县用，余以入顷刍律入钱。[②]

那么法律规定的刍、稿具体征收过程怎样呢？《龙岗秦简》150号简文载：

租者且出以律，告典、田典，典、田典令黔首皆智(知)之，及□[③]

此处的"典、田典"就是里典和田典，每次征租先通知他们，再由他们具体通知里民。这充分说明里吏肩负着通知百姓纳租的职责。湖北江陵凤凰山10号汉墓出土6号木牍部分文字如下：

平里户刍廿七石

田刍四石三斗七升

凡卅一石三斗七升

八斗为钱

六石当稿

定廿四石六斗九升当□

田稿二石二斗四升半

刍为稿十二石

凡十四石二斗八升半[④]

上列牍文所记平里刍和稿的征收情况虽是文景帝时的情况，但与《二年律令》颁布实施的时间相去未远，其征收刍稿以物折钱是依律办事，但实际征收过程要比律文所规定的复杂得多。这反映了制度规定的一般性和地方具体实现方式的多样性。以上牍文记载很可能是这个里应缴刍和稿的账目记录，像这样将一个里应缴的刍和稿及其折成货币缴纳的情况分成如此细的条目可能是县、乡官吏的职责，但具体征收过程恐怕是由里吏在每个里中来完成的，这无疑是一个相当复杂的过程。首先，里吏要在掌握该里上缴实物

---

① 《张家山汉墓竹简》，第165页。

② 《张家山汉墓竹简》，第168页。

③ 中国文物研究所、湖北省文物考古研究所：《龙岗秦简》，中华书局2001年版，第122页。

④ 李均明、何双全：《散见简牍合辑》，第69页。

和货币数量的情况下，将其摊派到每家每户，包括各户应缴的实物和货币。①由于刍和稿摊派的根据就是里民法定的受田数（不考虑实际占有数），所以他们必须对本里民户的受田情况非常熟悉，同时对于实物与货币的折算细则了如指掌。其次，里吏还得负责具体征收和上缴，在此过程中必须如上面律文所规定的"令各入其岁所有，毋入陈"，保证上缴的刍和稿的质量。从以上论述来看，征收刍和稿对里吏来说可谓是一项复杂的工作，也正是在这一过程中，里吏作为国家基层属吏的职责体现得淋漓尽致。

除了严密的摊派和征缴程序外，对于欠缴现象国家也制定了严密的登记和追缴措施。居延出土汉简不乏相关记载：

广秋乡赋　回回　五千□四　王德少三（《居延汉简释文合校》21·1A）

□负五算　率所负半算奇一算半算　（《居延新简》E. P. T5：8）

□□负偿逋未入者□□（《居延新简》E. P. T4：27）

这说明当时乡在统计本乡算赋征缴情况时，还必须对百姓欠缴情况作出详细的登记，这肯定是作为以后继续追偿的凭证。这种对欠缴算赋的追征可能只是当时追赀制度的一个部分。在当时凡是欠国家赀钱，往往都会遭到随时随地的追征。如里耶秦简[9]3正面有文：

卅三年三月辛未朔戊戌，司空腾敢言之：阳陵下里士五（伍）不识有赀馀（余）钱千七百廿八。不识戍洞庭郡，不智（知）何县署。今为钱校券一，上谒言洞庭尉，令署所县责以受（授）阳陵司空，[司空]不名计，问何县官计付署，计年名为报，已訾责其家，[家]贫弗能入。有物故，弗服毋听流辞，以环书道远。报署主责发。敢言之。/四月壬寅阳陵守丞恬敢言之：写上谒，报署金

简[9]1正面有类似记载：

卅三年四月辛丑朔丙午，司空腾敢言之：阳陵宜居士五（伍）毋死有赀余钱八千六十四。毋死戍洞庭郡，不智（知）何县署。今为钱校券一，

① 在具体征收过程中，里吏可能会按法定比例，在实物和货币之间灵活摊派，即某些里民缴实物，某些里民缴货币，但一般来说每户实物和货币还是同时缴纳的。

上谒言洞庭尉，令毋死署所县责以受阳陵司空，[司空]不名计，问何县官，计年为报，已訾其家，[家]贫弗能入，乃移戍所。报署主责发。敢言之。

四月乙酉，阳陵守丞厨敢言之：写上谒报，[报]署金布发，敢言之。/儋手

里耶出土秦简中像这样与追"赀"有关的事例还有很多①，此不赘举。此类简中的"赀"，系指针对百姓资产而征收财产税。② 如果百姓该缴的财产税未缴抑或缴不足额，虽然当事人已离开原居地，国家也可办理异地追征。如《秦律十八种·金布律》规定："有责(债)于公及赀、赎者居它县，辄移居县责之。公有责(债)百姓未赏(偿)，亦移其县，县赏(偿)。"③从中可知，在秦时异地追征的范畴远不止财产税一项，当事人欠政府的其他债务也会随当事人所到地随时办理追征。这一异地追征制度可能为秦汉的通制，这点我们可以由简牍所见汉代对私人间资债追征情况的记载得到启示。居延出土汉简中有下列简文：

☑等自言责亭长董子游等各如牒移居延●一事一封五月戊子尉史强封(《居延汉简释文合校》157·17)

第廿三候长赵倗责居延骑士常池马钱九千五百移居延收责重●一事一封十一月壬申令史同奏封(《居延汉简释文合校》35·4)

从简文可知，汉代私人间的债务，若不能如期偿还，政府也会以官文形式移牒欠债人新到地，由当地机构负责追偿，至于官民之间的赀债问题则自不待言。

---

① 参见湖南省文物考古研究所等《湘西里耶秦代简牍选释》，载《中国历史文物》2003年第1期；湖南省文物考古研究所等《湖南龙山里耶战国——秦代古城一号井发掘简报》，载《文物》2003年第1期。

② 高敏先生《吴简中所见孙权时期户等制度的探讨》(载《史学月刊》2006年第5期)一文认为：里耶秦简中大量针对百姓追"赀"简中的"赀钱"不是"罚款"之义，而应释为"家赀"，当时已经存在针对百姓资产而征收财产税的制度，所追之"赀"即为百姓应缴纳或虽缴纳但未足额的财产税。

③ 《睡虎地秦墓竹简》，第60页。

三、乡官里吏直接组织下的农业生产

秦汉时期，农民是乡里百姓的主体，农业生产是男耕女织模式下乡里生产的主导形式。国家通过乡官里吏直接而全面地干预和指导乡里百姓的农业生产，以保证国家经济基础之源，达到其最终的剥削目的，从而形成了乡官里吏对百姓生产的严格管理和控制。其具体实现是通过相关法规的制定和乡官里吏的直接监督执行来完成的。

对于吏在乡里生产中的地位和作用，统治者早有清楚的认识。如《管子·兵法》曰："野无吏则无蓄积。"秦汉亦然，国家也非常重视通过吏的设置来加强对乡里百姓生产的组织和管理。至于秦汉时期是否存在着主管生产而与乡里行政有别的田官系统，由于史料记载相对模糊，致使学术界尚存在争议。杨剑虹先生从田、乡、里字义相通的角度认为简牍中的"田啬夫"即"乡啬夫"，"田典"即"里典"之谓，因而秦汉不存在针对乡里百姓生产的独立的"田官"体系。① 裘锡圭先生分析指出：秦时"乡啬夫下面有乡佐、里典，田啬夫下面有部佐、田典，这是平行的两个系统"②。于振波先生对汉代田官系统作了进一步的论证。③ 我们一方面认为当时的确存在所谓的田官系统，如里耶秦简[9]984 背面有"乡啬夫以律令从事"④之语，可见秦代确实存在"乡啬夫"之称谓，其显然与所谓的"田啬夫"有区别，二者混用的可能性不大，此可补田官系统存在之说。另一方面，田官系统与乡官系统在具体职责上并非完全分开、毫不相干，恰恰相反，往往存在兼为色彩。如《秦律十八种·田律》规定："百姓居田舍者毋敢醢(酤)酉(酒)，田啬夫、部佐谨禁御之，有不从令者有罪。"⑤此处"部佐"显然与田啬夫一起共同监督百姓生产事宜。学者

① 参见杨剑虹《简牍所见秦汉时期的乡与里组织》，载《陕西历史博物馆馆刊》第 3 辑。

② 裘锡圭：《啬夫初探》，载其《古代文史研究新探》，江苏古籍出版社 1992 年版，第 459 页。

③ 参见于振波《走马楼吴简中的里与丘》，载《文史》第 70 辑，2005 年。

④ 湖南省文物考古研究所等：《湖南龙山里耶战国——秦汉古城一号井发掘简报》，载《文物》2003 年第 1 期。

⑤ 《睡虎地秦墓竹简》，第 30 页。

或认为此“部佐”即田啬夫之佐[1]，此说恐怕不确。秦简《法律答问》曰：“部佐匿者（诸）民田，者（诸）民弗智（知），当论不当？部佐为匿田，且可（何）为？已租者（诸）民，弗言，为匿田；未租，不论为匿田。”[2]此处“部佐”的匿田，显然是利用自己征租之便而藏租的。汉代史料显示租赋是由县所派而非每乡皆置一人的乡佐征收的，所以我们可以说，秦简中匿田租之“部佐”不是田啬夫之佐，很可能是县所派出的在乡里征收租赋的乡佐而已。这样一来，《秦律十八种·田律》中负责监督百姓生产的部佐也就不能理解为田啬夫之佐，而是乡佐。乡佐本来就不隶属于乡啬夫，而直属于县，以佐助乡完成赋役征发为主要职责，由其佐助田啬夫监督百姓生产也是合乎情理之事。我们可以这样说，乡佐不仅如史料所反映可以兼司数乡租赋征发工作，也可协助田啬夫兼司百姓农业生产活动。上述问题既明，下面我们来看当时国家是怎样以乡里组织为依托，通过乡官里吏来实现对乡里百姓生产的有效控制和组织的。具体来说，主要表现为以下几个方面：

首先，在乡官里吏的控制和监督下，百姓的生产活动必须按照规定的节律进行，体现出极强的统一性和同步性。如《汉书·食货志上》载：

> 在壄曰庐，在邑曰里。五家为邻，五邻为里，四里为族……春令民毕出在壄，冬则毕入于邑。其诗曰：“四之日举止，同我妇子，馌彼南畮。”又曰：“十月蟋蟀，入我床下，嗟我妇子，聿为改岁，入此室处。”所以顺阴阳，备寇贼，习礼文也。春，（秋）［将］出民，里胥平旦坐于右塾，邻长坐于（右）［左］塾，毕出然后归，夕亦如之。入者必持薪樵，轻重相分，班白不提挈。冬，民既入，妇人同巷，相从夜绩，女工一月得四十五日。必相从者，所以省费燎火，同巧拙而合习俗也。

显然，里民的生产是在里吏严格控制下有序进行的，非分散的自主的个体经营。学者多认为这是班固对西周里中生产制度的理想性追述。的确，我们不能否认其中渗透着后人认为的西周、春秋或战国时期里民生产的成分，但

---

① 参见裘锡圭《啬夫初探》，载其《古代文史研究新探》；于振波《走马楼吴简中的里与丘》，载《文史》第70辑，2005年。

② 《睡虎地秦墓竹简》，第218页。

是如果我们结合《二年律令·户律》中“田典更挟里门籥(钥),以时开;伏闭门,止行及作田者”这一规定来看,说这一描述在一定程度上反映了秦汉时期里民的生产组织状况当不为过。

其次,对乡里百姓具体生产活动各个环节的组织和管理。农业生产是一个复杂的体系,每一环节都不可忽视,所以对于其组织和管理也要具体落实到各个细节。除了上述对生产节律的控制外,国家还通过制定具体法律和乡官里吏的直接监督来实现对百姓生产具体环节的组织和管理。秦汉承继商鞅为田“开阡陌”封疆之后[①],国家通过阡陌的设置来规划田野空间分布,规范百姓田间活动。晁错在建议移民徙边时强调要“制里割宅,通田作之道,正阡陌之界”[②],可以说是此点最好的注脚。四川青川县郝家坪 50 号秦墓出土木牍有秦武王二年“更修为田律”的内容,其中有文曰:

> 以秋八月修封捋正疆畔及癹千百之大草九月大除道及阪险十月为桥修波隄利津梁鲜草离非除道之时而有陷败不可行辄为之[③]

《二年律令·田律》也规定:

> 田广一步,袤二百卌步,为畛,亩二畛,一佰(陌)道;百亩为顷,十顷一千(阡)道,道广二丈。恒以秋七月除千(阡)佰(陌)之大草;九月大除道□阪险;十月为桥,修波(陂)堤,利津梁。虽非除道之时而有陷败不可行,辄为之。乡部主邑中道,田主田道。道有陷败不可行者,罚其啬夫、吏主者黄金各二两。[④]

由此看来,秦汉在此方面可谓一脉相承。在明确田间规划的同时,国家对百姓生产作出相应的规定,对于里民的生产行为作出种种规制,并制裁各种有

---

① 关于商鞅“开阡陌”,历来学术界存在很大的争议。有的学者着眼于商鞅变法后土地私有制的发展,认为“开阡陌”即破坏原有井田制下的封疆田界。杜正胜作出新解释,认为“开阡陌”之“开”兼有破坏与建设之二义,是在打破传统的封疆、田界、道路,即决裂阡陌的同时,再按户口重新受田,建置新的阡陌。(参见杜正胜《从爵制论商鞅变法所形成的社会》,载《中央研究院历史语言研究所集刊》第 56 本第 3 分,1985 年)联系秦与汉初国家授田制下田界阡陌的情况来看,此观点颇具说服力。

② 《汉书·晁错传》。

③ 李均明、何双全:《散见简牍合辑》,第 51 页。

④ 《张家山汉墓竹简》,第 166 页。

损于公和私的农作行为。如《龙岗秦简》120 号简规定：

侵食道、千邵(陌)，及斩人畴企(畦)，赀一甲[①]

又 154 号简规定：

黔首皆从千(阡)佰(陌)彊(疆)畔之其▨[②]

《二年律令·田律》规定：

盗侵巷术、谷巷、树巷及垦食之，罚金二两。[③]

除此之外，乡官里吏直接管理和组织百姓的具体生产活动，并具体解决生产中遇到的各种问题。上引《秦律十八种·田律》规定："百姓居田舍者毋敢醢(酤)酉(酒)，田啬夫、部佐谨禁御之，有不从令者有罪。"这就体现了相关人员对百姓生产的直接监督，以防其因为喝酒而耽误了正常的农业生产。《秦律十八种·厩苑律》也有乡里评比耕牛的规定：

以四月、七月、十月、正月肤田牛。卒岁，以正月大课之，最，赐田啬夫壶酉(酒)束脯，为旱〈皂〉者除一更，赐牛长日三旬；殿者，谇田啬夫，罚冗皂者二月。其以牛田，牛减絜，治(笞)主者寸十。有(又)里课之，最者，赐田典日旬；殿，治(笞)卅。[④]

此处的"里课之"即对一里耕牛的饲养和使用状况进行评比，田典平日要督促和检查里中各有牛之家的饲养情况，以防止因饲养和使用不当导致耕牛意外死亡或衰弱，因而影响耕作；评比下等，是田典平时督促检查不力所致，所以要笞三十。[⑤] 不但如此，每有天灾或降了及时雨，乡官里吏需要及时把灾情和受雨情况上报县，再由县上报中央以掌握丰歉情况，如《秦律十八种·田律》规定：

雨为澍〈澍〉，及诱(秀)粟，辄以书言澍〈澍〉稼、诱(秀)粟及豤(垦)田暘毋(无)稼者顷数。稼已生后而雨，亦辄言雨少多，所利顷数。早

---

① 中国文物研究所、湖北省文物考古研究所：《龙岗秦简》，第 111 页。

② 中国文物研究所、湖北省文物考古研究所：《龙岗秦简》，第 124 页。

③ 《张家山汉墓竹简》，第 166 页。

④ 《睡虎地秦墓竹简》，第 30～31 页。

⑤ 秦汉简牍资料中，多见"田典"一职，如《秦律十八种·厩苑律》中"赐田典日旬"，《二年律令·钱律》之"正典、田典、伍人不告，罚金四两"等。从其实际职责来看，田典与里典、里正既有一定差别，在实际职责中又往往多有交叉，共同负责里中某些事务。

〈旱〉及暴风雨、水潦、(蚤)虫、群它物伤稼者,亦辄言其顷数。近县令轻足行其书,远县令邮行之,尽八月□□之。①

以上规定虽多系秦律,但恐怕是秦汉时期普遍存在的。《张家山汉墓竹简·奏谳书》的案例中有文曰“其时吏悉令黔首之田救螽,邑中少人”②,从中可看出只有少数人因为特殊情况留在里中,其他绝大部分人都在乡官里吏的带领下去田里应付虫灾了,乡官里吏对百姓生产的直接组织卓然可见。

四、乡里治安管理体系的构建

乡里治安状况如何是基层秩序能否稳定的基本前提,更是乡里百姓生活的有效保证。国家是治安条令的制定者,郡县相关职官承律令而督理乡里治安,乡官里吏直接负责和维护,建立起一套系统的乡里治安管理体系。

秦汉时期,郡、县之长官作为地方大员,一方治安的维系是其分内职责。其主要职责诚如朱绍侯先生所概括:一是可以“自设条教”,建立地方性治安法规;二是巡行辖境,督课治安,禁备盗贼。③ 县尉的主要治安责任也是“主盗贼。凡有贼发,主名不立,则推索行寻,案察奸宄,以起端绪”④。乡里治安的直接维系则是通过游徼、亭部吏和乡官里吏来实现的。

前面已经指出,游徼是县派出的专门负责乡里治安的吏,虽然并非每个乡都会派置一员,但却可以说是乡一级治安的主要维护者。其主要任务是“徼循禁盗贼”⑤、“掌徼循,禁司奸盗”⑥,即巡行所负责的乡,防止盗贼等破坏地方治安的行为发生。如史游《急就篇》曰:“变斗杀伤捕伍邻,亭长游徼共杂诊。”可见亭长和游徼不但负有巡查之责,在某些情况下还要参与实际的讯问取证。游徼虽仅为县廷派出的小吏,但仍不失为一晋身入仕的台阶,如汉代著名的循吏黄霸就曾任此职。《汉书·黄霸传》载:“始霸少为阳夏游

① 《睡虎地秦墓竹简》,第24~25页。
② 《张家山汉墓竹简》,第229页。
③ 参见朱绍侯《中国古代治安制度史》,河南大学出版社1994年版,第174~176页。
④ 《续汉书·百官志五》本注。
⑤ 《汉书·百官公卿表上》。
⑥ 《续汉书·百官志五》。

徼。”游徼之外，秦汉时期还在乡里之间设有“亭”。《汉书·百官公卿表上》曰：“大率十里一亭，亭有长。十亭一乡……县大率方百里，其民稠则减，稀则旷，乡、亭亦如之，皆秦制也。”这些亭不是乡里之间的一级行政组织，而是县在地方设置的以治安维系等为主要职责的机构。亭各有自己的辖域，亭长直接对县而不是对乡里负责。对于秦汉亭制，高荣先生在前人研究的基础上作了精辟分析：

> 亭除了止奸盗、便往来和递送文书外，并不主理民事。故亭有辖域并不意味着亭是一级地方行政组织，而是指其负责一定区域内的治安和公文投递等事务。“十里一亭，十亭一乡”说中的“里”，应是指一定的区域，即“里居”之“里”。①

亭设有亭长等负责辖域的治安工作。《续汉书·百官志五》曰：“亭有亭长，以禁盗贼。本注曰：亭长，主求捕盗贼，承望都尉。”刘昭注引《汉官仪》也说：“设十里一亭，亭长、亭候；五里一邮，邮间相去二里半，司奸盗。亭长持二尺板以劾贼，索绳以收执贼。”就乡里治安的维系而言，亭长与游徼往往还像《急就篇》所反映的那样互相配合完成。

除上列专职治安吏员外，乡里治安的维系关键靠乡官里吏的日常工作来完成。《汉书·韩延寿传》载其曾“置正、五长，相率以孝弟，不得舍奸人，闾里仟佰有非常，吏辄闻知，奸人莫敢入界”。从中不难看出地方大员对乡里基层组织自我治安维系功能的发挥和重视。至于基层乡里内在的治安维系机制，从以下几方面可以很好地体现出来：

首先，出入里门有严格的控制措施，逾越里墙则遭重罚，里门和里墙真正成为里内治安赖以维护的凭借。如《管子·八观》曰：“大城不可以不完，郭周不可以外通，里域不可以横通。……故大城不完，则乱贼之人谋。郭周外通，则奸遁逾越者作。里域横通，则攘夺盗窃者不止。”这里高度强调里墙对维护里内治安的重要作用。如上所指出的那样，秦汉时期的里都建置里墙，里墙的作用也真正体现在现实生活中。又，秦律《法律答问》曰：“越里中

① 高荣：《“十里一亭”说考辨——秦汉亭制研究之一》，载《南都学坛》2008年第3期。

之与它里界者，垣为院不为。”[①]《二年律令·杂律》曰：“越邑里、官市院垣，若故坏决道出入，及盗启门户，皆赎黥。其垣坏高不盈五尺者，除。”[②]可见，随便逾越里墙或者是相邻里界墙的行为是要受到法律的制裁的。里门在里典和里监们的共同把持下，更是按时开关，严禁不时之人出入。《管子·立政》曰：“分州以为十里，里为之尉。分里以为十游，游为之宗。十字为什，五家为伍，什伍皆有长焉。筑障塞匿，一道路，博出入，审闾闬，慎筦键。筦藏于里尉，置闾有司，以时开闭。”此处的“闾有司”当指里监门，里尉和“闾有司”二者分职，共同把持里门事务。《二年律令·户律》规定：“田典更挟里门籥（钥），以时开；伏闭门，止行及作田者；其献酒及乘置乘传，以节使，救水火，捕盗贼，皆得行，不从律，罚金二两。”[③]又曰：“令不更以下更宿门。”[④]注释小组释“更”为“轮流”，足见里门的重要性，不但由专门的人员把守，夜晚更得由里中爵在“不更以下”者轮流宿守，这充分体现出里内治安控制的严格。《风俗通义·穷通》有“将军尚不得夜行”[⑤]之语，此宵禁的规定与里民的定时出入、里门定时关闭是紧密联系在一起的。当然遇到特殊情况需特别对待。如《二年律令·杂律》规定：“捕罪人及以县官事征召人，所征召、捕越邑里、官市院垣，追捕、征者得随迹出入。”[⑥]《户律》规定：“其献酒及乘置乘传，以节使，救水火，追盗贼，皆得行。”[⑦]因为里门有专门里吏把握，所以对诸类不合法出入行为的监视自然由里吏负责，当然他们需要随时纠察和上报不法出入者。

其次，里吏需要及时掌握里中的治安情况，遇到特殊情况需及时上报，并积极配合上级官吏的相关活动。秦律《封诊式·经死》就有里典向上汇报本里治安的记载，“某里典甲曰：‘里人士五（伍）丙经死其室，不智（知）故，来

① 《睡虎地秦墓竹简》，第231页。
② 《张家山汉墓竹简》，第157页。
③ 《张家山汉墓竹简》，第175页。
④ 《张家山汉墓竹简》，第175页。
⑤ 应劭撰、吴树平校释：《风俗通义校释》，天津古籍出版社1980年版，第273页。
⑥ 《张家山汉墓竹简》，第157页。
⑦ 《张家山汉墓竹简》，第175页。

告'"[①]。《张家山汉墓竹简·奏谳书》中的一案例也载有:"六月癸卯,典赢告曰:'不智(知)何人刺女子婢最里中,夺钱……'"[②]一般情况下,里内发生了治安问题,都是由里吏上报上级官吏。秦律《封诊式·封守》是里吏配合上层官吏维护治安的典型案例。史载:

乡某爰书:以某县丞某书,封有鞫某里士五(伍)甲家室、妻、子、臣妾、衣器、畜产。……几讯典某某、甲伍公士某某:"甲党(倘)有【它】当封守而某等脱弗占书,且有罪。"某等皆言曰:"甲封具此,毋(无)它当封者。"即以甲封付某等,与里人更守之,侍(待)令。[③]

在整个调查过程中,里典密切配合,并积极协助办理具体事宜。另,秦律《封诊式·穴盗》载:里中某人乙被盗后,"即令令史某往诊,求其盗。令史某爰书:与乡□□隶臣某即乙、典丁诊乙房内"[④]。《封诊式·亡自出》载里人甲逃亡后自首:"以甲献典乙相诊,今令乙将之诣论,敢言之。"[⑤]在这些情况下,也都由里典协同相关人员来完成,与他们的积极参与和支持分不开。

再次,连坐机制下里吏、里民的互警与共责模式。当时里中的居民实行严格的连坐制度,其一个最重要的动机就在于以连坐警醒百姓,防患于未然。所以在某种意义上说,与其视连坐为一种罪后惩罚机制,不如说成是罪前的监督和预防机制。就一个里中的治安连坐体系看,除同伍连坐、同居连坐之外,很多情况下还会将里吏牵涉其中,这也是里吏职责多元化的体现。这样,以里为单位,以里吏为核心,形成里中严格的治安连坐体系,其在乡里治安维系中发挥了重要的作用。

当然,当时乡里严格的治安控制还可以通过其他一些方面间接体现出来,如秦简中就有"某里典甲诣里人士五(伍)丙,告曰:'疑疠,来诣'"[⑥]。里中出现传染病直接影响里内居民的生活安全,里典必须上报,必要时"迁疠

---

① 《睡虎地秦墓竹简》,第 267 页。
② 《张家山汉墓竹简》,第 228 页。
③ 《睡虎地秦墓竹简》,第 249 页。
④ 《睡虎地秦墓竹简》,第 270 页。
⑤ 《睡虎地秦墓竹简》,第 278 页。
⑥ 《睡虎地秦墓竹简》,第 263 页。

所处之”。又,《汉书·文帝纪》“脯五日”条的文颖注曾引用了如下汉律逸文:“汉律,三人以上无故群饮酒,罚金四两。”像这样对里民日常群饮的监督自然由里吏直接实施。

除了上述在人身、经济、生产和治安等层面对乡里百姓的制度性控制外,秦汉时期国家还通过三老、父老以及孝悌、力田等加强对乡里百姓精神的塑造和控制,相关方面我们将在下面有针对性地予以展开。总体说来,当时国家以乡官里吏为核心,通过以上诸层面的有机结合构建起系统的乡里控制体系,从制度设计的角度看不能不说相当严密。

第二章　秦汉乡里连坐和等级支配机制的变迁

秦汉时期二十等爵制是王权支配社会机理的重要组成部分，也是我们探讨该时期乡里控制和秩序的一个重要切入点。据相关资料反映，该时期无论是对百姓的邻里编伍还是乡里等级支配都与二十等爵密切相关。西嶋定生、高敏和朱绍侯等先生在秦汉爵制问题上研究成果颇丰。[①] 随着张家山汉简的面世，对于西汉初年二十等爵与乡里基层秩序的关系问题也引起了学术界的重新关注。[②] 不过总的看来，以往研究或者侧重于二十等爵在乡里秩序构造中的静态分析，或者侧重于爵制自身层面的动态解释，以爵的变化为基点从社会结构变化的层面动态考察秦汉时期基层社会秩序的构造和特征显得相对薄弱。本章我们拟在以往研究的基础上，从社会结构入手对建立在二十等爵基础上的邻里编伍和乡里等级支配机制给予动态考察，同时兼及该时期的家庭内部连坐问题，从这些层面揭示秦汉时期国家乡里控制理念和制度实践效果的结构性演变。

---

① ［日］西嶋定生著、武尚清译《中国古代帝国的形成与结构——二十等爵制研究》（中华书局2004 年版）、高敏《论两汉赐爵制度的历史演变》（载《秦汉史论集》，中州书画社 1982 年版）和朱绍侯《军功爵制试探》（上海人民出版社 1980 年版）等都是这方面的代表性成果。

② 这方面的代表性成果主要有：张鹤泉《〈二年律令〉所见二十等爵对西汉初年国家统治秩序的影响》，载《吉林师范大学学报》2005 年第 3 期；李均明《张家山汉简所反映的二十等爵制》，载《中国史研究》2002 年第 2 期。

第一节 乡里百姓的比地为伍和家族连坐

秦汉时期，将百姓邻里编成"伍"并赋予他们互相监察的义务是国家控制基层的有效手段之一，也成为当时连坐机制的重要组成部分。诚如吕思勉先生所言："相司连坐之制，皆起于什伍。"[①]当时，二十等爵制在国家对邻里编伍中发挥了不可忽视的作用。秦汉四百年间百姓邻里编伍的外壳不曾发生变化，而随着社会结构的变化，其内含的国家控制理念却并非始终如一。在邻里编伍内涵变化的同时，家族连坐机制经过统治者的不断调整日趋完善，终于形成"亲亲相隐"原则指导下的家族连坐机制，既符合儒家思想的内在要求，也强化了连坐的固有机能。结合相关材料，我们大致可以发现这一机制的内涵和发展演变轨迹。

一、秦与汉初乡里百姓的比地为伍和相互监司

目前看来，将统一的秦帝国与汉代作阶段性划分，是朝代更迭的结果，而过于强调秦汉之际治国理念的转折也是不可否认的历史惯性思维。究其实，这其中的历史连续性则更当受到重视。渊源于汉初文人和布衣之臣的过秦之论，其意或在于贬秦褒汉，为新的王朝在政治上造势，或者用过秦之论来影射时弊，以寻求汉政合理存在的根据和途径。西汉前期奉行的黄老思想和"无为而治"也向来被誉为反秦之弊的创举，实际上则诚如金春峰先生所言："汉初黄老思想，主张清静无为，对秦代的严刑酷诛来说，似乎确是一百八十度的大转变。但是，它的实质仍然是严酷而毫不放松控制与镇压的'法治'。它纠正与改变的是秦代对法治的滥用，而其法治的精神与立场，则是没有改变的。"[②]"汉承秦制"揭示了汉代对秦制的继承，柳宗元《封建论》指出秦之"失在于政，不在于制"[③]，这足以成为汉代继承秦制的根本原因。

---

① 吕思勉：《吕思勉读史札记》，上海古籍出版社 1982 年版，第 367 页。

② 金春峰：《汉代思想史》，中国社会科学出版社 1997 年版，第 50 页。

③ 董诰等编：《全唐文》卷五八二，中华书局 1983 年版，第 5876 页。

张家山汉简的问世进一步证实了“汉承秦制”一说[①]，并对长期以来关于西汉前期无为而治、自由放任的传统认识提出挑战。[②] 如果我们从国家对乡里百姓实行编伍和相互检举监司制度来看，秦与汉初统治之理念以及乡里秩序赖以维系的真正途径会变得更为清晰，从对乡里百姓进行编伍连坐以相互监司这一点来看，“汉承秦制”问题也可以得到更好的力证。

如第一章所指出，秦汉乡里组织是在春秋战国以来社会结构变化和地域性集权国家的基础上逐渐建立和完善起来的。春秋战国时期，什伍制作为基层政权建设的一个重要部分而产生，如《管子·立政》云“十家为什，五家为伍，什伍皆有长焉”。当时国家对百姓进行什伍编制的一个最主要的目的就是加强对基层百姓的有效控制。什伍制成为对百姓进行连坐的重要基础。诚如《管子·禁藏》所云：“夫善牧民者，非以城郭也。辅之以什，司之以伍。伍无非其人，人无非其里，里无非其家。”反映战国时期楚国制度的《鹖冠子·王铁》有如下记载：“伍人有勿故不奉上令，有余、不足、居处之状而不辄以告里有司，谓之乱家：其罪伍长以同。里中有不敬长慈少、出等异众、不听父兄之教，有所受闻不悉以告扁长，谓之乱里：其罪有司而贰其家。”《春秋繁露·王道》也曰：“梁内役民无已，其民不能堪，使民比地为伍，一家亡五家杀刑。”梁国也实行比伍连坐。什伍的编制在当时社会维系机制中的作用可见一斑，已成为国家实现对百姓有效控制的一个重要环节。

从现有资料记载看，地处西陲的秦国由于与中原文化的地域隔阂，其以户籍立民并辅之以什伍的步伐并不早于其他诸国。《史记·秦始皇本纪》载秦献公“十年，为户籍相伍”。至秦孝公时商鞅在秦国实行变法，在秦国原来

---

① 参见高敏《汉初法律系全部继承秦律说——读张家山汉简〈奏谳书〉札记》，载其《秦汉魏晋南北朝史论考》，中国社会科学出版社 2004 年版。

② 曾加《张家山汉简〈二年律令〉中的君权法律思想》（载黄留珠、魏全瑞主编《周秦汉唐文化研究》第 4 辑，三秦出版社 2006 年版）一文从秦律与汉律比较着眼，对汉初“省刑除苛”一说提出质疑，从法律施行的层面肯定了“汉承秦制”问题。该文指出：“《二年律令》中的‘轻罪用重刑’的法律思想，应当说是继承了秦代法律思想的内容，这与汉朝建国时‘约法三章’的法律思想已经有了本质的不同，虽然《二年律令》的年代与汉高祖所谓‘约法三章’时期仅相差二十多年，但是，‘约法省刑’、‘轻刑宽法’的法律思想在这部法律中已经很难见到，同时也根本反映不出‘清静无为’、‘约法省刑’等道、法结合的黄老思想。”

乡里百姓的什伍制基础上"令民为什伍,而相牧司连坐"①,突出强调了什伍制相互检举牧司的精神。

至于秦乡里中是否在"伍"之上存在"什"的组织,以往学者多持肯定态度,张金光先生则对此表示怀疑,认为秦的行政里下并不存在所谓的"什"组织,里之下就是"伍",五家为伍。② 我们认为,由于实际聚落居民户数的参差不齐,虽然如上面所指出的每"伍"恰好是五家可能存在问题,但这种观点还是非常值得重视的。我们这里虽然不敢贸然赞同该观点而否定里中可能会存在"伍"之上"什"的居民组织,但可以大胆推测,即便秦汉时期乡里存在这种"什"的组织,其在乡里控制中的功能也不如"伍"直接,因而百姓对于"伍"的认知远较"什"更为深刻。这种情况恐怕先秦时期亦然。如《管子·度地》载水官治水时"因三老里有司伍长案行之","与三老里有司伍长行里"。这里都只提到"伍长"而未及"什长"。从某种层面上说,在乡里,"伍"之上"什"的形式意义大于其实际功能,随着什伍制在乡里控制功能的相对弱化,这种趋势会日益明显。缘于此,我们下面在论及秦汉乡里什伍制时主要围绕"伍"展开。

秦以农、战为务,以军功爵为激励机制,这样一套行政和治国模式使其强大而最终统一全国。秦统一后其制度一仍其旧,可以说是秦国之制度在更大领域上的辐射。关于秦对百姓的编伍问题,里耶出土秦代户版简有很明显的反映:

简 K27　南阳户人荆不更蛮强　妻曰嗛　子小上造□　子小女子驼
臣曰聚　伍长

简 K1/25/50　南阳户人荆不更黄得　妻曰嗛　子小上造台
子小上造　子小上造[定]　子小女虖　子小女移
子小女[平]　五长

简 K42/46　南阳户人荆不更□□　[妻]曰义……　母睢　伍长

① 《史记·商君列传》。

② 参见张金光《秦乡官制度及乡、亭、里关系》,载《历史研究》1997 年第 6 期。

简 K36 ……伍长[①]

以上仅为南阳里户版简中清晰可见"五长"和"伍长"二字者。南阳里的户版以户为别，每户一版，共计 24 户。24 枚户版简中其他残简完全可能还有"伍长"或"五长"字样者。这些涉及每户百姓的户版，若户主为伍长，必明写于户版之上，从而说明当时百姓不但要编为一个个的"伍"，而且"伍长"还是一种特定的身份。这些户版中不见"什长"之称谓，所以当时里中是否存在"什"的组织就更当存疑了。需要指出的是，"伍长"或"五长"在身份上还不能算作吏，这点与里典或里正身为吏迥然不同，因为迄今为止我们还没有发现把里典或里正的身份随附于特定人户籍之上的资料。

那么当时对乡里百姓的编伍原则又是怎样的呢？

秦朝对乡里百姓进行的编伍，是建立在战国时期各国乡里编伍的基础之上的，作为身份和地位象征的二十等爵，在编伍中发挥了重要作用。尽管由于当时作为基层行政基本单位的里内户数多寡不一，但在编伍这一点上则是一致的。如秦简《法律答问》有律文曰："大夫寡，当伍及人不当？不当。"[②]律文中的"伍及人"说的就是对里中居民进行伍的编制问题。大夫在秦的二十级爵中为第五级，通过律文我们可得到如下启示：其一，一里之中有大夫之家居住，而大夫之家可能不足编伍之数。其二，尽管里中大夫之家不足编伍之数，也不能被随便和其他民户混编为同一个伍。显然，伍的编制中存在着爵位等级限制。从"大夫寡，当伍及人不当？不当"的规定来看，大夫之家也是要编伍的。因为这里的一问一答若是针对大夫不编入伍的既存事实，则纯属多余，更没必要写之于竹简而作为一则律令明文。如果大夫不编入伍，更无所谓"寡"与"不寡"之说。就二十等爵制来说，大部分获爵者当分散居住在不同的里中，一里之中大夫不可能就是最高爵。秦简《封诊式·黥妾》爰书曰："某里公士甲缚诣大女子丙，告曰：'某里五大夫乙家吏。丙，乙妾殹(也)。乙使甲曰：丙悍，谒黥劓丙。'"[③]显然里中住有五大夫等更高爵

① 湖南省文物考古研究所：《里耶发掘报告》，第 203～208 页。

② 《睡虎地秦墓竹简》，第 217 页。

③ 《睡虎地秦墓竹简》，第 260 页。

位者，且有供其役使的家吏。那么大夫以上爵的民户是否也要编伍呢？史料无明确记载。不过，既然爵为大夫的民户都不能随便和其他民户混编为同一个伍，那么我们不难推知，即便当时国家对这部分民户存在着编伍的要求，也是不会和爵在大夫以下者混合编伍的。我们知道，国家将里民编伍的直接行政目的就是比地连坐，进而互相监督揭发，编在同一个伍的民户肯定是"四邻"。如秦简《法律答问》明确规定："可(何)谓'四邻'？'四邻'即伍人谓殹(也)。"① 根据爵为大夫的民户不足编伍之规定户数，也不得与别的民户混编的规定来看，所谓的伍也仅仅是个编制单位，当以五家为常，然而与五家没有必然的联系。上引里耶秦简[8]157 所见共计 27 户的里在具体编伍时完全可能存在"伍非五家"之现象。而 24 户的南阳里同样会存在这样的问题。以后者为例，若该里户版可见的四个伍长即为全部，显然不能以五的整数划分；若为五个或更多伍长的话，同样存在类似问题。至于爵位低于大夫的里人的编伍，则可以肯定是不按爵位高低和有无而采用了混合编伍的原则。秦简《封诊式·封守》乡某爰书有文曰："以某县丞某书，封有鞫者某里士五(伍)甲家室、妻、子、臣妾、衣器、畜产。甲室、人：一宇二内，各有户，内室皆瓦盖，木大具，门桑十木……几讯典某某、甲伍公士某某。"② 显然公士某某与无爵的士五(伍)甲同编在一个伍中。

秦朝对百姓实行编伍的主要目的是使之成为邻里之间相互检举监司的重要形式。正如《韩非子·制分》所云："然则去微奸之奈何？其务令之相规其情者也。则使相窥奈何？曰：'盖里相坐而已。'禁尚有连于己者，理不得相窥，惟恐不得免。有奸心者不令得忘，窥者多也。如此，则慎己而窥彼，发奸之密。告过者免罪受赏，失奸者必株连刑。"又，《史记·商君列传》载：商鞅"令民为什伍，而相牧司连坐。不告奸者腰斩，告奸者与斩敌首同赏，匿奸者与降敌同罚"。《索隐》曰："牧司谓相纠发也。一家有罪而九家连举发，若不纠举，则十家连坐。恐变令不行，故设重禁。"③ 其具体模式如何呢？同伍

① 《睡虎地秦墓竹简》，第 194 页。
② 《睡虎地秦墓竹简》，第 249 页。
③ 《史记·商君列传》。

连坐首先体现在乡里治安的维持方面。如秦简《法律答问》曰："律曰'与盗同法'，有(又)曰'与同罪'，此二物其同居、典、伍当坐之。"①一旦被认定为"与盗同法"或"与同罪"，除同居要遭到连坐外，里典和同伍之家也要牵涉其中。《龙岗秦简》简 20 和简 21 曰："▨□不出者，以盗入禁苑律论之；伍人弗言者，与同灋(法)。"②其大意为：黔首进入禁苑作务，放工后必须按时离开，否则按盗入禁苑律论处，同伍的人如果不举报，与犯法者同罪。秦简《法律答问》曰："罪入甲室，贼伤甲，甲号寇，其四邻、典、老皆出不存，不闻号寇，问当论不当？审不存，不当论；典、老虽不存，当论。"③按"伍人"即"四邻"之谓也，同伍之家有彼此检举告发和协同治安防卫之责。又《秦律杂抄·傅律》规定："匿敖童，及占痒(癃)不审，典、老赎耐。百姓不当老，至老时不用请，敢为酢(诈)伪者，赀二甲；典、老弗告，赀各一甲；伍人，户一盾，皆罨(迁)之。"④在户籍登记过程中，同伍之人、伍长和里典更得相互监督，否则就要承担连带责任。

由上可见，秦时百姓同伍邻里之间的连坐和举报义务涉及生活中的各个层面。编伍时强调爵级高低是为了照顾高爵者的特权和利益，强调比邻则是为了彼此举察牧司。秦简《法律答问》曰："吏从事于官府，当坐伍人不当？不当。"这说明在外任职的官吏并不会因同伍之人犯罪而受到连坐。诚然，百姓邻里之间为避免自己受其他伍人犯罪的牵连而会相互监督举报，但相互举察的有效性要以其所举报情况的准确性为前提。国家在积极鼓励邻里间相互监察举报的同时，除相关职能人员要详别真伪外，对举报不实的伍人也给予相应的法律制裁。《法律答问》规定："伍人相告，且以辟罪，不审，以所辟罪罪之。"也就是说，如果有百姓为避免受某种罪状而被牵连，从而告发同伍之人，如果所告不实，就要以他所举报的罪给他定罪。又曰："今甲曰伍人乙贼伤人，即执乙，问不杀人，甲言不审，当以告不审论？且以所辟论当也。"大意是说：甲举报同伍的乙杀伤人，立即捕获乙，经审问确定乙没有杀

① 《睡虎地秦墓竹简》，第 159 页。

② 中国文物研究所、湖北省文物考古研究所：《龙岗秦简》，第 79～80 页。

③ 《睡虎地秦墓竹简》，第 193 页。

④ 《睡虎地秦墓竹简》，第 143 页。

人，甲所举报不实，是否应该以所告不实论罪？应该以其所揭发的罪名来论处揭发者。

西汉承秦而来，对乡里百姓编伍以相检举监司的机制作为“汉承秦制”的内容之一被继承下来。汉高祖刘邦曾召父老豪杰曰：“父老苦秦苛法久矣，诽谤者族，偶语者弃市。吾与诸侯约，先入关者王之，吾当王关中。与父老约，法三章耳：杀人者死，伤人及盗抵罪。余悉除去秦法。诸吏人皆案堵如故。”①刘邦可能为适应战争形势以收民心暂时废除一些秦的苛法烦政，但对乡里百姓的编伍连坐却不在其中，并且为汉代继承下来。张家山汉简《二年律令》乃西汉吕后二年颁布的法律，结合其中相关律文，我们可以对当时的编伍和连坐情况有所了解。我们知道，西汉初年继承了秦的二十等爵，《汉书·百官公卿表上》在论及汉爵时以“皆秦制，以赏功劳”结论，这与《汉书·高帝纪下》所载高祖二年“复故爵田宅”诏的精神完全一致。如《二年律令·户律》规定：

宅之大方卅步。彻侯受百五宅，关内侯九十五宅，大庶长九十宅，驷车庶长八十八宅，大上造八十六宅，少上造八十四宅，右更八十二宅，中更八十宅，左更七十八宅，右庶长七十六宅，左庶长七十四宅，五大夫廿五宅，公乘廿宅，公大夫九宅，官大夫七宅，大夫五宅，不更四宅，簪袅三宅，上造二宅，公士一宅半宅，公卒、士五(伍)、庶人一宅，司寇、隐官半宅。②

从中可以看出，二十等爵与百姓占有宅的面积直接相关。不仅如此，当时国家对乡里百姓在进行编伍时爵同样起到非常重要的参照作用。根据《二年律令·户律》所记，当时国家对里中民户比地为伍有如下规定：

自五大夫以下，比地为伍，以辨□为信，居处相察，出入相司。有为盗贼及亡者，辄谒吏、典……隶臣妾、城旦舂、鬼薪白粲家室居民里中者，以亡论之。③

---

① 《史记·高祖本纪》。

② 《张家山汉墓竹简》，第176页。

③ 《张家山汉墓竹简》，第175页。

从律文规定来看，西汉初年继承了秦朝对里民控制的方式，除限制某些特定人群在里中居住尚不见秦律规定之外，也是通过实行编伍来达到让里民之间相互监督揭发的控制目的的。仔细分析律文在编伍问题上"自五大夫以下"的规定，岂不正好说明国家在进行编伍时是将爵的等级考虑在内的吗？这与上述秦在编伍时将爵级考虑在编伍原则之内如出一辙。具体说，当时是把第九级爵五大夫作为对居民编伍的一个重要分界点。律文中"五大夫以下"是否包括五大夫在内，这一点从其他律文中可以推知。[①]《二年律令·赐律》规定："赐棺享（椁）而欲受赍者，卿以上予棺钱级千、享（椁）级六百；五大夫以下棺钱级六百、享（椁）级三百；毋爵者棺钱三百。"[②]卿爵包括从大庶长以下到左庶长这九级爵位[③]。如《二年律令·傅律》规定："不为后而傅者，关内侯子二人为不更，它子为簪袅；卿子二人为不更，它子为上造；五大夫子二人为簪袅，它子为上造。"[④]在当时二十等爵中五大夫正好是左庶长下一级，从"以上"、"以下"的衔接关系不难得出"卿以上"包括卿爵，"五大夫以下"自然当包括五大夫在内。又，《二年律令·传食律》规定："使非吏，食从者，卿以上比千石，五大夫以下到官大夫比五百石，大夫以下比二百石；吏皆以实从者食之。"[⑤]这同样可证当时"五大夫以下"包括五大夫在内。显然，当时的编伍规定是将五大夫以上爵等的民户排除在外的，这可能与他们当时

---

① 张鹤泉《〈二年律令〉所见二十等爵对西汉初年国家统治秩序的影响》（载《吉林师范大学学报》2005 年第 3 期）等文论及《二年律令·户律》关于里民编伍时"五大夫以下"的规定，但多数肯定"五大夫以下"不包括五大夫在内，此点看来值得商榷。

② 《张家山汉墓竹简》，第 173 页。

③ 朱绍侯先生据《二年律令》将汉初军功爵划分为侯级爵、卿级爵、大夫级爵和小爵四类：侯爵指十九和二十级，卿级指第十级左庶长到第十八级大庶长，大夫级指第五至九级，一到四级为小爵。（参见朱绍侯《西汉初年军功爵制的等级划分——〈二年律令〉与军功爵制研究之一》，载《河南大学学报》2002 年第 5 期）

④ 《张家山汉墓竹简》，第 182 页。

⑤ 《张家山汉墓竹简》，第 165 页。

的身份地位相应。[①] 律文明示：五大夫是要与其他低爵或无爵民户比地为伍的，“比地”意味着相邻，也就是说对五大夫以下的民户不管有爵无爵，都一律按居住地相邻为原则混合编伍，编伍将所有吏民都包括在内。[②] 又，《二年律令·户律》规定：“不幸死者，令其后先择田，乃行其余。它子男欲为户，以为其□田予之。其已前为户而毋田宅，田宅不盈，得以盈。宅不比，不得。”[③]按该简整理小组解释，“比”乃“近接”之义。《户律》又规定：“欲益买宅，不比其宅者，勿许。”[④]百姓不得购买与自己原有宅地不相邻的别处宅地，这更是出于维护里中比地为伍秩序而作出的严格规定，虽不禁止宅地合法买卖，但前提是不得打破比地为伍的秩序，造成宅地异处而对以宅缚人原则的破坏，以利于编伍连坐和相互检举监司。

不过，上述秦和西汉初年的这种严格由爵来决定里民编伍的情况不可能一成不变，这种变化通过文献中的相关记载可见一斑。如《盐铁论·周秦》载御史言曰：“故今自关内侯以下，比地于伍，居家相察，出入相司，父不教子，兄不正弟，舍是谁责乎？”这说明汉昭帝时对里民仍存在“比地于伍”的要求，这一规定也还在发挥着“居家相察，出入相司”的作用。可是，与秦和西汉初期相比，唯有最高一级爵的彻侯被排除在编伍范围之外，其他一些本来享有不编伍特权的持爵民户则丧失了这种待遇。对于这种现象，我们当然不能仅仅归因于此时的编伍原则较前期更为严格，国家法治色彩更加浓厚，这当与二十等爵制下里民身份等级的“流动性”和“非凝固性”密切相关。

---

① 根据史料记载，在官、民爵的区分上，作为第九级爵的五大夫是官爵的最低一级，属于官爵范围，如《汉书·百官公卿表》引钱大昭注：“自公士至公乘，民之爵也，生以为禄位，死以为号谥，凡言民爵，即此。自五大夫至彻侯，则官之爵。”而且当时“五大夫”也的确是某些特定权益享有者的下限，与其下的八级民爵迥然有别。如《汉书·惠帝纪》载惠帝即位后曾下令：“爵五大夫、吏六百石以上及宦皇帝而知名者，有罪当盗械者，皆颂系。”但在编伍问题上不能因为这些权益就把它与公乘以下爵截然分开。李均明先生在《张家山汉简所反映的二十等爵制》(载《中国史研究》2002 年第 2 期)中分析指出：“二十等爵中，‘五大夫’属划等中的临界性爵级，涉及具体权益时，大多数下……有时亦上挂。”此说颇有道理。

② 黎虎《论“吏民”的社会属性——原“吏民”之二》(载《文史哲》2007 年第 2 期)一文认为，汉代的“吏民”即指五大夫以下的人群。

③ 《张家山汉墓竹简》，第 176 页。

④ 《张家山汉墓竹简》，第 177 页。

一方面，汉文帝之后国家频繁赐给百姓民爵，从而一定程度上导致百姓爵等的不断变化[①]；另一方面，则是法定的民爵代际继承给百姓爵等带来的影响。如《二年律令·傅律》规定：

> 不为后而傅者，关内侯子二人为不更，它子为簪袅；卿子二人为不更，它子为上造；五大夫子二人为簪袅，它子为上造；公乘、公大夫子二人为上造，它子为公士；官大夫及大夫子为公士；不更至上造子为公卒。[②]

又，《二年律令·置后律》规定：

> 疾死置后者，彻侯后子为彻侯，其毋適（嫡）子，以孺子［子、良人］子。关内侯后子为关内侯，卿侯〈后〉子为公乘，［五大夫］后子为公大夫，公乘后子为官大夫，公大夫后子为大夫，官大夫后子为不更，大夫后子为簪袅，不更后子为上造；簪袅后子为公士，其毋適（嫡）子，以下妻子、偏妻子。

从律文不难看出，爵位的继承中很大程度上贯彻了降级继承原则。以上两方面都会使得百姓的爵级不断处于变化之中，再加上各种原因的获爵，就更增大了百姓爵的变化系数。但是，里中百姓爵级的升降未必会随时改变他们原有的编伍情况，有时恰恰会使这种爵等的复杂化在相对固定的编伍上反映出来。也就是说，原来一个伍中没有爵在五大夫以上之家，后来这个伍中有民户获得了比五大夫更高的爵，对于这类情况国家并没有给予也根本不可能在编伍上给予适时调整。既然新获高爵的民户在编伍问题上都不再享有特权，那么本来享有不编伍特权的民户也就不得不与其他民户比地为伍了。结果就出现了除了彻侯类上爵因有自己的封邑从而不被编入伍外，里内有爵和无爵民户、高爵和低爵民户都以“比地”为唯一原则的混合编伍现象。原来那种严格按爵等高下和有无对里中百姓的编伍之制可能早在文景之时就开始发生变化。

---

① 关于汉代国家赐给民爵的事例，日本学者西嶋定生有过系统统计和分析。（参见［日］西嶋定生著、武尚清译《中国古代帝国的形成与结构——二十等爵制研究》一书第二章“民爵赐与的方法及其对象”）

② 《张家山汉墓竹简》，第182页。

从“居处相察，出入相司。有为盗贼及亡者，辄谒吏、典”的规定来看，当时国家对乡里百姓进行编伍之意图也与秦完全一样。在日常生活中，被编在同一个伍中的百姓持有证明自己身份的辨券，要监司同伍之人的起居出入，发现有为盗贼行为或者脱离名籍逃之者要立即向相关乡官里吏汇报。如《二年律令·钱律》规定：“盗铸钱及佐者，弃市。同居不告，赎耐。正典、田典、伍人不告，罚金四两。或颇告，皆相除。”[①]又，《二年律令·市律》曰：“市贩匿不自占租，坐所匿租臧（藏）为盗，没入其所贩卖及贾钱县官，夺之列，列长、伍人弗告，罚金各一甲。”可见，这种同伍邻里之间的相互检举监司在对乡里百姓控制上发挥的作用不容忽视。需要指出的是，上引《户律》要求同伍之家“居处相察，出入相司”，此种“居处相察”当以治安相纠意义为主；但“出入相司”更侧重于伍人之间的人身监司，不当是指百姓出入里门时相司，因为要求同伍之人在出入里门时时间统一似乎不太可能，所以理解为要求同伍之人出入本家时相互监司更为恰当。这种“出入相司”包括伍人是否按时出入，是否弃户亡匿等。这充分说明编伍在基层社会秩序维系中作用的多重性。

一般说来，制度的规定并不是统治阶级无视当时社会结构的产物，恰恰相反，统治阶级往往是以一定的社会结构为基础来制定或调整相关制度的。秦与汉初国家对乡里百姓进行编伍以相检举牧司的连坐机制的实行也是与当时的社会结构相适应的。不但如此，这种制度的实践效果也与当时的社会结构密切相关。

我们知道，大量的研究已表明西周是宗族城市国家，以层级的宗族关系来维护君统是当时统治体制的典型特征。当时不可能产生后来的乡里行政组织，即便产生，对宗族联系颇强的宗族成员实行编伍连坐以相检举牧司也实属不可能。春秋战国时期的社会大变动打破了西周的宗族城市国家模式，王权垂直型行政管理体系下的“国家个体”纷纷出现。随着乡里基层行政组织的逐渐建立，乡里居民之间的地缘关系和地缘观念不断增强，地域性和行政性组合日益凸显。百姓邻里之间的血缘关系虽然不可能为行政编制

① 《张家山汉墓竹简》，第160页。

所取代，但百姓之间的血缘关系充其量只是在自然亲情层面起着维系宗族的作用。这可以从当时文献的记载中反映出来。如《庄子·则阳》载："少知问于大公调曰：'何谓丘里之言？'大公调曰：'丘里者，合十姓百名而以为风俗也，合异以为同，散同以为异。'"一丘或一里之中已经是众姓杂居而非一族聚居。《礼记·檀弓上》曰："有殡，闻远兄弟之丧，虽缌必往；非兄弟，虽邻不往。"《礼记·杂记下》云："姑、姐妹，其夫死，而夫党无兄弟，使夫之族人主丧。妻之党虽亲，弗主。夫若无族矣，则前后家、东西家，无有，则里尹主之。"可见，当时邻里之间已不一定是同族。难怪顾炎武在论春秋战国社会巨变时叹曰："春秋时犹论宗姓氏族，而七国则无一言及之矣。"[①]在这种情况下，过于依赖血缘宗族关系实现对基层的控制也就不可能，从国家行政的角度看，宗族血缘关系的主导性维系功能逐渐被国家的权力和行政所取代。什伍编制从其对犯罪的预防作用来说，正是适应了非血缘行政性而产生，在这一时期也只有通过非血缘行政性才能发挥很好的作用。这种情况是春秋战国社会的总体特征。尽管东方六国之周道传统观念及其血缘宗法观念可能高于秦，但不能从根本上影响这一历史发展的大趋势。乡里百姓宗族联结和宗族观念的日趋强化则是西汉中期以后的事了。

如果说宗族联结相对弱化从结构层面上为编伍连坐提供了可行性基础的话，那么春秋战国以来，世风濡染下秦和西汉前期乡里百姓个体自我意识和观念的泛化则为邻里间编伍以相互检举监司提供了可行的思想环境。

春秋战国以来，商品经济的发展和商业求利风气的盛行，势必会促进人们自我观念的变化。[②] 特别是为实现耕战的需要，统治者以爵激功的模式，将功、爵和物质利益、身份地位直接结合的做法都导致百姓增强了急功近利意识，与之相应的是道德价值理念的淡漠。这种情况在文献中多有反映。如《晋书·庾峻传》载庾峻上疏说秦"时不知德，惟爵是闻。故闾阎以公乘侮其乡人，郎中以上爵傲其父兄"。又，《汉书·贾谊传》载贾谊之论：

> 故秦人家富子壮则出分，家贫子壮则出赘。借父耰鉏，虑有德色；

---

① 顾炎武著、黄汝成集释：《日知录集释》（外七种）卷一三"周末风俗"条，第 1006 页。

② 参见马小虎《魏晋以前个体"自我"的演变》，中国人民大学出版社 2004 年版。

> 母取箕帚，立而谇语。抱哺其子，与公并倨；妇姑不相说，则反唇而相稽。其慈子耆利，不同禽兽者亡几耳……曩之为秦者，今转而为汉矣。然其遗风余俗，犹尚未改。今世以奢靡相竞，而上亡制度，弃礼谊，捐廉耻，日甚，可谓月异而岁不同矣。逐利不耳，虑非顾行也，今其甚者杀父兄矣。

贾谊生活在文景时期，上述过秦之论的出发点则是以之影射当世之弊。从贾谊所言可看出，秦之家庭道德观念淡薄之弊发展到文景时期仍未发生根本变化，从人际或群际关系亲疏的层面考虑，当时同伍邻里之间的道德感就更可想而知了。贾谊所说乃当时社会的普遍现象而非原秦国故地一隅，原六国故地虽曾有重道德风尚的传统，恐怕经过战国时期各诸侯国普遍的重功利之风的推动，再加上统一之后秦法家治国举措的作用，其乡里百姓间的道德价值观念也不可过高估计。正是这种重功利而轻道德的价值观念的盛行，成为邻里编伍连坐以相互检举监司有效发挥作用的良好思想土壤。并无必然亲情关系的同伍各家彼此为了免除本家受其他各家的牵连自然会检举揭发其不法行为和异常举动。在当时社会价值观念的大环境下，这不但不会被乡里看作是什么见利忘义之举，而且会在政治上受到政府的鼓励和支持。

总之，在秦和汉初的社会环境下，编伍及其相互检举牧司对社会秩序的维护发挥了很大的作用，但是其内含的霸道精神注定与儒家的王道精神相去甚远。如《韩诗外传》卷四曰：

> 古者八家而井田……八家相保，出入更守，疾病相忧，患难相救，有无相贷，饮食相召，嫁娶相谋，渔猎分得，仁恩施行，是以其民和亲而相好……今或不然。令民相伍，有罪相伺，有刑相举，使构造怨仇，而民相残，伤和睦之心，贼仁恩，害士化，所和者寡，欲败者多，于仁道泯焉。

从中不难看出当时编伍连坐与儒家王道理念的内在冲突。伴随儒家思想对汉政影响的增强，这种邻里间相互连坐的内涵也开始发生变化。

二、西汉中期后编伍由相互监司向互保互助的发展

我们在注意到秦和西汉前期百姓编伍所具有的相互检举监司的连坐功

能时，也当对于编伍所具有的相保相任功能给以足够重视。这种相保相任的功能虽然与相互检举监司是孪生体，但"担保"内含的质任机理却能在某种程度上成为彼此淡漠的邻伍关系的缓冲剂和邻里互信互助的助动剂。如《二年律令·置后律》规定："诸当(拜)爵后者，令典若正、伍里人毋下五人任占。"①这是规定在同伍之人拜爵为后时，同伍的其他百姓应该参与对其身份担保作证。西汉中期以后，以儒家伦理为核心的乡里教化的日渐深入及国家对孝、仁和义等儒家道德价值观的提倡和推广，以及百姓宗族联结的日趋增强，都直接对乡里百姓同伍之关系产生影响。乡里同伍百姓之间以相互检举监司为主的机理逐渐让位于同伍之间互保互任，互保互任与和谐邻里关系之建立逐渐成为国家乡里秩序维系的有效途径。诚然，在国家制度层面上，虽然仍不乏对同伍相互检举监司的要求，但因为其与乡里孝、仁、义等儒家观念的冲突性，虽然也被偶尔强调，但已经不会被乡里普遍的价值理念所积极认同。如果我们仔细分析有关百姓编伍连坐的记载，也不难发现国家在乡里编伍理念上的变化轨迹。在汉昭帝时召开的盐铁会议上，御史与文学之间围绕编伍连坐问题发生激烈争论，《盐铁论·周秦》对此有记载。站在政府角度立言的御史曰：

> 今不轨之民，犯公法以相宠，举弃其亲，不能伏节死理，遁逃相连，自陷于罪，其被刑戮，不亦宜乎？一室之中，父兄之际，若身体相属，一节动而知于心。故今自关内侯以下，比地于伍，居家相察，出入相司，父不教子，兄不正弟，舍是谁责乎？

贤良文学则从儒家德教之角度指出：

> 今以子诛父，以弟诛兄，亲戚相坐，什伍相连，若引根本之及华叶，伤小指之累四体也。如此，则以有罪反诛无罪，无罪者寡矣……闻恶恶止其人，疾始而诛首恶，未闻什伍而相坐也。老子曰："上无欲而民朴，上无事而民自富。"君君臣臣，父父子子。比地何伍，而执政何责也？

从上面御史所言可知，此时对百姓比地编伍并令其相互检举监司与汉初法律规定相比没有变化。但贤良文学在某种程度上代表乡情民意，从其对"比

① 《张家山汉墓竹简》，第185页。

地于伍"的现状所持的反对态度来看,"比地于伍"的连坐以及相互检举监司已经与民众普遍接受的价值观开始产生裂痕。《续汉书·百官志五》云:"里有里魁,民有什伍,善恶以告。本注曰:里魁掌一里百家。什主十家,伍主五家,以相检察。民有善事恶事,以告监官。"这段话多被看成是东汉乡里存在百姓以什伍为组织的连坐监司机制的力证。但仔细分析我们会发现:该段话既然出自《百官志》,作者说明的重点当为里魁、什长和伍长,正如本注中所说明的乃是强调什长和伍长之职责,是说明当时的里魁、什长和伍长等人负有检察乡里百姓之责;如果民有善事和恶事就当向上报告,其重点并不在于说明百姓邻伍间相互检举监司。汉元帝时黄门令史游编写的私学教育读本《急就篇》有"变斗杀伤捕伍邻"之语,颜师古注曰:"变斗者,为变难而相斗也;杀伤,相伤及相杀也;捕,收掩也。有犯变斗伤杀者,则同伍及邻居之人皆被收掩也。"此言当时同伍之连坐的存在和作用。这种同伍之人的变斗杀伤之举,或发生在本伍之内,或发生在本伍人与伍外人之间。如果因发生在本伍内而伍人连坐,如"变"之类则可能是因为伍人不能检举揭发而连坐;而如邻里之"斗"、"杀伤"之类则是伍人所无法预知和揭发的,此等连坐只能是因为邻里不能很好地处理彼此之关系以相互和睦使然。既然如此,则此时编伍中国家塑造和睦邻里关系及彼此以德相维系的秩序之意图甚明。如果因为本伍与伍外人之间发生"斗"、"杀伤"之属而连及同伍,则更不是因为同伍之人未尽监司之责,而是因为同伍不能从德行层面相互影响以避免此等事情的发生。总之,以上资料说明,国家一方面固然强调伍人监司,但更强调邻里之间在道德方面相互影响,以达到不仅是本伍百姓和睦相处,更以同伍之和睦促进社会和谐的愿望。

当然,比伍监司并没有随着国家对邻里和睦之关系的强调以及统治者对邻里道德的塑造而消失。作为一种制度,其合理性的一面会使其得以存在,只不过其效用与实践效果会发生变化而已。如《长沙东牌楼东汉简牍》中83号简有文曰"右五户同伍",可见以五户为基本单位编为一伍仍为当时百姓基层编制的重要部分。仲长统针对东汉末年百姓弃籍流亡问题严重而提出要"明版籍以相数阅,审什伍以相连持"①。他在社会既存的什伍组织基础上重提相互连持乃为应付时局之变的权益之计。王莽时期,因为盗铸钱者不可禁,"乃重其法,一家铸钱,五家坐之,没入为奴婢"②,又规定"敢盗铸钱及偏行布货,伍人知不发举,皆没入为官奴婢"③。王莽这些规定的实际效果并不理想,此等规定也只能随着王莽短暂的改制而昙花一现。

与邻里编伍之互举互司功能的弱化相对,在编伍组织的基础上同伍之互保互任功能却得到了加强,并逐渐发展成为邻里和睦关系的有机组成部分。江苏扬州胥浦 101 号汉墓出土平帝元始年间的先令券书,在该券书的最后注明了参与立券的担保人员,"时任知者:里师、伍人谭等及家属孔聚、田文、满真"。显然同伍之人谭也应邀参与了立券之财产分割担保。

敦煌和居延出土汉简中也不乏与伍人相关的简,如:

> 无部署须具伍任乃予符盗符者数请其罪任者皆为不从作其无任者勿予符恶子为不从作(《敦煌汉简》214)④
>
> ●诸恶子受符即欲夜出皆诣近所抑官亭吏言欲夜出报乃得夜出(《敦煌汉简》386)
>
> 近仓谷里三铢五分五家相证任伍中□ ☐尉谊临(《居延汉简释文合校》29·8)

又,东汉刑徒墓出土大量墓砖铭。如:

> 右部无任少府若卢髡钳尹孝永初元年五月四日物故死在此下右部五任汝南瞿阳髡钳冯少永初元年六月十八日物故死在此下五任南阳鲁阳鬼新胡生代路次元初六年闰月十四日死⑤

于振波先生分析认为,上面简中的"伍任"和"五任"即为同伍民户相互担保之义⑥,甚有道理。从上面简所反映的情况来看,彼此相保相任已逐渐成为

① 《后汉书·仲长统传》。

② 《汉书·王莽传中》。

③ 《汉书·王莽传下》。

④ 甘肃省文物考古研究所:《敦煌汉简》下册,中华书局 1991 年版。

⑤ 中国科学院考古研究所洛阳工作队:《东汉洛阳城南郊的刑徒墓地》,载《考古》1972 年第 4 期。

⑥ 参见于振波《"无任"与"五任"》,载《华南师范大学学报》2006 年第 1 期。

百姓邻里编伍机制发挥作用的主导方面。这种邻里互保互任的方式对于建立和谐之邻里关系起到了重要的推动作用。对于汉代邻里关系的这种变化，臧知非先生有如下精辟分析：

> 随着土地私有化的发展，农民迫于生计，离散城邑，迁居乡野，自然村落生成以后，邻里之间以身份高低、户籍相伍为基础的相互监督、彼此告发的关系逻辑地淡化。特别是汉家以孝治天下，起码从汉武帝开始，儒学思想逐步渗入政治运转的各个环节，统治阶级提倡以孝、仁为核心的道德自律，在三老、五更、孝悌、力田等乡官系统以及循吏的大力宣教之下，日渐成为维系邻里关系的价值准则。①

总之，邻里关系从编伍相互检举监司发展到邻里之间趋向和谐与互保互任为主导，这既反映了社会结构的变化，同时也是统治阶级基层统治理念变化的结果。

三、家族成员间的相告与连坐

家族成员之间的连坐也是秦汉时期连坐机制的重要组成部分。如果说秦汉时期对百姓的编伍连坐还一度在二十等爵的架构内将部分高爵者以特权者身份排除在外的话，家族成员之间的连坐则将整个社会成员纳入其中，所以它在当时社会控制中所发挥的作用更受到统治者的重视。诚如张仁玺先生所指出："其目的就是在人民中人为地制造一种刑罚恐惧，利用人们避害趋利的自私心理，强迫人民相互监视，相互告发，企图由此达到预防犯罪和揭发犯罪的目的。"②统治者利用家族连坐以维护和稳定统治秩序的目的是始终如一的，但在秦汉时期家族连坐内含的精神却因适应社会结构以及伴随统治理念的不断调整而处于变化之中。

如前面所指出的，邻里之间的同伍连坐内含的彼此检举揭发是以地缘为特征相对淡薄的邻里情感关系为基础的。在这样的情况之下，同伍各家的趋利避害心理或者说是"自利心"可以使得统治者所提倡的相互检举牧司

---

① 臧知非：《秦汉里制与基层社会结构》，载《东岳论丛》2005 年第 6 期。

② 张仁玺：《秦汉家族成员连坐考略》，载《思想战线》2003 年第 6 期。

有效发挥作用。对于以家族为单元的家族成员之间的相告和连坐机制而言，其精神内涵远非“自利心”一项可说明其全部。家族血缘内在的情感维系必定会对连坐内含的“告”和“连”二环直接产生影响，所以，其有效性必须依赖统治者在连坐相告和血缘亲情之间的平衡机制，并随社会血缘亲情观念和现状的变化而作出调整。

家族成员之间的连坐和相告早在秦朝之前就存在了，其理论渊源也早已发端。如《尚书·汤誓》载汤王伐桀时有“予则孥戮汝”之语。《史记·秦本纪》载秦早期的连坐，其文曰：“(文公)二十年，法初有三族之罪。”战国时李悝的《法经》涉及家族连坐问题：“杂律略曰……盗符者诛，籍其家；盗玺者诛；议国法令者诛，籍其家及其妻氏，曰狡禁。越城，一人则诛，自十人以上夷其乡及族，曰城禁。”[①]从上述材料我们可以看出家族连坐的普遍存在。战国时期，法家重刑思想给家族成员连坐和有罪相告的必要性作出了理论上的分析和阐释，从而为该制度的推行提供了理论基础。如《商君书·赏刑》曰：“重刑，连其罪，则民不敢试。民不敢试，故无刑也。”儒家在此问题上所持意见截然不同，他们不但反对父子相告，也反对亲属连坐。《论语·子路》记载：“叶公语孔子曰：‘吾党有直躬者，其父攘羊，而子证之。’孔子曰：‘吾党之直者异于是。父为子隐，子为父隐，直在其中矣。’”孟子更是主张“罪人不孥”[②]。尽管如此，儒家并没有阻止家族连坐风靡的脚步。

关于秦的家族相告制度和精神，史料不乏记载。如秦简《法律答问》曰：

> “夫有罪，妻先告，不收。”妻(媵)臣妾、衣器当收不当？不当收。[③]

大意是说：如果妻子先行告发丈夫有罪，就可以免于被连坐，妻子陪嫁的奴婢、衣物也不会被没收入官；反之，则会被连坐。由之可以看出，秦法在一定程度上是鼓励妻子告发丈夫的犯罪行为的。

当然，如果是“非公室告”，子若告父母，臣妾若告主，则官府不但不受理，告者还有罪。如《法律答问》曰：

---

① 董说：《七国考》引《新论》，中华书局1985年版(丛书集成初编本)，第521页。

② 《孟子·梁惠王下》。

③ 《睡虎地秦墓竹简》，第224页。

"子告父母,臣妾告主,非公室告,勿听。"可(何)谓"非公室告"?主擅杀、刑、髡其子、臣妾,是谓"非公室告",勿听。而行告,告者罪。告【者】罪已行,它人有(又)袭其告之,亦不当听。①

"公室告"【何】殴(也)?"非公室告"可(何)殴(也)?贼杀伤、盗它人为"公室";子盗父母,父母擅杀、刑、髡子及奴妾,不为"公室告"。②

由上可以看出:秦律一方面鼓励"公室告"范畴内犯罪行为的相互揭发和家族连坐,正如《汉书·文帝纪》注引应劭曰:"秦法,一人有罪,并其室家。"结果造成亲亲之恩绝、严而少恩的现象。另一方面,也在"非公室告"范畴内限制家族成员的相互揭发,承认亲亲间一定程度的相隐关系。这一点当然不能和后来发达形态的"亲亲相隐"制度同日而语,但可以看出法家精神主导下的秦政面对家庭稳定的必要性而作出的必然抉择。换言之,在"公室告"的条件下,不能因亲属之伦理而不告;在"非公室告"的条件下,则考虑亲属伦理关系,禁止卑者告尊长。法家虽尚功利而轻伦理,但个体家庭的稳定与社会稳定的关系却是不得忽视的。

秦律在规定家族成员法定范围内有罪相告义务的同时,更有连坐方面的规定,如夫有罪而妻不告会被连坐即为此类。又,《法律答问》规定:

"盗及者(诸)它罪,同居所当坐。"可(何)谓"同居"?户为"同居",坐隶,隶不坐户谓殴(也)。③

这说明如果有盗或者其他犯罪行为,家庭成员要连坐。《法律答问》在这方面还有很多具体的规定,如:

夫盗千钱,妻所匿三百,可(何)以论妻?妻智(知)夫盗而匿之,当以三百论为盗;不智(知),为收。④

夫盗三百钱,告妻,妻与共饮食之,可(何)以论妻?非前谋殴(也),当为收;其前谋,同罪。夫盗二百钱,妻所匿百一十,何以论妻?妻智

---

① 《睡虎地秦墓竹简》,第196页。
② 《睡虎地秦墓竹简》,第195页。
③ 《睡虎地秦墓竹简》,第160页。
④ 《睡虎地秦墓竹简》,第157页。

(知)夫盗,以百一十为盗;弗智(知),为守臧(脏)。[①]

至于罪犯逃亡,相关亲属也要受到连坐惩罚。如《法律答问》规定:

隶臣将城旦,亡之,完为城旦,收其外妻、子。子小未可别,令从母为收。[②]

由上看来,秦的家族相告和连坐机制是非常严密的,规定也可谓具体详细。

西汉初年,在很大程度上继承了秦的家族连坐制度。从《二年律令》中可以了解这一制度的大致情况:

父母告子不孝,其妻子为收者,皆锢,令毋得以爵偿,免除及赎。(《贼律》)

若为人妻而弃、寡者,皆毋收。坐奸、略妻及伤其妻以收,毋收其妻。(《收律》)

奴有罪,毋收其妻子为奴婢者。有告劾未还死,收之。匿收,与盗同法。(《收律》)

罪人完成旦舂、鬼薪以上,及坐奸府(腐)者,皆收其妻子、财、田宅。其子有妻、夫,若为户、有爵,及年十七以上,若为人妻而弃、寡者,皆勿收。坐奸、略妻及伤其妻以收,毋收其妻。(《收律》)

以城邑亭障反,降诸侯,及守乘城亭障,诸侯人来攻盗,不坚守而弃去之若降之,及谋反者,皆要(腰)斩。其父母、妻子、同产,无少长皆弃市。(《贼律》)

从上举律文可知,汉初对于某些犯罪行为仍实行严格的家族相关成员连坐制度,而且对连坐的具体情况也都作出了详细规定。与此同时,《二年律令》反映出当时法律也鼓励家庭成员有罪相告,以使自己免除连坐。如:

夫有罪,妻告之,除于收及论;妻有罪,夫告之,亦除其夫罪。及为人偏妻,为户若别居数者,有罪完舂、白粲以上,收之,毋收其子。内孙毋为夫收。(《盗律》)

---

① 《睡虎地秦墓竹简》,第157页。

② 《睡虎地秦墓竹简》,第201页。

劫人、谋劫人求钱财，虽未得若未劫，皆磔之；罪其妻子，以为城旦舂。其妻子当坐者偏（徧）捕，若告吏，吏捕得之，皆除坐者罪。（《收律》）

诸予劫人者钱财，及为人劫者，同居智（知）弗告吏，皆与劫人者同罪。（《盗律》）

当然，汉律的亲属有罪相告也不是毫无限制的。《二年律令·告律》规定："子告父母，妇告威公，奴婢告主、主父母妻子，勿听而弃告者市。"与夫妻得相告相比，这也主要体现了家庭内部卑不得告尊的精神，从而反映了汉初法律与秦律一样并没有完全忽视家庭内在的道德伦理关系。

《汉书·刑法志》在追述汉初情况时说："汉兴之初，虽有约法三章，网漏吞舟之鱼，然其大辟，尚有夷三族之令。"这种"夷三族之令"可以说是汉初家族连坐制度的最好体现。随着汉初社会的恢复和发展，君臣之间围绕家族连坐制度的存废问题也展开了讨论。据《汉书·刑法志》载：

孝文二年，又诏丞相、太尉、御史："法者，治之正，所以禁暴而卫善人也。今犯法者已论，而使无罪之父母妻子同产坐之及收，朕甚弗取。其议。"左、右丞相周勃、陈平奏言："父母妻子同产相坐及收，所以累其心，使重犯法也。收之之道，所由来久矣。臣之愚计，以为如其故便。"文帝复曰："朕闻之，法正则民悫，罪当则民从。且夫牧民而道之以善者，吏也；既不能道，又以不正之法罪之，是法反害于民，为暴者也。朕未见其便，宜孰计之。"平、勃乃曰："陛下幸加大惠于天下，使有罪不收，无罪不相坐，甚盛德，臣等所不及也。臣等谨奉诏，尽除收律、相坐法。"其后，新垣平谋为逆，复行三族之诛。

可见，当时关于连坐问题帝王和大臣间已存在不同意见，结果虽然是一度废除了收孥相坐法，但实际上统治阶级完全可以根据需要重新予以恢复，家族连坐制仍然被保存下来。如居延出土的《甘露二年丞相御史律令》简册有文曰："复庣大逆，同产当坐，重事。"[①]

随着汉代统治思想的儒家化，家族连坐的存废同什伍连坐一样被推上

① 转引自初仕宾《居延简册〈甘露二年丞相御史律令〉考述》，载《考古》1980年第2期。

了风口浪尖，也一并成为盐铁会议上争论的焦点。一方认为“一室之中，父兄之际，若身体相属，一节动而知于心”①，因而倡导“彼以知为非，罪之必加，而戮及父兄，必惧而为善”，强调家族连坐的必要性；另一方则立足于人们之间的道德情感，反对“首匿相坐”之法。后一方认为：

> 故为民父母，以养疾子，长恩厚而已。自首匿相坐之法立，骨肉之恩废，而刑罪多矣。父母之于子，虽有罪犹匿之，其不欲服罪尔。闻子为父隐，父为子隐，未闻父子之相坐也。闻兄弟缓追以免贼，未闻兄弟之相坐也。②

从汉代的实际情况看，反对一方的意见并未被统治者完全采纳。如《汉书·成帝纪》载成帝鸿嘉四年（前17）春正月诏：

> 数敕有司，务行宽大，而禁苛暴，讫今不改。一人有辜，举宗拘系，农民失业，怨恨者众，伤害和气，水旱为灾，关东流冗者众，青、幽、冀部尤剧，朕甚痛焉。

又，《汉书·黄霸传》载：

> 霸少学律令，喜为吏，武帝末以待诏入钱赏官，补侍郎谒者，坐同产有罪劾免。

“一人有辜，举宗拘系”，“坐同产有罪劾免”，显然是家族连坐的最好写照。与此相类的记载还有很多，此不赘举。由此我们可以看出，盐铁会议之后，政府出于维护政治秩序的需要，仍保留了家族连坐制度。但如果我们仔细分析就不难发现：相关记载主要反映了连坐机制内在的一人有罪而连及亲族的一面，至于连坐制度中相互告发的一面则不多见了。这实际上正是汉代家族相告连坐制度内涵的变化。这种变化的出现当与汉宣帝的一道诏令密切相关。《汉书·宣帝纪》载宣帝本始四年（前70）下诏曰：“父子之亲，夫妇之道，天性也。虽有患祸，犹蒙死而存之。诚爱结于心，仁厚之至也，岂能违之哉！自今子首匿父母，妻匿夫，孙匿大父母，皆勿坐。其父母匿子，夫匿妻，大父母匿孙，罪殊死，皆上请廷尉以闻。”这一诏令标志着汉代亲亲相隐

① 桓宽：《盐铁论·周秦》。
② 桓宽：《盐铁论·周秦》。

制度的正式确立。既然法律在更大的范围内允许亲属成员间互相隐匿犯罪，那么连坐制内含的亲族成员间有罪互相告发的责任也就相对减弱了，而该制度内含的有罪相连的一面则未发生变化。那么，促使统治者作出调整的原因是什么呢？这种调整是否会降低连坐制的效用呢？

就家族连坐制内含的"告发"有罪和有罪亲族"相连"而言，两个层面的效用环境是不尽相同的。"监司告发"源于单个家族成员免罪的自私心理；"相连"则与家族成员的内在情感联结密不可分，使人们顾忌祸及同宗同族而不敢轻易犯罪。如前文所指出，在秦和西汉前期，人与人之间的道德关系相对淡薄，这不但为邻里间监司举发提供了良好的思想环境，也为家族内的相互检举揭发提供了可能，如妻告夫或夫告妻等。但是，亲情关系的相对淡薄，并不利于以有罪相坐来预防犯罪，即达不到"所以累其心，使重犯法"的目的，所以才会出现秦和汉初以"非公室告"为核心的亲亲相隐。[①] 不但如此，随着儒家思想的发展，"父为子隐，子为父隐，直在其中矣"[②]的思想逐渐对原有的连坐制度及其观念带来冲击和批判。《盐铁论·周秦》中文学指出：

> 故为民父母，以养疾子，长恩厚而已。自首匿相坐之法立，骨肉之恩废，而刑罪多矣。父母之于子，虽有罪犹匿之，其不欲服罪尔。闻子为父隐，父为子隐，未闻父子之相坐也。闻兄弟缓追以免贼，未闻兄弟之相坐也。

正是这些思想促使统治者不得不对原来"告"、"连"并举的连坐制作出调整，倡导亲情关系，在亲亲相隐的前提下使"相连"发挥最大功效。

第二节　爵、势合离下乡里身份等级的变迁

秦汉时期，国家在乡里普遍推行二十等爵制。日本学者西嶋定生先生

① 有关秦和汉初的亲亲相隐与连坐的关系问题，张松《睡虎地秦简和张家山汉简中的亲亲相隐问题》(载《南都学坛》2007年第1期)一文有系统论述。

② 《论语·子路》。

对秦汉时期普赐民爵与乡里秩序形成的关系作系统分析后指出：

> 爵所具有的本质的机能，就是身份形成，从而民爵赐与的第一义的目的也就在于身份的形成；如果是这样，则广泛的民爵赐与的实施，并不是别的，它可以说就是以里中秩序的形成为其目的。①

爵来自国家，由爵的等级形成乡里百姓的等级差别，从而构成国家等级支配机制，它体现的是王权制度的一面。西嶋定生先生指出："的确可以认为，秦汉的民爵制度，是欲首先在里内实现其机能；不过，里的秩序形成，并不是施行爵制的终极目的。毋宁应认为目的是在于：以皇帝为中心，把包括下至居住在里的庶民在内的人民，都组织到一元化的秩序中去，这也就是说，这个爵制具有作为国家秩序的性格。"②

不过王权以爵为核心的这种等级支配机制是建立在一定的社会结构基础上的，随着社会结构的变动，这种由爵形成的等级秩序不具备也不可能从根本上排除其他因素对爵制等级秩序的冲击。特别是随着爵在乡里等级秩序形成中地位的下降，以财势为标准的乡里固有的自然等级观念日趋增强，在乡里等级秩序构造的多元化因素作用下，国家以爵为媒介对乡里百姓的等级支配也就变得无力了。

一、秦和汉初乡里爵、势相对合一之等级体系

战国时期，随着封建制的日渐确立，适应封建制生产关系的新爵制逐渐取代了商周的旧爵制。卜宪群先生指出：

> 新爵制作为一种体现身份等级秩序关系的象征，与旧爵制有相通之处。但二者又有本质的不同。新爵制抽掉了旧爵制中封土治民的实质内涵，强调的是强化君权和体现以君权为核心的身份等级关系。……当君权演化为皇权时，赐爵依然体现的是以皇权为核心的身份等

① [日]西嶋定生著、武尚清译：《中国古代帝国的形成与结构——二十等爵制研究》，第358页。

② [日]西嶋定生著、武尚清译：《中国古代帝国的形成与结构——二十等爵制研究》，第440页。

级秩序。[①]

秦的赐爵制源于秦孝公时商鞅变法。如《商君书·境内》云:"能得爵首一者,赏爵一级,益田一顷,益宅九亩,一除庶子一人,乃得入兵官之吏。"有爵者的权益体现为田宅数量的增加和得到相应数量的庶子之特权。又,《史记·商君列传》更指出商鞅赐爵的目的之一在于"明尊卑爵秩等级,各以差次名田宅,臣妾衣服以家次"。可见以爵来激励耕战是和按爵确立百姓等级同时进行的,以形成"有功者荣显,无功者虽富无所芬华"的新的等级秩序。正如杜正胜先生所指出,对个体而言爵位是"社会地位的权衡,田宅产业的凭依,职官权力之所出,名誉荣辱之所系,若欲出人头地,则非具备高爵不可"[②]。《汉旧仪》曰:"秦制爵等,生以为禄位,死以为号谥。"[③]当时的官、爵体现出合一性特征。《韩非子·定法》曰:"商君之法曰:斩一首者,爵一级,欲为官者为五十石之官;斩首二级,爵二级,欲为官者为百石之官;官爵之迁与斩首之功相称也。"这种等级秩序从根本上说是国家通过爵及其附加的政治、经济利益和特权而形成的,获爵者凭借国家的政治力保证而非其他途径获得自己在乡里的等级地位。概言之,商鞅之举乃是国家通过爵而对原有乡里秩序的重新规制和塑造。他的这一制度设计在很大程度上为一统天下的秦王朝所继承,并在全国范围内推行。

司马迁曾以财富为出发点对百姓的普遍心理归纳曰:"凡编户之民,富相什则卑下之,伯则畏惮之,千则役,万则仆,物之理也。"[④]财富的多寡对于乡里百姓来说本身就可以成为一种等级概念。按秦秉承战国时期普遍存在的国家授田制度[⑤],一般的五口之家均可获得百亩田和一定的宅。秦在此基础上对获爵者按照爵级之高低而增加授予田宅的数量。这样就可以使有爵者与无爵者、高爵者与低爵者在田宅数量上体现出多寡不一之等级。本身

① 卜宪群:《秦汉二十等赐爵制与官僚制》,载《文史知识》2000 年第 1 期。

② 杜正胜:《编户齐民——中国传统政治社会结构之形成》,第 358 页。

③ 孙星衍等辑、周天游点校:《汉官六种》,中华书局 1990 年版,第 84 页。

④ 《史记·货殖列传》。

⑤ 战国时期普遍存在国家授田制,这一问题已经为睡虎地秦简、银雀山汉简和四川青川秦墓木牍等所证实,并为学界所认可。

财富虽多的民户，如果没有爵位，其在田宅占有方面也只得与一般无爵名曰“士伍”的民户一样以百亩田和一定的宅为限，而不能超过这一规定。① 财富内含的自然性等级由于国家按爵名田宅而割断了其与田宅的可能性联系，从而无法通过此途径而在乡里百姓中体现出来。如果说这种由于获爵而占有较多的田宅还不足以从根本上冲击乡里可能存在的财富之自然等级，进而使得持爵者凭借其田宅占有的优势而在乡里等级中获得某种观念上的认可的话，那么乡里有爵者、无爵者或低爵者的特权差异则很容易奠定以爵为基础的乡里尊卑等级秩序。②

秦统一之后，官、爵由原来的合一走向分离，为官者未必有爵，持爵者未必居官③，但受爵者的其他权益不曾发生大的变化。总体看来，秦通过赐爵并以赐爵而形成的乡里之政治、经济权益为载体，在王权的主导下，在很大程度上否定了乡里以传统势力和财富而存在的自然等级秩序，形成有爵则有势、爵势合一的乡里政治性等级秩序。

西汉初年在很大程度上继承了秦的二十等爵制，汉高祖“复故爵田宅”和“以有功劳行田宅”④意味着对秦之爵以及按爵名田宅制度的认可。当然，以二十等爵为媒介的乡里等级支配体系作为“汉承秦制”的一部分也被继承了下来，尽管有爵者的政治、经济权益与秦相比可能已经发生了某些变化。以往受资料所限，我们对于汉初以二十等爵为媒介所形成的乡里等级秩序之情况只能据秦之资料作一般了解，缺乏相对深入的探讨。随着张家山汉墓竹简《二年律令》的出土，特别是其中不乏大量与二十等爵之政治、经济和身份权益相关的内容，从而使我们对这方面的深入了解成为可能。关于《二年律令》所反映的二十等爵对汉初国家统治秩序的影响问题，张鹤泉先生已

---

① 这种情况是与授田制下禁止土地无限制性自由买卖相关的。

② 关于秦时有爵者所获得的各种政治身份权益，高敏先生有过系统分析。（参见高敏《秦的赐爵制度试探》，载其《秦汉史论集》）

③ 参见刘敏《承袭与变异：秦汉封爵的原则和作用》，载《南开学报》2002 年第 3 期。

④ 《汉书·高帝纪下》载高祖诏：“且法以有功劳行田宅，今小吏未尝从军者多满，而有功者顾不得，背公立私，守尉长吏教训甚不善。其令诸吏善遇高爵，称吾意。”

从土地、治安、养老和赏赐四个方面作出系统分析①,此不赘述。通过这些层面中二十等爵与具体的政治、经济和相关权益地位的对应和等级关系,我们可以看出,汉初乡里社会的等级关系在很大程度上是通过二十等爵来确立的。毋庸否认,西汉也实行官、爵分授,“官、爵的分授意味着爵在任官上不具有特殊意义。爵的赐予代表着皇权所赋予的身份,而官的授予是依据才能的高下。汉代选官制度有多途,也没有把是否有爵作为一个必要条件。普遍的赐民爵,其目的并不在于给天下人都有任官的资格,普遍的赐官吏爵同样也不是为其升迁提供政治条件”②。西汉政权建立后至惠帝、吕后期间也曾针对百姓先后四次普赐民爵一级③,诸如田宅类增益权随着每次赐爵而作大规模变更和增益也实非易事,更有学者分析指出当时国家授田宅之制度规定与其实际执行情况也可能存在较大差距④,但是我们不能据此否认律令规定的现实执行性。尽管在实际按爵授田宅的过程中会因可资利用的田宅数量限制遇到困难,但有爵者总比无爵者、高爵者总比低爵者更容易获得制度规定范围内的田宅。如汉高祖五年诏曰:“七大夫、公乘以上,皆高爵也。诸侯子及从军归者,甚多高爵,吾数诏吏先与田宅,及所当求于吏者,亟与。”⑤这种优待高爵者的倾向在《二年律令·户律》中仍可见其端倪。《户律》规定:“□□廷岁不得以庶人律未受田宅者,乡部以其为户先后次次编之,久为右。久等,以爵先后。”⑥所以,若从实际操作层面难度较大的田宅等级来看,其以爵之高低为基准的大趋势不会有根本性偏差。至于田宅之外非物质性的获爵权益,其对于百姓等级之塑造则容易操作得多,而其在等级的缔造中发挥的作用更是不可小窥。如《二年律令·贼律》规定:

---

① 参见张鹤泉《〈二年律令〉所见二十等爵对西汉初年国家统治秩序的影响》,载《吉林师范大学学报》2005 年第 3 期。

② 刘敏:《承袭与变异:秦汉封爵的原则和作用》,载《南开学报》2002 年第 3 期。

③ 《汉书·惠帝纪》载:“(高祖十二年)五月丙寅,太子即皇帝位,尊皇后曰皇太后。赐民爵一级。”“(惠帝元年)民有罪,得买爵三十级以免死罪。赐民爵,户一级。”“(惠帝五年)九月,长安城成。赐民爵,户一级。”《汉书·高后纪》载:“(高后元年)二月,赐民爵,户一级。”

④ 参见王彦辉《论张家山汉简中的军功名田宅制度》,载《东北师范大学学报》2004 年第 4 期。

⑤ 《汉书·高帝纪下》。

⑥ 《张家山汉墓竹简》,第 176 页。

其毋伤也，下爵殴上爵，罚金四两。殴同列以下，罚金二两；其有疻痏及□，罚金四两。

以县官事殴若詈吏，耐。所殴詈有秩以上，及吏以县官事殴詈五大夫以上，皆黥为城旦舂。长吏以县官事詈少吏□□，亦得毋用此律。

有爵者与无爵者、低爵者与高爵者享有的权益是不平等的。诚如刘敏先生所言：

既然均称爵，不管是贵族爵还是官爵、民爵，都具有与爵相关的共性东西，无论何时封爵制目的都是为了把人分成等级，因此有爵就比无爵或等级高的爵就比等级低的爵具有优越的政治和社会地位。[①]

也正是因为二十等爵对于缔造乡里百姓的有序等级有着重要的作用，所以当时统治者对爵给予足够的重视。如《二年律令·捕律》规定：

捕从诸侯来为间者一人，(拜)爵一级，有(又)购二万钱。不当(拜)爵者，级赐万钱，有(又)行其购。

能产捕群盗一人若斩二人，(拜)爵一级。其斩一人若爵过大夫及不当(拜)爵者，皆购之如律。[②]

《二年律令·爵律》也规定：

诸当赐受爵，而不当(拜)爵者，级予万钱。[③]

通过这些律文，我们可以发现，当时政府对赐爵者的身份非常重视，对于该拜爵而无资格获爵者不滥授爵，而宁可以赐金钱一级万钱代之，这与五大夫以上爵可以享有免役特权是密切相关的。而对该拜爵而不予拜爵者允许赐钱以代之之举也从一个侧面反映出政府对爵所持的态度。《二年律令·徭律》曰："睆老各半其爵徭。"国家在对睆老者免徭役的同时也减少了对他们的赐爵。所有这些都是国家通过对爵的有效掌控从而维持爵级秩序的表现。

除此之外，汉初这种以爵为核心的乡里等级关系之确立也是与当时国

---

① 刘敏：《承袭与变异：秦汉封爵的原则和作用》，载《南开学报》2002年第3期。

② 《张家山汉墓竹简》，第153页。

③ 《张家山汉墓竹简》，第185页。

家对可能影响以爵定等级诸因素的有效抑制分不开的。这主要体现为当时有财势的商贾等势力很大程度上被排斥在乡里爵制等级之外。如《汉书·高帝纪下》曰："爵非公乘以上毋得冠刘氏冠。贾人毋得衣锦绣绮縠絺纻罽。操兵，乘骑马。"《史记·平准书》载："天下已平，高祖乃令贾人不得衣丝乘车，重租税以困辱之。孝惠、高后时，为天下初定，复弛商贾之律，然市井之子孙亦不得仕宦为吏。"当时对商贾经济和身份的限制是对乡里等级机制维系的一部分。当然，以爵为核心的新的等级秩序的形成不仅仅靠二十等爵制对乡里的直接嵌入而完成，还必须与其他因素相融合。诚如西嶋定生先生所言：

> 固然皇帝的权威可以通过单方面的、无媒介的赐爵行为而及于庶民；但不可以从此得出结论说，这就足以使规定并影响庶民日常社会生活的、有实际效益的身份秩序的形成成为可能了。为使赐爵具有实效，并使社会秩序可赖以形成，它必须跟内在于庶民社会的潜在受容性即社会习俗相结合才有可能。①

二、爵、势关系的变化与乡里新型等级关系的确立

刘泽华先生分析春秋战国等级制对社会的控制后指出：当时"等级制是由政治直接规定的，所以在等级制的桎梏中，人们的经济关系从属于政治关系，不具有独立的意义，随时可能被政治改变"②。秦和西汉前期国家以爵为手段对等级制的塑造从本质上看也是如此。其他非政治性的乡土权威则处于国家政治权力的有效掌控之中，其往往随政治风向而沉浮。不过，以上这种以爵来确立乡里百姓等级的原理从文景时期开始出现变化，这是与国家此后赐爵的轻滥和入粟拜爵分不开的。文景时期仅赐民爵一级就多达几十次，这比惠帝、吕后时期频繁得多。汉文帝时，晁错上疏曰：

> 方今之务，莫若使民务农而已矣。欲民务农，在于贵粟；贵粟之道，

---

① ［日］西嶋定生著、武尚清译：《中国古代帝国的形成与结构——二十等爵制研究》，第368页。

② 刘泽华：《中国的王权主义》，上海人民出版社2000年版，第31页。

在于使民以粟为赏罚。今募天下入粟县官，得以拜爵，得以除罪。如此，富人有爵，农民有钱，粟有所渫。夫能入粟以受爵，皆有余者也；取于有余，以供上用，则贫民之赋可损，所谓损有余补不足，令出而民利者也。顺于民心，所补者三：一曰主用足，二曰民赋少，三曰劝农功。今令民有车骑马一匹者，复卒三人。车骑者，天下武备也，故为复卒……令民入粟受爵至五大夫以上，乃复一人耳，此其与骑马之功相去远矣。爵者，上之所擅，出于口而亡穷；粟者，民之所种，生于地而不乏。夫得高爵与免罪，人之所甚欲也。使天下[人]入粟于边，以受爵免罪，不过三岁，塞下之粟必多矣。①

文帝采纳晁错的建议，"令民入粟边，六百石爵上造，稍增至四千石为五大夫，万二千石为大庶长，各以多少级数为差"②。汉景帝时，"上郡以西旱，复修卖爵令，而裁其贾以招民；及徒复作，得输粟于县官以除罪"③。从晁错所言"爵者，上之所擅，出于口而亡穷"一语来看，当时的赐爵和入粟拜爵在实际操作中已经出现爵和田宅分离之趋势，即入粟得爵者或者获赐爵者已不再可能因为得爵而随之获得田宅的增益。如果爵与田宅仍存在必然联系，晁错是不会这样说的。④《史记·秦始皇本纪》载秦始皇四年(前 243)天下出现疫情，要求"百姓内粟千石，拜爵一级"。此时一级爵已达到了一千石粟的价格，从中可以看出政府对爵的珍视，这更从一个层面说明爵在乡里等级秩序塑造中所起到的重大作用。而至汉景帝时六百石就可以买到上造之爵，前后比较可见秦汉爵之价格的变化。

这种爵价的变化固然与政府的政策有关，但我们认为也与爵是否与田宅存在必然的联系密切相关。本来爵是和田宅相连的，田宅的价值包容在

① 《汉书·食货志上》。

② 《汉书·食货志上》。

③ 《汉书·食货志上》。

④ 前面指出汉高祖禁止商人骑马，以从身份上贬抑之，自然也禁其养马。晁错疏中云"今令民有车骑马一匹者，复卒三人"，又言"令民入粟受爵至五大夫以上，乃复一人耳，此其与骑马之功相去远矣"，考虑到粟价和马价，从中可推知此时商人很可能仍不得养、骑马，所以只好入粟买"复"而非买马养马，从而获更多"复除"权，抑或在"复除"权外爵的其他利益更具吸引力。二者相较前一种可能性更大。

爵的价值之中，百姓获得爵的同时也会相应得到田宅，故爵的价格高。《二年律令·户律》规定："□□廷岁不得以庶人律未受田宅者，乡部以其为户先后次次编之，久为右。久等，以爵先后。有籍县官田宅，上其廷，令辄以次行之。"[①]从其中所反映的当时新立户百姓尚需按次第等待有田授予的情况来看，文景时期国家在允许入粟拜爵时实行爵与田宅的分离也就不难理解了。在此情况下，百姓之所以乐于入粟获爵，恐怕是由之获取爵所附带的其他各种权利和地位，毕竟这些权益对政府而言比起田宅来说是一种易于操作而更具实现可能的价码。上述"民多买复之五大夫"中的买爵至五大夫者从中获取的"复除"权就是部分买爵者入粟交易之所得权益之一。当然，这些能买"复"至五大夫之上者，一般多为家庭富足者，其他更多买爵者则是"各以多少级数为差"获得低爵，因此，也都会通过买爵而获得与之相应的政治和经济权益。

在政府公开入粟拜爵的同时，民间爵的买卖也开始出现。如《汉书·惠帝纪》载汉惠帝六年(前189)"令民得卖爵"。《史记·孝文本纪》载：文帝时"天下旱、蝗。帝加惠：令诸侯毋入贡，弛山泽，减诸服御狗马，损郎吏员，发仓庾以振贫民，民得卖爵"。《索隐》引崔浩云："富人欲爵，贫人欲钱，故听买卖也。"又，《汉书·食货志上》载贾谊给汉文帝上疏指出：当时百姓"岁恶不入，请卖爵、子"[②]。这种民间爵的买卖显然已经与田宅的买卖可以分而行之，爵的买卖是一种爵所附带的实际政治和经济权益的交易。刘敏先生指出："如果说周的封爵主要体现的是国家统治形式，那么战国后发展起来的秦汉新爵制，则主要体现为统治的具体方法和策略，甚至可以说是君主与臣民进行利益交换的手段，君主用爵位与臣民的才智、谋略、勇力，甚至财务、粮食进行交换。"[③]尽管此时民间爵的买卖尚不自由，政府之允准买卖带有以无形的政治和经济权益之转让来维系百姓基本生产和生计的企图，但一经政府许可，爵在民间的交易就发展起来。政府既然允准民间爵的交易，也就

① 《张家山汉墓竹简》，第176页。
② 《汉书·食货志上》。
③ 刘敏：《承袭与变异：秦汉封爵的原则和作用》，载《南开学报》2002年第3期。

对于因买卖而导致的爵之权益在买卖双方间的流转给予法定的认可。当然这种以财易爵的交易行为的主体当为有财者与贫穷之家。《二年律令·捕律》规定："其斩一人若爵过大夫及不当(拜)爵者，皆购之如律。"[①]政府严格控制百姓之爵不使其轻易达到五大夫而享受免复权。文帝时晁错建议入粟拜爵时仍强调"令民入粟受爵至五大夫以上，乃复一人耳"。我们由此可推知，这种政府允准下的民间爵之买卖是不会允许百姓通过买卖而增及五大夫或更高爵级的，民间爵的买卖主要限于低爵间的流移。

上述国家赐爵的日趋轻滥、国家的入粟拜爵和民间爵的买卖给原来以二十等爵形成的乡里等级秩序带来很大的影响，其主要表现在以下几个方面：

其一，频赐民爵导致爵级与田宅多寡有机结合的解体。"爵首先是作为秩序结构的媒介而发挥其机能，所谓有爵者的具体特权，是附随于这种已经编制就绪的特定身份的特权；从而可知，这种特权依各该时代诸条件之不同，不见得都有固定不变的内容。"[②]前面已经指出，田宅一方面是个体财产的重要组成部分，另一方面又是等级关系的象征。本来在秦和西汉初期的按爵名田宅制度下，尽管在实践中难以做到整齐划一，但按爵名田宅乃国家的制度规定，百姓爵的高低是与田宅的多寡有机结合在一起的。随着文景时期频赐民爵的展开，百姓所持爵的广度和位次必然随之提高和扩大，在这种情况下，按爵名田宅制度内含的爵级高低与田宅占有多寡的对应关系难以继续维持，爵在乡里百姓等级塑造中的决定性作用趋向萎缩。

其二，入粟拜爵和民间爵的买卖流移导致财产在百姓等级塑造中的作用日趋明显，但其在等级关系中作用的发挥还得通过爵来体现。上面已指出，入粟拜爵并非文景时期的首创，秦始皇时就曾实行过。但秦时所行的入粟拜爵并没有导致以财倾爵现象的出现，这可能与秦入粟拜爵下爵价高密切相关。而文景时期的入粟拜爵，对所有的有资格持爵者来说，都可凭借自

---

① 《张家山汉墓竹简》，第 153 页。

② [日]西嶋定生著、武尚清译：《中国古代帝国的形成与结构——二十等爵制研究》，第 319 页。

己的财势入粟获爵，只要入粟多，甚至可以获得五大夫以上的爵，这与此前国家宁可多赐钱而不致使百姓爵过五大夫的重爵轻财之举截然不同。需要指出的一点是，这种入粟拜爵不是以百姓的原有爵级为起点的递增，即不具备可累积的特点，其原有的爵级充其量只能成为递增获爵的一种资格而已。尽管这样，一些有财势的低爵者或者无爵者还是为了提高自己的政治、经济地位出资入粟而获得比原有爵更高的爵级。而民间爵的买卖是分级买卖抑或是整体买卖不得而知，不过它可以使得买进者的爵等在原有基础上增高则是肯定的，它同样也使得爵向有财者手里流移。这两种情况的共同结果就是，爵的高低与财的多寡联系在一起。有财者固然不能单独通过自己的财势确立自己在政治性等级秩序中较高的地位，但是可以通过国家允准下财、爵的联结实现对爵的谋求和自身等级地位的提高，从而使自商鞅变法以来所造就的“有功者荣显，无功者虽富无所芬华”的财富与政治性等级无必然联系的情况开始发生改变，乡里等级由以爵为高向财多为右过渡。诚如崔向东先生针对工商势力之影响所言，“金钱具有巨大的力量，向权力造就的等级制度挑战，破坏权力在社会资源、财富、威望、地位获得中的决定性作用。社会地位和权力的获得不依政治而依金钱财富，这是对王权支配的破坏”[①]。

上述情况的出现从表面上看是国家政策使然，而归根结底则是社会结构发展变化的结果。关于这一点在下章予以详细论证，此不展开。这种变化固然说明财富在乡里等级中的作用日趋凸显，但其尚未达到取代原有爵制等级秩序而完成以财势定尊卑等级的程度。而在后来的发展过程中，乡里则逐渐出现以财多为右的新等级体制，这一过程是通过两个层面来完成的：一方面，爵在乡里等级确立和支配中作用的弱化；另一方面，财势在乡里等级秩序确立中地位的增强。说到底，这其实是一个过程的两个方面。

我们首先来看爵在乡里等级秩序确立和支配中作用的弱化问题。

《二年律令·傅律》规定：

大夫以上【年】九十，不更九十一，簪袅九十二，上造九十三，公士九

① 崔向东：《汉代豪族研究》，第93页。

十四，公卒、士五(伍)九十五以上者，禀(鬻?)米月一石。[①]

此时法律规定按百姓爵位与年龄赐给米，说明爵之高下在此等事宜中起着重要作用。又，《汉书·文帝纪》载：

有司请令县道，年八十以上，赐米人月一石，肉二十斤，酒五斗。其九十以上，又赐帛人二匹，絮三斤。赐物及当禀鬻米者，长吏阅视，丞若尉致。不满九十，啬夫、令史致。二千石遣都吏循行，不称者督之。[②]

这里没有再提到爵和年龄的关系，而只是要求县道官员按年龄给予。这说明，与爵紧紧相连的权益已经开始发生变化。

就赐杖问题来说，《二年律令·傅律》规定爵位高下与受王杖年龄的关系是：

大夫以上年七十，不更七十一，簪裛七十二，上造七十三，公士七十四，公卒、士五(伍)七十五，皆受仗(杖)。[③]

武威磨咀子 18 号汉墓出土汉成帝时的木简，有文曰：

制诏御史曰：年七十受王杖者，比六百石，入宫廷不趋；犯罪耐以上，毋二尺告劾；有敢征召侵辱者，比大逆不道。建始二年九月甲辰下。[④]

对于当时是否年七十者普遍受杖的问题，我们暂不考究，但该诏在对年龄进行限制时，已不再将相应权益比附于爵之高下而一并提出。

在百姓的免老权方面，《二年律令·傅律》规定：

大夫以上年五十八，不更六十二，簪裛六十三，上造六十四，公士六十五，公卒以下六十六，皆为免老。[⑤]

“免老”身份的年龄资格在大夫以上虽不作区分，但在大夫以下则随爵之降低而年龄增高。又，《盐铁论·未通》载御史曰：“今陛下哀怜百姓，宽力役之

---

① 《张家山汉墓竹简》，第 181 页。

② 《汉书·文帝纪》。

③ 《张家山汉墓竹简》，第 181 页。

④ 中国科学院考古研究所编辑室：《武威磨咀子汉墓出土王杖十简释文》，载《考古》1960 年第 9 期。

⑤ 《张家山汉墓竹简》，第 181 页。

政，二十三始傅，五十六而免，所以辅耆壮而息老艾也。”可见，“免老”之身份只要年龄达到规定就可以获得，与爵已经没有了必然的联系。

通过以上几个问题的比较，我们不难发现，本来与爵相连的诸种权益正在发生着与爵级相脱离的变化，文帝时仅仅是个开始，后来则是爵所附带的各种权益的日渐萎缩，只是各个具体方面裂变的开始时间限于材料已不得确知而已。诚如西嶋定生先生所指出的：爵“这种特权依各该时代诸条件之不同，不见得都有固定不变的内容”①。杜正胜先生也指出：“秦至汉初，齐民虽有爵位，但到西汉中期以后，平民之爵级已丧失社会意义。”②爵本是国家为在乡里建立有机的等级秩序所设，爵与特定政治、经济利益的结合乃是国家政治力的有效体现，爵与特定政治、经济利益的分离，既是爵本身价值的贬值，更是其在等级秩序中构造能力的降低。《汉书·武帝纪》有“受爵赏而欲移卖者，无所流贻”之语，其与当时爵的贬值不无关系。当然，我们在肯定爵从汉文帝开始逐渐出现与特定政治、经济权益分离的同时，也不能从根本上否定爵在乡里百姓中仍存在着作用。居延出土的汉简中有大量戍卒名籍，爵为公乘及以下者大有人在，独未见有五大夫及其以上者，可见爵在五大夫以上所享有的“复除”权不曾发生变化。《居延汉简释文合校》17·11简文为“几□岁爵公士以上当得臧☑”，此乃建始年间的情况，显然当时爵在公士以上者还享有某些特权。

“‘爵命等级’的制定，本来是作为‘贵贱之序’的一种等级制度，爵位越卖越轻，就越失去它的这个作用，因而它亦就为以后的封建统治集团所抛弃，而走上崩溃的道路。”③与二十等爵由于政府赐爵泛滥和爵自身价值的贬值从而导致其在乡里等级秩序塑造中作用的降低同步，财富凭借其自然价值和内含的自然秩序缔造力在乡里等级秩序中的作用日益凸显，乡里之等

① [日]西嶋定生著、武尚清译：《中国古代帝国的形成与结构——二十等爵制研究》，第319页。

② 杜正胜：《“编户齐民论”的剖析》，载王健文主编《政治与权力》，中国大百科全书出版社2005年版，第22页。

③ 漆侠：《二十等爵与封建制度——战国秦汉社会阶级构成初探之一》，载《历史教学》1961年第11、12期合刊。

级秩序逐渐出现由国家官定发展成自然生成的财多为右的趋势。

出土汉简中有大量等爵民户之间相“庸”的例子，如：

戍卒上党郡屯留畼石里公乘赵柱年廿四庸同县阘里公乘路通年卅三 有劾(《敦煌汉简》2077)

☐济阴郡定陶徐白大夫蔡守年卅七 庸同县延陵大夫陈遂成年廿九第廿三☐☐(《居延汉简释文合校》13·9A)

我们虽尚未发现低爵“庸”高爵的例子，但通过这种同爵民户的相“庸”现象可以推知同爵百姓之间所存在的贫富差别。这种同爵之间“庸”与“被庸”现象发生、发展的过程，也就是爵对于百姓地位的维系作用逐渐被财富所取代的过程。当然这主要限于五大夫爵以下之家。汉文帝时晁错曾就农、商形势分析指出：“今法律贱商人，商人已富贵矣；尊农夫，农夫已贫贱矣。故俗之所贵，主之所贱也；吏之所卑，法之所尊也。上下相反，好恶乖迕，而欲国富法立，不可得也。”[①]这句话揭示了财富凭借其自身而非政治的优势对富贵与贫贱秩序塑造的作用，正可谓是“凡编户之民，富相什则卑下之，伯则畏惮之，千则役，万则仆”。在国家爵在乡里等级秩序中丧失核心地位的情况下，财富逐渐成为乡里等级秩序的新核心。诚如有学者所言：

由于商品经济的发展，财产关系的复杂，私有观念的深化，使得以商品价值为尺度的相对平等观念亦发展起来。如果说先秦以宗法血统决定身份地位、战国秦朝以战功决定身份地位、汉初以军功事功决定身份地位的话，那么汉代中期，随着生产力的发展，经济财产则日益成为实际决定身份地位高下的重要因素。[②]

自晁错建议民得入粟买爵，武帝时更增设武功爵的买卖，“诸买武功爵官首者试补吏，先除”。如果买爵至五大夫，买武功爵至千夫，始得复除徭役，不能担任官职。等到桑弘羊“始令吏得入粟补官”，这部分吏得以继续入粟为官。这样一来的结果就是，富有者可以以“吏”的身份进入政治的基层组织任职，并以此为台阶步步高升，形成官、商和地主的结合体。我们知道，

① 《汉书·食货志上》。

② 李天石：《中国中古良贱身份制度研究》，南京师范大学出版社2004年版，第70页。

秦汉赐民爵制度并没有因为爵的贬值而停止，至东汉二十等爵和赐爵依然存在。如《后汉书·明帝纪》载："其赐天下男子爵，人二级；三老、孝悌、力田人三级；爵过公乘，得移与子若同产、同产子；及流人无名数欲自占者人一级；鳏、寡、孤、独、笃癃粟，人十斛。"又，"甲子，立贵人马氏为皇后，皇子炟为皇太子。赐天下男子爵，人二级；三老、孝悌、力田人三级；流人无名数欲占者人一级；鳏、寡、孤、独、笃癃、贫不能自存者粟，人五斛"。其中限制百姓爵不得轻易超过公乘而达到五大夫的精神与西汉一脉相承。翻检《后汉书》和《东汉会要》我们会发现，东汉政府赐民爵的次数较西汉有增无减，而且多和招抚流民占籍相关。如明帝在位期间曾先后六次给"流人无名数欲自占者"赐爵。但爵的价值已经沦为不为百姓所重的境地。正如王粲《爵论》所云："民不知爵者何也？夺之民亦不惧，赐之民亦不喜，是空设文书而无用也。"①这一时期，随着豪强大族在乡里统治地位的日益确立，财势遂确立了在乡里至高无上的地位，二十等爵中的民爵沦落为一种荣誉称号或点缀品。新出三国吴简中存在大量爵为公乘者，但我们已经很难寻得其与众不同的政治、经济权益和地位了。

总体说来，乡里等级秩序的构造是复杂的。任官为吏而获取政治身份和地位，乡里宗族结合不断增强所致族系联结和影响的扩大，这些都会成为影响乡里等级秩序的因素。但从普遍意义上看，乡里新的等级秩序的建立不再以王权的政治性为主导，自然性的财富因素在新等级塑造中的作用日趋增强。东汉时期仲长统就指出："井田之变，豪人货殖，馆舍布于州郡，田亩连于方国。身无半通青伦之命，而窃三辰龙章之服；不为编户一伍之长，而有千室名邑之役。荣乐过于封君，势力侔于守令。财赂自营，犯法不坐。刺客死士，为之投命。"②这样的"豪人"虽然可谓其中的佼佼者，但从中仍可看出自身获取的财富在等级地位确立中的影响力。又，崔寔《政论》亦曰："上家累巨亿之赀，斥地侔封君之土，行苞苴以乱执政，养剑客以威黔首。专杀不辜，号无市死之子。生死之奉，多拟人主。故下户踦岖，无所跱足，乃父

① 欧阳询撰、汪绍楹校：《艺文类聚》卷五一，上海古籍出版社 1965 年版，第 916 页。

② 《后汉书·仲长统传》。

子低首，奴事富人，躬帅妻孥，为之服役。”此等上家与下户身份之别恐怕不是单纯政治因素使然。

第三章　宗族、豪强与秦汉乡里权力结构

乡里权力结构是探讨一定时期乡里秩序构造特质及其变迁的一个重要切入点。秦汉四百年间，国家通过乡里行政体制并借助社会力量实现对基层控制的模式不曾发生根本变化，但由于国家力量与乡里社会力量关系之错综复杂，再加上研究者的着眼点不尽相同，学术界在秦汉时期乡里的权力结构和秩序构造特质问题的认识上尚存在较大分歧。

从历史发展的长时段逻辑着眼，特别是立足于明清时期的乡里控制模式，一些学者得出所谓的中国古代乡村秩序“自治”说，秦晖先生将这部分学者的观点概括为“国权不下县，县下惟宗族，宗族皆自治，自治靠伦理，伦理造乡绅”[①]。有的学者在注意到乡族势力在乡里维系秩序的作用外，同时注意到国家行政权在乡里的直接渗透，得出乡里存在行政与自治二元权力体系的认识，其中具有自治功能的就是乡里的宗族和乡绅阶层。[②] 对于这种自治权，陈洪生先生进而指出“乡村自治在很大程度上取决于国家控制乡村社会的意愿以及控制强度”，“实际上，‘皇权不下县’只表明行使国家权力的行政机构仅止于县一级，并不必然表示国家政权不渗入乡村社会。事实上，国家权力与乡村社会权力交锋所形成的权力中介领域，虽为乡绅所把持，但最

---

① 秦晖：《传统中华帝国的乡村基层控制：汉唐间的乡村组织》，载其《传统十论》，第 3 页。

② 参见徐勇《中国古代乡村行政与自治二元权力体系分析》，载《中国史研究》1993 年第 4 期。

终为政府所利用，继而为政府所改造，乡村自治限于形式而无实质”。① 与以上观点不同，有的学者力主乡里权力的一元支配。秦晖先生着眼于汉唐和明清的不同时代特征，立足于汉唐时期乡里行政权力体系的直接渗透和社会的“非宗族化”特征，断言一元的行政力量是汉唐时期国家对乡里控制的唯一渠道。② 以上有关乡里控制的理论多将秦汉时期包容其中，从不同的侧重点揭示了乡里秩序构造的特质。

就针对秦汉史的具体研究言，日本学者中比较盛行的是所谓的“共同体”理论，将秦汉乡里秩序结构解释成由父老的里共同体向豪族的里共同体演变的模式。③ 林甘泉先生指出：“决不能认为秦汉的乡里已经完全丧失了先前共同体的自治功能。作为一种聚落形态，秦汉的乡里并非单纯是封建国家的基层行政组织，它实际上扮演了封建国家基层行政组织和民间社区的双重角色。”④崔向东先生则着眼于豪族从王权支配的角度考察了秦汉乡里权力结构的一元性。⑤

上述诸种观点究竟哪一种更符合秦汉时期的历史实际呢？笔者认为这必须立足于当时的社会结构和国家权力在乡里的具体情况作出分析，特别是秦汉四百年乡里秩序构造的特质是否一成不变更需认真思考。本章我们拟结合当时社会力量的发展演变及其与国家乡里权力的关系，立足于乡里结构的变动给予重新认识。鉴于当前对于“豪族”一词的认识尚存在分歧⑥，故以宗族、豪强来统称当时的乡里社会力量和组织。

---

① 陈洪生：《传统乡村治理的历史视阈：政府主导与乡村社会力量的对垒》，载《江西师范大学学报》2006 年第 3 期。

② 参见秦晖《传统中华帝国的乡村基层控制：汉唐间的乡村组织》，载其《传统十论》。

③ 参见[日]东晋次《东汉的乡里社会及其政治的变迁》，载《中国史研究》1989 年第 1 期。

④ 林甘泉：《秦汉帝国的民间社区和民间组织》，载《燕京学报》新 8 期，2000 年。

⑤ 参见崔向东《汉代豪族研究》一书第六章“豪族与乡里地方社会”。

⑥ 关于汉代“豪族”的界定，崔向东认为，“豪族”是由西汉前期各种社会阶层逐渐与权力结合后形成的新的融合形态（参见崔向东《汉代豪族研究》一书“绪论”部分）。尹建东则认为，汉代前期豪民、富民等力量均可称为“豪族”，是为豪族的早期阶段，其后来的发展则是豪族形态、阶层和社会身份等的变化（参见尹建东《两汉魏晋南北朝时期关东豪族研究》一书“绪论”部分，四川大学出版社 2007 年版）。

第一节　秦和西汉前期的乡里权力结构

如第一章所述,秦汉时期国家乡里行政体系的建立乃王权支配社会的体现,也体现了国家的权力和制度理念。不过,这还只是问题的外观,欲探究这种行政体系在乡里的实际内涵和运作形态,必须从当时的社会结构入手对当时乡里的权力结构作出具体剖析,只有这样才能弄清当时乡里秩序形成的真正途径。

秦汉时期乡里权力体系的构建不可能从根本上割断与春秋战国时期的内在联系。卜宪群先生分析春秋战国基层行政组织负责人的权力来源和具体行使情况后指出:

> 这有理由使我们相信,春秋战国的三老、里父老在参与国家基层社会管理时主要是受国家权力支配的,他们的选任应是凭借自身的声誉而获得国家的认可,而不可能完全是乡里群众自己所能选举的。他们在乡里的教化和参与行政管理的职能完全是国家所赋予的,甚至带有职役的性质……春秋战国国家乡里基层政权是在具有宗法血缘的家族公社和农村公社瓦解的基础上建立的,它不可避免地要在形式上依赖于乡里社会流传久远的自然社会秩序,但是从春秋战国的历史实际来看,乡里政权的权力体系是一元的,还没有出现典型的分割国家政权的其他权力体系。①

该种分析对于我们重新认识秦汉时期的乡里权力结构无疑具有很大的启发意义。笔者认为,春秋战国时期乡里一元权力结构的存在基础不仅仅在于该时期国家权力在基层的强大,根本上则与该时期宗族、豪强力量和组织的欠发达状态密切相关。下面我们拟着眼于乡里行政权力、宗族和豪强势力来探讨秦和西汉前期的乡里权力结构情况。

---

① 卜宪群:《春秋战国乡里社会的变化与国家基层权力的建立》,载《清华大学学报》(哲社版)2007年第2期。

一、秦和西汉前期乡里宗族、豪强的概况

刘敏先生在对秦和两汉国家与豪族的关系进行研究后，指出：

> 秦汉时期实行君主专制集权，但事实上，在汉代的乡里之中是存在各种社会势力的，这些社会势力用现代政治学术语称谓，也叫社会权力，即社会制约力和影响力，其中尤以豪族势力的影响最为突出。而豪族势力的社会特点，首先在于它的血缘性和地方性。①

秦统一全国之后，继续通过乡里行政体制加强对基层的控制和渗透，此点已为我们所熟知。虽然秦朝曾针对以六国宗族豪强为核心的地方势力"徙天下豪富于咸阳十二万户"②，但却不能从根本上消除以宗族、豪强为代表的乡里传统社会组织和力量，仍有大量的豪强大族保存下来，这种情况尤以山东六国地区为突出。如《通典》卷三《食货典·乡党》引宋孝王《关东风俗传》云："昔六国之亡，豪族处处而有，秦氏失驭，竟起为乱。"六国贵族大姓在反秦过程中的大量涌现充分说明了这一点。入汉之后，此种情况循而未改。崔向东先生从汉代豪族的来源着眼，将西汉中期以前的社会势力归纳为以下七种：(1)六国宗室及贵族后裔；(2)高訾富人；(3)豪民、兼并之家；(4)豪杰；(5)世吏两千石；(6)军功阶层和食封贵族；(7)地方强宗。③ 实际上，这些社会势力大部分在秦朝就已经存在，或与其存在渊源关系。以上社会势力很多以乡里为自己的生活空间，所以难免与乡里秩序发生关系。就其立身之基的主导因素看，我们可以将其大致划分为两大类：一类是以身份资财起家者，如高訾富人、豪民、豪杰等；一类是以宗族力量为依托者，如六国宗室后裔和地方强宗。当然此二类之间并无截然界限。

首先，我们来看这一时期乡里百姓的宗族状况。我们知道，商周乃宗族城市国家，宗族与政治密切结合在一起，随着春秋战国时期的社会大变动，原来的宗法政治体制开始解体，社会的宗法和宗族关系也开始发生变化，进

---

① 刘敏：《从抑制到容纳：两汉国家与豪族关系的发展路径》，载《南开学报》2008 年第 3 期。

② 《史记·秦始皇本纪》。

③ 参见崔向东《汉代豪族研究》，第 80～81 页。

入了一个重建或重构的时期。这一变化已为学术界所充分关注,如:

> 形成封建制度骨干的是宗法制度,促成封建制度由腐烂而崩溃的,也是宗法制度。封建制度中的身份制度与世卿制度,都是由宗法制度而来的。但封建制度崩溃以后,随封建贵族的没落,"平民家族"的逐渐扩大,宗法制度却逐渐下逮于社会,扩大于社会。①

> 商周宗族是贵族宗族,至于平民是极少有宗族的。到了秦汉时代,由于宗族和政权的分离,宗族出现了世俗化,平民宗族势力得以迅速发展。②

> 不过到战国时期,原来的宗法形态已发生了较大的变化,随着旧式封建制与世官制的瓦解,宗族与政治"联姻"的局面结束,宗族组织从政权中分离出来成为了较单纯的生活组织。在这种情况下,宗法制度也进一步向民间延伸,呈现出普遍化的倾向。③

宗族下移的过程同时也是以郡县乡里为框架的集权行政体系建立的过程。从战国到西汉,虽然中央集权下的郡县制不断加强,人民被以个体的编户组织起来,但乡里百姓之间的宗族关系一直延续存在。④ 可以说,当时的乡里组织并不是纯粹的地缘组织,而是在保留人们之间传统血缘关系的聚落基础上建立起来的,其宗族的内涵与商周宗法制已有很大不同,有学者称其为"变异型宗法社会"⑤。

根据李根蟠先生的研究,秦汉时期的家庭结构乃主干家庭、核心家庭和联合家庭三者间的相互依存、相互转化。⑥ 那么,这种同宗同族之间的联结

---

① 徐复观:《两汉思想史》第1卷《周秦汉政治社会结构之研究》,华东师范大学出版社 2001 年版,第 60 页。

② 赵沛:《论先秦到两汉宗族形态的变迁》,载《学习与探索》2006 年第 4 期。

③ 尹建东:《试论汉代地方豪族的宗族组织——以关东豪族为中心》,载《西南民族学院学报》2001 年第 6 期。

④ 参见邢义田《从战国至西汉的族居、族葬、世业论中国古代宗族社会的延续》,载《新史学》第 6 卷第 2 期,1995 年。

⑤ 冯尔康:《秦汉以降古代中国"变异型宗法社会"试说——以两汉、两宋宗族建设为例》,载《天津社会科学》2008 年第 1 期。

⑥ 参见李根蟠《从秦汉家庭论及家庭结构的动态变化》,载《中国史研究》2006 年第 1 期。

自然就是以这样的一些家庭之间相互联结为基本形态的。如果我们立足于当时乡里之空间的话，通过同一空间中百姓姓氏的构成便可获知当时百姓宗族结合的一般形态。赵沛先生检索居延汉简中的戍卒名籍，从同里戍卒的姓氏构成推知汉代的里多为杂姓同居的一级行政地域，并非单姓宗族聚族而居。[①] 李卿博士根据文献记载分析也得出相同的结论，即"秦汉魏晋南北朝时期乡村社区的居住关系是以异姓杂居为主要趋势的家族、宗族聚居与异姓杂居同时并存的居住形式，概括地说，就是'大杂居，小聚居'"[②]。里耶出土秦迁陵县南阳里户版可以让我们了解当时秦朝乡里姓氏的情况，户版中清晰可见的户主就有黄（K17，K28/29，K1/25/50）、蛮（K27）、彭（K30/45）、宋（K2/23）、李（K31/37）等姓[③]，相信部分残简中还会有其他姓氏，对于一个只有 24 户的聚落而言，体现的是一里众姓杂居，这或许可大致反映当时秦朝基层聚落宗族关系的状况。江陵凤凰山 10 号汉墓出土编号为 2 的木牍有文曰：

载翁仲七十　王翁季五十　杨公子卌　庄伯五十　胡兄五十
新悍卌　□小伯五十　袁兄五十　张父卌　□翁仲五十　氾氏五十
陶仲五十　姚季五十　王它五十　张母卌　张苍卌
不予者　陈黑　宋则齐[④]

此乃西汉文景帝时期的死者随葬木牍。联系同墓其他简牍记载可知，以上所记是当时平里居民送给该里死者五大夫伥偃家属的礼钱情况。从牍文将送礼之家和不送礼之家分别记载来看，此牍所记当包括该里所有民户。送礼之家共 16 户，不送之家 2 户，共计 18 户，加上死者伥偃本家，总计 19 户。就该里百姓的姓氏构成来看，虽不乏同姓之家，但总体上看是诸姓驳杂。国外学者 Emily M. Ahern 根据中国村落内宗族组织内部的不同关系将基层聚落分为三种类型：第一种类型为单一宗族占统治地位的村庄，宗族内部分门较细，门户观念较强，门户利益高于整个宗族的团结；第二种类型为势力

① 参见赵沛《两汉宗族研究》，山东大学出版社 2002 年版，第 151～152 页。
② 李卿：《秦汉魏晋南北朝时期家族、宗族关系研究》，上海人民出版社 2005 年版，第 112 页。
③ 参见湖南省文物考古研究所《里耶发掘报告》，第 203～208 页。
④ 李均明、何双全：《散见简牍合辑》，第 67 页。

相当的多宗族村庄，各宗族之间既有合作又有竞争，促使同族更为团结，一致对外；第三种类型亦是多宗族村庄，但其中某一宗族势力较其他各族为强，这可能导致大宗族控制小宗族，或者是众小宗族联合起来与大宗族抗衡。[①] 以上这种区分从聚落内部宗族之关系言与秦汉时期是否相符暂且不论，但就聚落内宗族形态来看则是一致的。总体来看，秦汉时期第二和第三种类型的聚落当占主流。

在聚落由非单一宗族组成的情况下，是很难产生以整个聚落为空间而又纯粹基于相对分散宗族关系基础上的"自治"的。秦晖先生对此这样归纳道："在我国历史上大部分时期，血缘共同体（所谓家族或宗族）并不能提供——或者说不被允许提供有效的乡村'自治'资源，更谈不上以这些资源抗衡皇权。"[②]如果说仅从聚落姓氏结构而言，以聚落为单位"自治"资源的缺乏还是秦汉四百年的通则的话，那么秦和西汉中期以前乡里百姓的宗族联结与其后相比之不同还主要表现在当时宗族联结的家族化范畴。对此，赵沛先生指出：

> 汉代初年，所谓宗族实际上大致相当于我们所谓的家族范畴，只是社会上仍保持着上古以"宗族"称亲戚的传统而已。几乎可以肯定地说汉初社会生活的基本单位在个体家庭，人们的社会政治联系一般限于家族范围之内。除个别的"宗族"联系较为紧切的大族（如六国贵族之氏）势力以外，汉初社会的宗族联结是十分有限的。[③]

既然如此，这也同样成为强调宗族内在联结的乡里自治的又一缺陷。大凡谈及乡里宗族自治者，一般将宗族看成是以父系血缘关系为基础形成的社会自治组织，宗族之领袖或曰族长自然就被赋予"自治领袖"的头衔，与国家行政体系的正式乡官里吏相比，他们是凭年龄或辈分自然获得该头衔，与国家是否任命无关。从这一点来看，以上聚落中众姓驳杂不一的格局实难产生基于某一宗族权威之上而以宗族血缘统摄聚落全体百姓的自然权

---

① [美]Emily M. Ahern, *The Cult of the Dead in a Chinese Village*, Stanford: Stanford University Press, 1973, pp. 250－263.

② 秦晖：《传统中华帝国的乡村基层控制：汉唐间的乡村组织》，载其《传统十论》，第 44 页。

③ 赵沛：《两汉宗族研究》，第 109 页。

威。基于上述几种情况的分析，我们不难发现，不但是秦，就是在西汉前期，乡里百姓之间基于宗族血缘之上的"自治"也缺少存在的现实基础。

其次，我们来看乡里豪强大姓及国家对其的政策态度。相对于乡里百姓宗族之联结相对薄弱来说，当时乡里存在的一些强宗大姓无论就其对乡里的影响抑或其本族内的族际联结而言都要强大得多。不但如此，当时的乡里还存在游侠、私人工商业豪富等社会势力，他们对当时乡里秩序和权力构造不免会产生影响。诚如卜宪群先生所言：

> 社会的国家化是专制主义中央集权的基本要求。但是，社会秩序也有自身的发展规律。统一国家广袤国土中的地域性差异，古代国家形成过程中氏族残余的遗存，自给性的自然经济占主导地位的社会生产力状况，以及因血缘、地域、经济、文化等因素构成的各种社会力量，在不同时期也以特殊的形式生存并发展，使秦汉及其以后的社会秩序呈现出千姿百态的景观，并对国家秩序产生深刻影响。[①]

对这些乡里力量中的豪族和私人工商业豪富等，秦和西汉前期国家主要采取了限制和打击政策，以阻止国家权力向地方权势集团转移，特别是对于那些对国家权力存在威胁的豪族和商人更是如此，至于国家对其的笼络、利用，则少见记载。根据史料记载，秦统一后，进行了两次大规模的迁豪行动。一次是秦始皇二十六年"徙天下豪富于咸阳十二万户"[②]。徐复观先生在谈到此举之政治实质时指出：此举并非仅出于抑商和防止六国政治余烬，而根本在于在专制政治之下，因为一切人民，皆处于服从之地位，不允许在皇帝支配之外，保有独立乃至反抗性的社会势力。[③] 另一次是秦末世"迁不轨之民于南阳"[④]。这里的"不轨之民"恐怕仍以六国大族之后为骨干。"秦兼天下，侵暴大族，支判流迁，或居三川，或徙赵地"[⑤]，这就是对当时国家政

① 卜宪群：《古代国家秩序与社会秩序的一般关系——以中国历史为中心的探讨》，载《史学理论研究》2005 年第 4 期。

② 《史记·秦始皇本纪》。

③ 参见徐复观《两汉思想史》第 1 卷《周秦汉政治社会结构之研究》，第 85 页。

④ 《史记·货殖列传》。

⑤ 严可均辑：《全后汉文》卷一〇三《尹宙碑》，商务印书馆 1999 年版，第 1038 页。

策和大族境遇的最好写照。在这一过程中,六国贵族后裔的宗族组织遭到了沉重的打击,乡里豪强势力也在一定程度上被削弱。虽然这不可能将乡里强宗豪右都牵涉其中,但国家对这些势力的驾驭力还是显而易见的。

西汉建立后,继续采用秦的迁豪政策来打击和离散六国大族之后,不过由秦的剥夺性迁豪转为给予一定经济上的补偿。《汉书·高帝纪下》载高祖九年"徙齐楚大族昭氏、屈氏、景氏、怀氏、田氏五姓关中,与利田宅",这就在很大程度上限制或破坏了地方宗族豪强势力。东汉时杜林在谈及汉初迁豪的影响时云:"及汉初兴,上稽旧章,合符重规,徙齐诸田,楚昭、屈、景,燕、赵、韩、魏之后,以稍弱六国强宗。邑里无营利之家,野泽无兼并之民,万里之统,海内赖安……强干弱枝,本支百世之要也。"[①]对于其他乡里宗姓豪强,国家在很大程度上也保持着较强的制驭力。一方面,国家频繁采取迁豪徙陵之举来减弱他们对乡里秩序的影响。如《汉书·武帝纪》载:武帝建元三年"赐徙茂陵者户钱二十万,田二顷",元朔二年"又徙郡国豪杰及訾三百万以上于茂陵"。从其中所蕴涵的"徙强宗大姓,不得族居"[②]之意图可以看出王权对由宗族所滋生的武断乡曲现象的顾忌。另一方面,对于乡里不法的宗族豪强力量则给以残酷打击。《汉书·酷吏·郅都传》载:"济南瞯氏宗人三百余家,豪猾,二千石莫能制,于是景帝拜都为济南守。至则诛瞯氏首恶,余皆股栗。居岁余,郡中不拾遗,旁十余郡守畏都如大府。"汉武帝更是运用酷吏打击乡里不法宗族豪强势力,如酷吏王温舒任河内太守,"捕郡中豪猾,相连坐千余家。上书请,大者至族,小者乃死,家尽没入偿臧。奏行不过二日,得可,事论报,至流血十余里"[③]。

至于游侠力量,这是以"任侠"为纽带而形成的民间势力。秦汉以来,随着大一统专制集权的建立,原来主要依托于权贵门下的"侠"日渐流寓民间,民间之侠成为游侠的主体。这些游侠在当时的乡里非常活跃,对乡里的影响非常大,以致成为当时影响乡里秩序的重要力量。增渊龙夫甚至将"任

---

① 《续汉书·五行志三》刘昭注引《东观书》。

② 《后汉书·郑弘传》注引谢承《后汉书》。

③ 《汉书·王温舒传》。

侠"习俗看成是汉代民间秩序构造的主要机制，认为：

> 所谓当时的民间秩序，超越了家家户户的界限，不是各家统一、客观的非人格性的秩序，而且在其含义上，也不是西欧人所感觉的那种地方自治性质的意思，若对秩序命名的话，可理解为以具体的人，或以具体的家族结合为中心，通过在其外延扩展具体的人际关系，以维持极个别、具体性质的意思。在这种场合，任侠习俗通过人们之间的联系，把家家户户结合到外延的世界。游侠对相结诸家是可依靠的秩序维持者，而对不相结的他家则可能成为秩序破坏者。他们在社会秩序中发挥着极重要的机能。①

从史料记载看，这些游侠一方面"救人于戹，振人不赡，仁者有乎；不既信，不倍言，义者有取焉"②；另一方面由于与国家公权力相左，一定程度上又成为基层社会秩序的威胁力量。如《汉书·游侠传》曰：

> 及至汉兴，禁网疏阔，未之匡改也。是故代相陈豨从车千乘，而吴濞、淮南皆招宾客以千数。外戚大臣魏其、武安之属竞逐于京师，布衣游侠剧孟、郭解之徒驰骛于闾阎，权行州域，力折公侯。众庶荣其名迹，觊而慕之。虽其陷于刑辟，自与杀身成名，若季路、仇牧，死而不悔也。

又，《后汉书·党锢列传》序曰：

> 及汉祖杖剑，武夫勃兴，宽令宽赊，文礼简阔，绪余四豪之烈，人怀陵上之心，轻死重气，怨惠必雠，令行私庭，权移匹庶，任侠之方，成其俗矣。

对于这些游侠势力，为了防范他们对社会秩序的威胁，西汉政权也给予严厉打击和压制。最典型的就是武断乡曲的游侠郭解被族诛。许倬云先生在谈到此等情况时说：

> 《史记》与《汉书·酷吏传》中官吏惩治的对象，盗贼之外，不是地方豪强，即是市井游侠，都市恶少年。景帝以后最有名的游侠是郭解，专

① ［日］增渊龙夫：《汉代民间秩序的构成和任侠习俗》，载刘俊文主编，黄金山、孔繁敏等译《日本学者研究中国史论著选译》第3卷，第551～552页。

② 《史记·太史公自序》。

断乡曲，终被诛杀。郭解死后，关中安樊仲子，槐里赵王孙，长陵高公子等人，虽也任侠，但“逡逡有退让君子之风”，大致不过一些有钱而慷慨的人士，谈不上威胁政权。①

从以上国家对乡里宗族豪强的政策和举措来看，秦和西汉前期，国家不但对乡里强宗豪右保持高度谨慎的态度，对其的防范大于依赖，力求社会秩序与国家秩序保持一致，即便在所谓“无为”的思想环境下，对宗族豪强的一味放任也是难以想象的，这决不是在无国家形态下宗族豪强的自由发展形态。从根本上讲，打击和防范的相对有效展开与该时期地方势力与政治联结的松弛和非官僚化有直接关系。

二、从乡里职能性控制人员的选用和权威看乡里权力结构

前面我们已经指出，秦汉时期的乡里除了乡官里吏组成的行政系统外，还存在着乡三老、孝悌、力田和里父老系统，他们共同担负起行使国家在乡里的各项职能和维护乡里秩序的责任。“秦汉郡县首长由中央政府简派，县以下的乡里佐吏则选任当地人士。”②对这部分人员的选用和权威来源进行分析，无疑是把握当时乡里权力结构和秩序构成途径的根本所在。

先就乡官里吏行政系统而言，以往我们多从基层社会宗族血缘关系浓厚和豪族大姓武断乡曲着眼，认为乡官里吏由民选产生乃是秦汉社会的通则。其实，这一点在秦和西汉前期是不存在的。

根据《周礼·地官·里宰》所记，里宰“掌比其邑之众寡与其六畜、兵器，治其政令。以岁时合耦于耡，以治稼穑，趋其耕耨，行其秩叙，以待有司之政令，而征敛其财赋”。可见里宰直属于当时的职官系统，职权范围广博，他们的权威自然来自于国家，至于其选用权是否取决于国家倒不甚明了。湘西里耶出土的秦简中有如下简文，记载了秦始皇时里典的选用和任命情况，可以给我们新的启示。如里耶秦简[8]157：

（正面）卅二年正月戊寅朔甲午，启陵乡夫敢言之：成里典、启陵邮

① 许倬云：《中国古代社会与国家之关系的变动》，载《文物季刊》1996年第2期。

② 杜正胜：《编户齐民——传统政治社会结构之形成》，第125页。

人缺，除士五(伍)成里匄成，[成]为典，匄为邮人。谒令、尉以从事，敢言之。

(背面)正月戊寅朔丁酉，迁陵丞昌郄(却)之启陵，廿七户已有一典，今有(又)除成为典，何律令？应尉已除成，匄为启陵邮人，其以律令。/气手。/正月戊戌日中，守府快行。正月丁酉旦食时，隶妾冉以来。欣发。壬手。①

简文说明：第一，启陵乡的乡啬夫以下属的成里里典缺员为理由，欲任命成里的士伍名字叫成的人担任该里的里典一职，但必须先向所属县的县令和县尉汇报请示。乡啬夫在这里只有推荐任命权，而不具备任命的决定权，里典的最终任命权在县，而不在乡，不在里，更不见有任何的民选迹象。第二，任命后，县丞还得进行复查验证。这只是个特殊的情况，一般情况可能是先调查再由县直接任命。概言之，里典的任命完全是县说了算，乡无权直接任命和罢免里典，里和里民更没有直接地、自主地选举里典的权力。这就不难看出里典的权威主要来自于国家的赋予，这一权力来源途径决定了他们要对上负责而不是对下负责。卜宪群先生在考察秦汉之际乡里吏员设置后断言："秦汉之际国家对乡里社会的控制是全面而具体的，从里一级的机构领导人也需上级经过法律程序任命的情况来看，我们看不到基层社会其他权力结构体系的存在。"②此言极是。

《春秋公羊传·宣公十五年》何休解诂古时"什一而藉"曰："在田曰庐，在邑曰里。一里八十户，八家共一巷。中里为校室，选其耆老有高德者名曰父老，其有辩护亢健者为里正，皆受倍田，得乘马。父老比三老孝弟官属，里正比庶人在官之吏。"从"受倍田"一语来看，何休是就授田制度下的情况而言的。不过秦与汉初的授田制是继承战国时期各国普遍推行的授田制而来的，把"受倍田"与授田之制结合考察，再联系上述秦代里典选用的原则，我们可推知何休所说的"选"最大的可能也是政府自上而下的选用而非自下而上的推举。至于在秦和汉初授田制下是否继承了何休所说的"受倍田"传统，此点可能存在，

① 湖南省文物考古研究所等：《湘西里耶秦代简牍选释》，载《中国历史文物》2003年第1期。

② 卜宪群：《秦汉之际乡里吏员杂考——以里耶秦简为中心的探讨》，载《南都学坛》2006年第1期。

但由于目前缺乏与之相关的直接资料，尚不敢妄下结论。汉承秦制，具体到里吏的选用上，在汉初也不可能会有大的变动。若结合上述秦和西汉前期国家对乡里宗族和豪强的政策，对这一问题会有更清楚的认识。

既然作为基层小吏的里正（里典）的选用都是如此，位居其上的诸乡官的选用由国家直接掌控就是自然的了。这样选出的诸乡官里吏，他们在乡里所行使的是国家权力而不是社会权力，他们的一举一动从根本上说是对上负责而不是对下负责。这一点从当时秦律和汉律中屡屡出现与乡官里吏相关的权力和责任的连坐规定中可见一斑。通过这样的一套乡里行政体系，就使得国家的权力得以直接渗透到乡里社会的基层，那种否定乡里行政体系存在进而否定国家权力在乡里存在的所谓"国权不下县"的"自治"论或者"自我管治"说与当时的实际情况是不相符的。

接下来我们来看乡三老、孝悌、力田和里父老系统。在这一系统的人员中，随着研究的日渐深入，将乡三老、孝悌、力田作为一个整体与里父老分别考察已经取得了大量成果。当我们对当时乡里权力结构进行重新剖析时，以往所作的分别考察是很值得借鉴的。所以，我们在此也将里父老和乡三老、孝悌、力田分开探讨。

据史料记载，里父老作为里中所设的专职早在先秦就已经存在，上引《春秋公羊传》何休注中的"父老"显然是"里父老"的专称。又，《史记·滑稽列传》云："至其时，西门豹往会之河上。三老、官属、豪长者、里父老皆会，以人民往观之者三二千人。"秦汉在里中设"里父老"一职当承此而来。那么，里父老是怎样产生的呢？守屋美都雄先生认为，里父老"并不是根据中央的政治意志而设置的，而应是里中出于共同自营的需要，自行选出的有经验者"[①]。牟发松先生根据东汉《侍廷里父老僤买田约束石券》，从里父老与乡三老等产生的不同方式着眼，也认为汉代"三老由官方选任，里父老则纯由民间推举"[②]。我们认为这一点还有待商榷。上引何休注条在言及里正之

---

① ［日］守屋美都雄：《父老》，载刘俊文主编，黄金山、孔繁敏等译《日本学者研究中国史论著选译》第3卷，第570页。

② 牟发松：《汉代三老："非吏而得与吏比"的地方社会领袖》，载《文史哲》2006年第6期。

“选”后接着说里父老之“选”，即“选其耆老有高德者为父老”。从句法结构看，此二处“选”的主体应该是同一个。既然前面我们已经考证里正之“选”乃国家主导下的“选”，则此处的里父老之“选”当非国家主导莫属。虽然和里正选用过程中“辩护亢健”之标准由官定一样，里父老之人选所必须具备的“耆老有高德”标准也由官定，但同里百姓符合官定“耆老有高德”标准的恐怕不止一人，而最终被选为里父老并获得国家认可的正式职衔者仅一人而已。我们并不否认在选用过程中可能存在里内百姓推举的环节，但其最终决定权则在国家，而不是完全由里中百姓自己所能决定的。《汉书·韩延寿传》载其力行教化，“又置正、五长，相率以孝弟，不得舍奸人”。《汉书·黄霸传》也说黄霸曾在乡里“置父老师帅伍长”。这些虽是汉代某些循吏之举，但从中我们仍不难看出乡里相关人员的重建由郡主办完成，而不见百姓的自行推举，“置”一词充分说明国家仍掌握选用和选置的主导权。由这种途径产生的里父老一职，从国家的角度说，并没有视其仅仅为民间的代表或者是民间领袖，官“选”使他们成为官方意志的体现者。秦汉时期，常见里父老协同里正等参与和处理乡里事宜，从中很难看出他们是作为民间自然代表参与或协助，更多的则是承国家之令而动。如《春秋繁露·止雨》曰：“雨太多，令县邑以土日，塞水渎，绝道，盖井，禁妇人不得行入市。令县乡里皆扫社下。县邑若丞合吏、啬夫三人以上，祝一人；乡啬夫若吏三人以上，祝一人；里正父老三人以上，祝一人；皆斋三日，各衣时衣。”参加止雨的诸“父老”中当包括里父老，这里的里正和里父老参加社祭止雨完全是秉承国家命令，里父老不是作为民间代表自愿参加的。

从被选为里父老者的权威来看，在被选之前，他们是里中的“耆老有高德”之人。人们或认为其本身即为全里百姓的族长之类。如就前面所交代的当时里中宗族的情况看，这种现象是存在的，但其更可能为里中某一姓氏的族长类人物。这样的结果就说明，其未选为里父老之前尚不足以凭借自己在族中的影响而成为全里的领袖类人物。特别是身处里中多元性自然权威的网络体系中，如经济的、任侠的力量等的广泛存在，就更是如此。而随着其被官方选定为里父老，这就确立了其在该里中的领袖地位。这种领袖地位的确立，使其获得了官方赋予的职位权威，其原有的自然权威仍在发挥作用，不过当其与官方赋予的权威合而为一后，也就具有了官方权威色彩。

总而言之，国家通过选用，一方面实现了将民间自然存在的耆老有德者的权威为己所用，变其为以德维系乡里秩序的有效手段；另一方面，通过官方赋予的里父老身份大大提高了其在里中的地位，将其自身的自然权威扩大为全里百姓的道德标准。国家对里父老的选用和权威赋予，说明当时国家非常注重并成功利用植根于地方社会的权威资源，通过政治对地方权威资源的塑造和培植，使国家权力更为有效地渗入基层。里父老从选用到权威构成所嵌入的官方意志，使他们难以成为纯粹民间代表的自治力量，再加上乡里行政体系的有力渗透，过于强调里父老作用的所谓"父老的里共同体"也就值得商榷了。①

现在来看乡三老、孝悌和力田之类人员的选用和权威。关于乡三老一职的渊源已有学者作出详细考证，其在秦之前就已存在，秦汉的乡三老之设系承此而来。② 不过秦代不见孝悌、力田的专称，其设与否不得而知。到目前为止，有关秦汉时期上面几类人员的研究，多是围绕两汉为中心展开的，而尤以乡三老的研究居多。与里父老相比，乡三老具有更多的"得与吏比"的特征。关于乡三老的选用，学术界已经给予较大关注。崔向东先生从王权支配角度研究指出：

> 在王权的控制下，西汉初年乡三老、里父老的选任不是完全的乡里选举，在王权要实现对社会的全面控制的情况下，那种由村社乡里成员选举三老、父老不过是一种理想……乡里三老、父老的选举贯彻着王权意志，所谓的乡里选举实际上被国家任命所代替。③

---

① 关于"共同体"问题，高寿仙先生《略论传统中国的乡村控制与村社结构》(载《北京行政学院学报》2001 年第 5 期)一文指出："如果根据西欧和日本社会中的共同体的形态，将共同体限定为拥有法的权限的自治性团体以及具有很强的自我封闭性的固定性集团，则就不能说中国存在村落共同体；而如果采用比较宽泛的标准，即只要发现类似于西欧和日本社会中的共同体的一些事象和机能就肯定共同体的存在，则可以说传统中国村落就是共同体。"从秦和汉初的历史情况看，即便采用宽泛的界定，由里父老的身份特征所决定，也不能过高评估里父老的作用而说当时的里是"父老的里共同体"。

② 参见牟发松《汉代三老："非吏而得与吏比"的地方社会领袖》，载《文史哲》2006 年第 6 期。

③ 崔向东：《汉代豪族研究》，第 236～237 页。

黎明钊先生认为,"乡三老以及有秩啬夫、游徼实际是政府刻意培植的地方领袖,目的是使政府的政令,得到地方德高望重者的支持"[①]。牟发松先生也认为,汉代"三老由官方选任,里父老则纯由民间推举","三老的这一身份,使他们在民众的心目中,被视为自己身边最具亲和力同时又最具权威(并不一定最有权力)的官方代表,而在国家一方,他们作为国家有意树立并为法令所认可的地方社会领袖"。[②] 由此我们可以看出官方在三老选用中担当着重要角色并起着决定性作用。也正是通过这样的选用,国家才使被选为三老者具备了"非吏而得与吏比者"的特殊身份。[③] 这一特定身份使其一举一动表现出代表国家而不纯粹代表地方的特征。所以,身为乡三老者在维系乡里秩序中所发挥的作用也就不能冠以"自治"之名了,乡三老其人也就很难说是纯粹的地方社会自然领袖,而具有了官定领袖的特征。

就当选为乡三老者的权威构成看,其本身所具有的年、德等无疑是其能当选的主要基础条件,以之而形成的权威要素正是政府所需要的,也是其被选为乡三老之后继续发挥教化和率众为善作用的根本凭借。但这也只是其权威构成的一部分,另一部分则是政府所赋予的"与吏比者"的官定身份权威,正是这种官方身份权威的支撑使其由一里或一族的长者、德者而上升为一乡的德者和精神领袖。在这一点上,其与里父老权威的构成实际上是完全一样的。学者或强调乡三老背后的乡族势力在其权威构成中的作用。如陈明光先生指出:"官方要求乡三老是'能率众者',就是说他们在当地较大的地域范围内对民众要有号召力。这单凭个人'有修行'是不够的,他们必须要与乡族势力有某种关联,或者本身是乡族势力的代表人物,或者为乡族势力所认可。"[④]"乡族"主要是指宗族,在乡三老权威构成要素中,这一自然性权威基础是不容忽视的一个方面,毕竟被选为乡三老者往往会出自乡里诸宗族中的强者,族大势众的惯性自然会使乡三老所在的宗族成为其在乡

① 黎明钊:《西汉中期之三老与豪强》,载《新史学》第8卷第2期,1997年。

② 牟发松:《汉代三老:"非吏而得与吏比"的地方社会领袖》,载《文史哲》2006年第6期。

③ 关于三老身份的分析和诸种不同意见,牟发松《汉代三老:"非吏而得与吏比"的地方社会领袖》(载《文史哲》2006年第6期)一文有详细介绍。

④ 陈明光:《汉代"乡三老"与乡族势力蠡测》,载《中国社会经济史研究》2006年第4期。

里影响力大小的依托。但是,我们对其估计不宜过高。一般来说,仅就宗族的影响看,某一既存宗族所占总人户的比率和其影响系数会随空间的增大而降低。既然当时里中的宗族情况尚不足以构成里父老权威的主要来源,对于一乡之大的乡三老来说,乡族所能赋予的权威在其整个权威结构中所占的比例就更可想而知了。如《史记·田叔列传》记任安事,其文曰:

> 任安,荥阳人也。少孤贫困,为人将车之长安,留,求事为小吏,未有因缘也,因占著名数。武功,扶风西界小邑也,谷口蜀刬道近山。安以为武功小邑,无豪,易高也,安留,代人为求盗亭父。后为亭长。邑中人民俱出猎,任安常为人分麋鹿雉兔,部属老小当壮剧易处,众人皆喜,曰:"无伤也,任少卿分别平,有智略。"明日复合会,会者数百人。任少卿曰:"某子甲何为不来乎?"诸人皆怪其见之疾也。其后除为三老,举为亲民,出为三百石长,治民。

"无豪"并不代表无乡族势力,可能是指当地无强宗势家,但宗族关系在乡里的影响还是存在的。任安来自他乡,在当地毫无宗族可依,其被除为三老显然不是因为自己是乡族势力的代表人物,也与之不存在什么关联,至于其为该乡的乡族势力普遍认可则是可能的。此处虽为一"无豪"小邑的情况,但从中我们仍可看出,从国家选用三老的意向上看,乡族势力并不是根本因素,其在乡里的影响和德望才是根本条件。总的来说,能力和德行才是任安当选的资格,也是其当选前在乡里的权威基础。在其他"有豪"的乡里,三老等很可能会出身于"豪"即强宗势家,但在国家掌控选举主导权的背景下,这些人被选为三老只是集德行和族势于一体而已。国家看中的仍是其德行之影响而不是族势之影响,那些族强而德薄者是不会被"除"为三老的。这与前述当时国家对乡里强宗的限制和防范精神是一致的。

诚然,被选为乡三老"得与吏比者"的身份会使其在自身权威的基础上进一步增强"率众"的权威,连那些势大宗强者也不得不臣服于集自然权威和官方权威于一身的乡三老。为了进一步增强三老的权威,国家还采取了优抚和尊崇措施,如:高祖二年"举民年五十以上,有修行,能帅众为善,置以为三老,乡一人。择乡三老一人为县三老,与县令丞尉以事相教,复勿繇戍。

以十月赐酒肉”①；文帝十二年诏“其遣谒者劳赐三老、孝者帛人五匹，悌者、力田二匹，廉吏二百石以上率百石者三匹”②；汉武帝元狩元年四月“赐县三老、孝者帛，人五匹；乡三老、弟者、力田帛，人三匹”③。在百姓的眼里，政府对三老等的每一次恩赐都意味着其在乡里权威的巩固和提高，更会使百姓感到三老等人身后国家有力支撑的存在，也由此增强了三老等“率众”的能力。

通过以上分析，我们可以看出，秦和西汉前期的乡里不但自身不具备赖以自治的乡族基础，国家在乡三老、里父老等具有地方领袖色彩的人员选用中的主导地位以及他们权威中的官方成分，也使他们很难成为主导自治的一元力量。再加上当时国家对乡里强宗大家的抑制和垂直型乡里行政体系的存在，当时的乡里权力结构体现出极强的王权一元支配色彩。所谓的三老、父老体系充其量只是国家在乡里一元支配的组成部分而已，至于孝悌和力田之属更是如此。

第二节　西汉中期至东汉的乡里权力结构

西汉自汉武帝之后，随着国家对乡里宗族政策的变化以及宗族、豪强势力自身的发展壮大，原来由国家所主导的乡举里选渐渐为强宗豪右所把持，乡官里吏大都由这些人操纵或出任。一方面，他们的身份仍是国家乡里控制媒介的职能性人员，国家权力仍是其行使相关职权所依，也仍是其在乡里权威的组成部分；另一方面，源于宗强、势大的自身权威在其整体权威构成中的比重日渐增强，从而成为其实际控制乡里和维系秩序的最主要的依赖。乡里权力结构在一元化的前提下其内涵开始发生变化。

一、乡里宗族、豪强力量的日渐壮大

马新师指出：“进入西汉以来，尽管中央集权在不断加强，自中央王朝到

① 《汉书・高帝纪上》。
② 《汉书・文帝纪》。
③ 《汉书・武帝纪》。

郡县乡里的统治日益严密，但其实质，不是地域组织取代先秦的血缘宗法组织，而是血缘宗法组织在新的历史条件下具备了地域组织的外壳。”[①]不过，与西汉前期相比，汉武帝以后，这种乡里百姓之间的宗族结合出现进一步加强的趋势，乡里豪族势力不断发展，这是与统治阶级的统治政策和思想的转变分不开的。如前面所指出的，秦和西汉前期乡里的豪强宗族主要以六国旧裔为主，为了维护王权对乡里的有效控制，国家一方面对其进行迁徙，一方面不惜采用各种手段对其进行打击。特别是汉武帝时期中央和地方对汉初以来相对宽松环境下存在的强宗、游侠、豪强和工商巨富等的一番打击，地方势力的前景一度黯淡。汉武帝以后，国家出于维护秩序的需要仍不惜打击一些武断乡曲或者不法的地方势力，如黄霸“以豪桀役使徙云陵”，师古注云：“身为豪桀而役使乡里人也。”[②]在盐铁会议上御史更是强调：“夫理国之道，除秽锄豪，然后百姓均平，各安其宇。”[③]但是，除游侠势力日渐消退外，其他地方势力仍然存在，而且获得了很大的发展，从而对乡里的影响也变得更为突出。这种情况的出现是由以下几个方面的原因促成的。一方面，随着儒家思想被确立为官方哲学，儒家所倡导的“尊尊”、“亲亲”理念逐渐在社会上推广开来，与此相适应，百姓间宗族联结日渐增强，史籍中乡里族居的记载多起来，并为社会所称道。另一方面，随着察举制的推行，汉武帝以后国家权力体系日渐向社会力量开放。对此，许倬云先生指出：

> 地方上智术之士可以期待经过正式的机构，确定的思想，和定期的选拔方式，进入政治的权力结构中，参加这个权力的运行。纵然这时其他权力结构，如经济力量，与社会力量，都已经服属在政治权力结构之下了；一条较狭，但却远为稳定的上升途径反使各处的俊杰循规蹈矩的循序求上进。于是汉初的豪杰逐渐变成中叶以后的士大夫。[④]

在这样的历史背景下，国家逐渐改变了此前对乡里强宗豪右的迁徙政

---

① 马新：《两汉乡村社会史》，第 234 页。

② 《汉书·黄霸传》。

③ 桓宽：《盐铁论·轻重》。

④ 许倬云：《西汉政权与社会势力的交互作用》，载其《求古编》，联经出版事业公司 1982 年版，第 474 页。

策。如《汉书·元帝纪》载元帝永光四年诏曰：

> 安土重迁，黎民之性；骨肉相附，人情所愿也。顷者有司缘臣子之义，奏徙郡国民以奉园陵，令百姓远弃先祖坟墓，破业失产，亲戚别离，人怀思慕之心，家有不安之意。是以东垂被虚耗之害，关中有无聊之民，非久长之策也。诗不云乎？"民亦劳止，迄可小康，惠此中国，以绥四方。"今所为初陵者，勿置县邑，使天下咸安土乐业，亡有动摇之心。布告天下，令明知之。

当时放弃迁豪从根本上讲是因为豪族通过与政治的结合已经逐渐在地方上站稳脚跟，不易轻易动摇了。其后虽然汉成帝曾"徙郡国豪杰赀五百万以上五千户于昌陵"[①]，但也不久就告废止。《汉书·成帝纪》载"其罢昌陵，及故陵勿徙吏民，令天下毋有动摇之心"。这样便给乡里宗族豪强力量的发展壮大提供了良好的环境。宗族豪强势力的发展，也孕育出一些横行乡曲、左右王法的大家。对此国家也一度给予打击，如宣帝时涿郡大姓西高氏和东高氏，"自郡吏以下皆畏避之，莫敢与忤，咸曰：'宁负二千石，无负豪大家。'宾客放为盗贼，发，辄入高氏，吏不敢追。浸浸日多，道路张弓拔刃，然后敢行，其乱如此"[②]。这两家豪强都遭到宣帝朝酷吏的镇压。但诚如马新师所言："昭、宣过后，西汉王朝近于尾声，对于豪右大姓的抑制力也迅速衰弛，豪族大姓取得了入汉以来的又一次发展契机，势力迅速扩张。"[③]陈明先生也指出："昭宣以后相对于秦和汉初，国家与社会之间虽通过某种渠道建立了某种调节机制，但并不能将整合的完整性理解成为二者间矛盾冲突的消失或二元对立结构的改变。"[④]在地方宗族豪强势力发展的情形下，一些地方官员也不能对其一味采用打击的手段，而更多地采用了限制、利用的策略，这实际上既反映了国家政策的变化，也反映了宗族豪强力量的强大。如《汉书·朱博传》载汉成帝时朱博任太守，就"常令属县各用其豪杰以为大

---

① 《汉书·成帝纪》。

② 《汉书·严延年传》。

③ 马新：《两汉乡村社会史》，第251页。

④ 陈明：《儒学的历史文化功能——以中古士族为对象》，中国社会科学出版社2005年版，第33页。

吏，文武从宜。县有剧贼及它非常，博辄移书以诡责之。其尽力有效，必加厚赏；怀诈不称，诛罚辄行。以是豪强慹服"。这种怀柔利用与强力威慑相结合的办法收到了良好的效果。

对于这种宗族豪强势力在乡里的发展情况，我们认为应该从两个方面来把握：

其一，宗族豪强的发展和壮大从根本上说不会对原来一乡一里的姓氏结构带来根本的变化。河南偃师出土《侍廷里父老僤买田约束石券》，券文如下：

> 建初二年正月十五日，侍廷里父老僤祭尊于季、主疏左巨等二十五人共为约束石券里治中。乃以永平十五年六月中造起僤，敛钱共有六万一千五百，买田八十二亩。僤中其有訾次当给为里父老者，共以容田借与，得收田上毛物谷实自给。即訾下不中，还田，转与当为父老者。传后子孙以为常。其有物故，得传后代户者一人。即僤中皆訾下不中父老，季、巨等共假赁田。它如约束。单侯、单子阳、尹伯通、锜中都、周平、周兰、□□、周伟、于中山、于中程、于季、于孝卿、于程、于伯先、于孝、左巨、单力、于稚、锜初卿、左□□、于思、锜季卿、尹太孙、于伯和、尹明功。[①]

券中的民户是否为该里全体民户，目前尚存疑义。我们认为，如果从里父老服务于全里民户，而这些民户敛钱买田是作为该里被选为里父老者日常花费的补充来看，当为全体民户的可能性较大，即便不是，也不会相差太远。从这二十五户姓氏构成来看，共有八个姓，其中于姓九人，为第一大姓，其他同姓户数更少，显然该里民户体现出异姓同居一里的特征。秦晖先生根据四川郫县犀浦出土残碑所见姓氏情况分析指出："从碑中还可以看到，前古典时代的血缘共同体已瓦解，而中世纪的百室合户、千丁共籍、宗党纠连、聚族而居的宗法关系尚未形成。残碑中所见的人户显然居住于同一地域，但能辨出姓名的11户主中至少有六七个姓，彼此间看不出什么宗法上的联系。"[②]由此看来，即使在乡里宗族豪强力量已经较为强大的东汉时期，里中

---

① 券文原见黄士斌《河南偃师县发现汉代买田约束石券》和宁可《关于〈汉侍廷里父老僤买田约束石券〉》（均载《文物》1982年第12期），本处所引券文句读和释读均从张金光说。（参见张金光《秦制研究》，第419页）

② 秦晖：《郫县汉代残碑与汉代蜀地农村社会》，载《陕西师范大学学报》1987年第2期。

百姓异姓杂居的情况与西汉前期相比并没有发生根本性变化。实际上，一乡一里中任何一个豪强和宗族的发展以及影响的扩大都不是以对其他姓氏的空间排斥为前提的，这合乎发展的一般规律。长沙走马楼吴简所见丘里的姓氏构成给了我们更为直观的认识。恰如黎明钊先生据此分析所指出的，汉末三国时期丘里的聚居形态无疑是由多个族姓来组成一个丘里。① 当然，我们根据姓氏构成所作的分析并不是要全盘否定乡里百姓一定程度上族居现象的存在，如东汉崔寔《四民月令》中所反映的宗族庄园生活就带有浓厚的宗族聚居色彩。不过，对此等家族、宗族聚居并不能简单地理解为"聚族里居"②，更不能把其与宋朝以后民间的宗族制度化相提并论。关于这一点，赵沛先生已经作出分析：

> 以同一父系祖先为共同血缘纽带的同姓宗族集团在两汉时期开始复苏和重建。建立在这一基础之上的宗族聚族而居现象也处于复苏阶段，各地均出现族居的现象。但是由于两汉时期宗族势力的发展一般还仅限于九族或曰"五服"的近亲圈子之内，所以，即使出现类似"诸毛绕涿而居"的聚族现象，其程度和普遍性也是与宋明以后的用祠堂、家谱和族田这三件东西联结起来，世代相处在一起的聚族而居，并"往往以姓名其村巷焉"，是不可同日而语的。③

其二，乡里宗族豪强的发展和壮大主要表现为以豪族为主体的宗族、豪强力量的增强和在乡里影响的扩大。西汉中期后，随着权力体系向乡里社会力量的开放，"吏道益杂，不选，而多贾人矣"④。地主、官僚和商人三位一体的结合日益紧密，而原来在乡里有影响的诸强宗大家中的一部分也有机会成为统治阶级的一员，进而凭借这种政治以及经济的优势，很容易以其家族为中心形成盘踞乡里的豪族势力。当然，这部分人在任职期间未必身居

---

① 参见黎明钊《聚族而居与聚族里居：三国吴简〈嘉禾吏民田家莂〉探讨》，载《中国文化研究所学报》新第 11 期，2002 年。

② 关于"宗族聚居"与"聚族而居"的内涵差异，李卿《秦汉魏晋南北朝时期家族、宗族关系研究》一书第 89 页有详细论述。

③ 赵沛：《两汉宗族研究》，第 153 页。

④ 《史记·平准书》。

自己的乡里，但这不至于割断其与自己乡里宗族的联系，特别是一些身居高位者对乡里族人所作的善举更可看出彼此间的联系。如《汉书·杨敞传附子恽》载“恽受父财五百万，及身封侯，皆以分宗族”；《汉书·朱邑传》载朱邑“身为列卿，居处俭节，禄赐以共九族乡党，家亡余财”。一般说来，某一家族中的一些成员到异地担任官职，仍会有部分族人居于原来的乡里。以这些族人为核心，这个家族很容易成为本宗的核心和在乡里影响较大的势力。等到这些担任官职的人致仕回归乡里后，其宗族在乡里的支配地位依然不可动摇。史书中频频记载的乡里强宗大姓不乏此类。当然，通过身居高位而确立自己在宗族中的地位，进而成为乡里豪族的毕竟不占多数，大部分豪强、宗族的影响和活动范围仍限于本乡本里，他们得益于西汉中期以后国家对自己各方限制的弱化而发展起来。固然，政治的身份和经济的势力可以使得本来在乡里姓氏结构上不占绝对优势的豪强成为乡里的佼佼者，但宗大的优势在乡里支配地位确立中的作用还是不容忽视的，这是与同宗族人之间联结的不断加强分不开的。如《四民月令·十月》曰：“同宗有贫窭久丧不堪葬者，则纠合宗人，共兴举之；以亲疏贫富为差，正心平敛，毋或逾越；务先自竭，以率不随。”又，《后汉书·刘翊传》载，刘翊“乡族贫者，死亡则为具殡葬，嫠独则助营妻娶”。这些反映出宗族成员之间互助互济已经是普遍的现象。如果没有其他因素，乡里中大的宗族自然会成为支配性的力量。关于大姓和小姓的情况，简牍资料也有所反映：

小姓贫人子（《敦煌汉简》244B）

□□荣小未传为译骑皆小家子贫急不能自给实☑（《居延新简》E. P. T58：3）

“小姓”、“小家子”自然是相对于大族、大姓而言。这反映了随着乡里宗族结合的增强和互助互济的普遍存在，宗族的强弱差别已经成为人们身份和地位的一个重要参照。

二、乡里职能性控制人员的豪族化与乡里权力结构

随着乡里宗族豪强势力的发展，他们不但强化了自己的宗族组织，而且逐渐加强了对地方政治的干预和控制。《宋书·恩倖传》序谓汉时“郡县掾

史，并出豪家，负戈宿卫，皆由势族”。不但郡县掾吏等如此，乡官父老等乡里职能性控制人员也逐渐为乡里豪强大族出身者所占据。关于这一问题，以往学者已经给予较多关注。崔向东先生研究指出：“西汉后期，出现由无宗族背景的乡三老、里父老向豪族乡三老、里父老转变的趋势，乡三老、里父老逐渐被豪族家族所占据。”又，“在地方的最基层，乡官里吏也多被豪族所把持”。[①] 刘敏先生也指出：

> 豪强宗族势力是从他们对乡里社会的影响和控御，即“武断乡曲”开始的。而汉代的封国也和郡县一样，其行政长吏均是由汉廷中央任命的，而且实行原籍回避。这种守、相、令、长等长吏由朝廷任命外郡人士的制度，突出体现了国家权力对地方社会的外部凌驾和强加性。与之相反，郡、郭、县的属吏以及大量的乡官里吏则是由本地人充当，而豪族因其所具有的政治、经济、文化优势，特别是强大的宗族势力而成为主要人选。[②]

至于这方面具体的例子，传世材料中多见记载。如西汉末年的樊重，“赀至巨万，而赈赡宗族，恩加乡闾……县中称美，推为三老”[③]。《后汉书·第五伦传》载：“伦少介然有义行。王莽末，盗贼起，宗族闾里争往附之……伦后为乡啬夫，平徭赋，理怨结，得人欢心。”袁逢“以累世三公子，宽厚笃信，著称于时……朝廷以逢尝为三老，特优礼之”[④]。以上人物出任三老和乡啬夫显然与自己具有强宗豪姓的背景有关。与此相反，无族无势的人则很少被推择为乡官吏职。如《后汉书·度尚传》载度尚“家贫，不修学行，不为乡里所推举”。总之，地方强宗豪右或其荐举人物日益占据乡官里吏之位，这既是社会结构发展变化的产物，也给乡里社会的权力结构注入了新的因素。

首先，我们来看此时乡里职能性控制人员的选用和产生问题。我们知道，在秦和西汉前期，虽然乡里不乏豪强和宗族存在，但最终选用权由国家主导，宗强势大之家充其量只是具有了一种备选资格上的优势。那么，西汉

---

① 崔向东：《汉代豪族研究》，第238～240页。
② 刘敏：《从抑制到容纳：两汉国家与豪族关系的发展路径》，载《南开学报》2008年第3期。
③ 《后汉书·樊宏传》。
④ 《后汉书·袁安传附曾孙逢》。

中期以后，乡里的宗强势大之家出任乡里职能性控制人员的增多是否就意味着官方主导权的丧失呢？我们的回答是否定的。这虽然无直接资料可以为证，但仍可从其他材料中获得启示。南阳出土的东汉桓帝延熹二年《张景造土牛碑》记载张景宁可花巨资造土牛等，“乞不为县吏、列长、伍长”①。其中的“列长”、“伍长”指的应当是里正等乡里小吏，而从张景能出巨资造土牛等来看，他肯定算得上是当地乡里的一个豪强人物。张景所“乞”的对象不是某个宗族大姓，而是作为国家力量代表的府、县负责人，张景实际是以自己的善举乞求政府不任命自己担当“县吏、列长、伍长”。从中我们不难推知，当时此类小吏之任命与否的终极决定权仍在国家掌握之中。上面所引反映东汉明帝永平年间情况的《侍廷里父老僤买田约束石券》也能给我们相同的启示。从券文内容不难发现，当时里父老需要有一定数量财产的人方能轮次充当，即券文中的“訾次当给”，如果家资不够标准，便失去担任里父老的资格，甚至有“僤中皆訾下不中父老”的可能性。可见当时担任里父老的“訾次”标准绝不是由里中百姓自定的，而是由国家决定的。② 正因为如此，所以一旦该僤所有民户都达不到选任里父老“訾”的标准时，并不能由自己来决定里父老人选，也不能根据僤中姓氏情况而由占据成员多数的某一家于姓人员来担任。

总之，强宗大姓出任乡里职能性控制人员比例的增多并不必然是以国家在乡里职能性控制人员选用主导权的丧失和削弱为前提的。从根本上说，只是随着这部分人在乡里影响的扩大，他们中的一部分人自身更加符合国家“辩护亢健”和“耆老有高德”的选用标准而已。他们身上的国家之“吏”或“得与吏比者”之“吏”的色彩并没有消失。这样看来，以他们为核心而形成的基层秩序就难以说是所谓的“自治”。

其次，我们来看此时乡里职能性控制人员的权威构成和权力来源情况。不论强宗豪右出任乡里的三老、父老还是乡啬夫等职，其身上所具备的权威

① 碑文参见郑杰祥《南阳新出土的东汉张景造土牛碑》，载《文物》1963年第11期。

② 邢义田先生在分析该石券中的里父老的产生问题时曾怀疑熟悉民情的乡有秩、啬夫在推选过程中扮演着一定的角色（参见邢义田《〈汉侍廷里父老僤买田约束石券〉再议——兼与俞伟超先生商榷》，载《中央研究院历史语言研究所集刊》第61本第4分，1990年），这一点是完全可能的。

和权力都是其行使各自职能进而维系乡里秩序的根本。从他们的权威构成来看，由于强宗豪右在乡里所具有的经济和身份上的优越地位，本身就形成较强的自然性权威。伴随着他们担任乡里职能性控制人员，这种自然性权威随之成为其吸收国家权力权威而组合成的整体权威的有机组成部分。与秦和西汉前期那种无必然势力背景者担任乡里职能性控制人员相比，由于任职从而获得的职务性权力权威在其整体权威构成中的比重相对降低了。当然，这种变化也是以相应职务性权力权威的非贬值为前提的。其结果就使得乡里秩序的塑造和维系中这种自然权威所发挥的作用相对变大。不过，有一点需要指出：在当时，这种宗族豪强的自然权威还不能够离开职务性权威而形成独自维系乡里秩序的力量。这不仅仅是因为此等乡里职能性控制人员不能摆脱一定的官方身份，根本上则是因为当时的乡里社会结构还无法为其提供必备的条件，就宗族血缘结合来看更是如此。

不容否认，秦汉时期可能一直存在以同一宗姓为主体的聚落单位，如居延汉简吏卒名籍中就有高里、辛里、胡立、宋里这样的里名，这些里很可能由某一主要姓氏的居民组成。又，《三国志・蜀书・周群传》记刘备之言曰："昔吾居涿县，特多毛姓，东西南北皆诸毛也，涿令称曰'诸毛绕涿居乎'！"但从总体来看，这样的聚落所占的比例不会太大。与明清时期那种一里同宗普遍存在的情形不可同日而语。秦汉时期，绝大部分的乡里还是处于异姓杂居形态，该问题前已有述。在这样的情形下，即便存在乡里强宗豪姓，建立在同宗血缘之上的联结和影响恐怕仍以本宗百姓为范围，单纯的宗族血缘联结还不能达到使其他宗族的成员唯其是从的程度。正如杜正胜先生所言："在中国不论地方行政组织如何细密，统治机能如何有效，基层社会的秩序仍多仰赖血缘族群来维系。"[①]此言不无道理。但这种血缘族群的维系功能更多地体现为由聚落组成部分之一的一个个的族群来发挥作用，而不是单一族群。诚然，自西汉后期出现了大量的宗人及同乡里百姓随从乡里某一大姓而动的记载，如东汉末年的田畴：

率举宗族他附从数百人……遂入徐无山中，营深险平敞地而居，躬

① 杜正胜：《编户齐民——中国传统政治社会结构之形成》，第196页。

> 耕以养父母。百姓归之，数年间至五千余家。畴谓其父老曰："诸君不以畴不肖，远来相就。众城都邑，而莫相统一，恐非久安之道，愿推择其贤长者以为之主。"①

在这里显然没有国家权力的存在，强宗豪右直接发挥支配作用。但是这样的记载多与战乱这一特定时期有关，一旦战乱结束恐怕就不复存在了。总的说来，我们对豪强大姓以自然权威支配乡里的程度不能过高估计。"人但闻啬夫，不知郡县"②的情况，虽然一定程度上反映了县之国家权力与乡里百姓的隔阂，但人们对乡啬夫所具的国家权力的认同并没有发生改变，国家权力并没有从乡间消失，乡里社会也没有变成强宗豪右"自治"③的天下。"传统农村社会并不是只受国家支配的非自立存在，但同时，完全自立于王朝法律统治之外的农村社会，也可以说是不存在的。"④在整个秦汉时期，乡里权力结构的变化并没有超出这样的框架。

有学者指出："豪族出任乡里三老、父老，不过是代表王权在乡里实现其支配职能，豪族并没有形成独立于王权支配的社会秩序，豪族对乡里的控制是以不违背王权乡里支配为原则的。"⑤这种认识从王权支配的视角来看无疑是正确的，但我们不能由之而忽视了乡里职能性控制人员由乡里强宗豪右出任和把持而给国家在乡里的权力结构所带来的变化。如上所述，在秦和西汉前期，乡里职能性控制人员的出身与其是否为强宗豪右无必然关系，国家所赋予的权力和权威是确立其在乡里统治地位的根本，这就会使得他们在很大程度上保持对国家利益的向心力，国家也可以通过有效控制此类

---

① 《三国志·魏书·田畴传》。

② 《后汉书·爰延传》。

③ "自治"一词从含义上讲是与王权的他律、他治相对的概念，是对后者在形式上的否定。高寿仙《略论传统中国的乡村控制与村社结构》(载《北京行政学院学报》2001 年第 5 期)指出："用'自治权'(autonomy)概括地方权威在乡村社会中的地位和作用并不太恰当，'自我管治'(self-control)或许是一个更为贴切的术语。因为在集权专制主义的政治模式和权力结构中，'自治权'没有独立存在的空间。"该种解释颇具有新意。从这种理解出发，西汉中期以后宗族豪强在乡里权力结构中"自治"色彩的增强就只能说成是"自我管治"功能的日益凸显而已。

④ 董建辉：《"礼治"与传统农村社会秩序》，载《厦门大学学报》2005 年第 4 期。

⑤ 崔向东：《汉代豪族研究》，第 251 页。

人员的轮换来使他们保持与王权的一致。在此背景下,对于乡里职能性控制人员来说,得其职就可获得在宗族内部以及乡里较高的地位,失其职则让自己在乡里的地位受到影响。有学者针对宗族与政治的关系指出:

> 宗族的权威经历了由原始性宗族的单一性权威到新兴宗族的双重性权威的转变。而在这转变的过程中,按照血缘性的亲疏确定宗族成员地位的原则,渐渐让位于按照政治性的贵贱确定宗族中成员地位的原则,宗子的权威也逐渐让位于居官者的权威。宗族的这种特色,既是宗族适应社会发展不断调整的结果,也是统治者所需。
>
> 宗族势力的过于膨胀也会威胁统治者的统治,成为中央和地方的隐患。而新兴宗族的权威因政治而定的特点可以避免上述危险。宗族中成员的地位不仅取决于宗族中血缘的亲疏,更取决于宗族外的政治地位。大、小宗尊卑关系极易被政治的干预所打破。宗族中权力的重心因宗族中各成员的政治地位的变迁而不断变化。此种状况的存在使宗族对政权的依赖性加强,从而使政府易于控制宗族,使宗族不至于形成尾大不掉的局面。
>
> 控制宗族的关键是政府牢牢地把官吏的任免权掌握在自己手中。如果宗族控制官吏的任免权,那么上述隐患就会凸显。①

这虽然是针对宗族与国家之间的关系而言,但对于乡里职能性控制人员的选用与国家权力的关系来说也是完全吻合的。随着强宗豪右逐渐把持和垄断乡里职能性控制人员之职,虽然国家并未完全丧失对选用的干预,但情况与以前相比就大大不同了。因为此类人员多出自一家一族或为其长期把持,长此以往很容易使得国家的选用沦为一种形式。与他们自然权威的成长相应,在他们看来,这样的职务一经获得便不容易失去,来自国家的职务性权威被他们看成了理所当然的赋予和自身自然权威的补充。这种因为国家选用而可能失去相应职务的危机感的丧失,再加上自身自然权威在权力结构中比重的上升很容易滋生其离心于王权的倾向。

---

① 季乃礼:《三纲六纪与社会整合——由〈白虎通〉看汉代社会人伦关系》,中国人民大学出版社 2004 年版,第 244～245 页。

诚然，当时乡里的强宗豪族是可以分为不同层次的。有的为世官化豪强家族，以一些致仕回乡里的家族为主，他们受儒学思想影响较深且与国家权力关系密切，不过毕竟是少数。更多的则是长期居于乡里的一般宗族豪强，而由这些人出任乡里职能性控制人员，一方面固然充当了国家在乡里统治的媒介，同时他们也很容易将乡官吏职当成为自己谋取私利的工具，欲让他们完全从国家权力出发与国家利益保持一致是很难的。《盐铁论·未通》载：当时“大抵逋流皆在大家，吏正畏惮，不敢笃责”。仲长统也指出：

> 豪人货殖，馆舍布于州郡，田亩连于方国。身无半通青伦之命，而窃三辰龙章之服；不为编户一伍之长，而有千室名邑之役。荣乐过于封君，势力侔于守令。财赂自营，犯法不坐。刺客死士，为之投命。[①]

这里的“大家”和“豪人”即强宗豪右之谓，这样的一些强宗豪右对乡里秩序的干扰和破坏的一面是不言自明的。时人赵壹面对时弊，作《刺世疾邪赋》曰：“法禁屈挠于埶族，恩泽不逮于单门。”[②]可谓一语中的。可以想象，这些豪强势家担任乡里职能性控制人员甚至取得更高的权力作支撑，并不会从根本上消弭他们为谋取私利而背离王权利益的倾向，他们对国家乡里统治秩序的破坏也不会禁息。“可以说，地方精英既是国家权力的向心力量，又是国家权力的离心力量，而国家权力既是地方精英的支持者，也是地方精英的抑制者；地方精英既是地方社会的保护者，也是地方社会的掠夺者，而地方社会既是地方精英的权力基础，也是地方精英的权力制约。”[③]联系下一章豪强大族与国家对乡里土地和人身控制权争夺的愈演愈烈，我们可以获得更清楚的认识。

---

① 《后汉书·仲长统传》。

② 《后汉书·文苑列传》。

③ 高寿仙：《略论传统中国的乡村控制与村社结构》，载《北京行政学院学报》2001 年第 5 期。

第四章 国家与豪强对乡里经济、人身控制权的争夺

战国以后，随着地域性中央集权国家的建立，“编户齐民”之支配体制成为中国政治社会的基本骨架。在此体制下，国家对乡里百姓人身和土地赋役的管理与控制就成为统治的基础，当然这也是乡里秩序赖以维系的支柱。秦汉四百年间，尽管从制度设计层面看，国家对这些方面的控制未曾发生变化，但豪强势力与王权之间围绕乡里百姓土地、人身和经济的控制权问题的斗争从未停息。其发展的总趋势即是：从秦和汉初的乡里“未有并兼之害”发展成西汉中期后乡里豪强并兼和役使乡里百姓，从而导致国家对乡里经济、赋役和人身控制的日趋弱化。通过豪强与王权在乡里对百姓人身、经济控制权的争夺，我们可以更好地了解秦汉国家对乡里的控制以及乡里秩序的动态演变。以往对于秦汉豪强力量与国家对人身、经济控制权的争夺问题多有探讨，但多是以秦汉土地私有权的成立为立足点，本章则从秦和西汉前期的授田制出发，着眼于国家与豪强力量的消长变化，从小农、豪强和国家三边关系入手予以动态考察。

第一节 秦与汉初乡里“未有并兼之害”之局

春秋战国时期社会的大变动，使得人们从原来的宗族性农村公社体制下游离出来，井田制下的农村公社成员逐渐转化成为王权支配下的个体小

农。对于当时小农的生产和生活情况,《汉书·食货志上》引李悝言有述:

今一夫挟五口,治田百亩,岁收亩一石半,为粟百五十石。除十一之税十五石,余百三十五石。食,人月一石半,五人终岁为粟九十石,余有四十五石。石三十,为钱千三百五。除社闾尝新、春秋之祠用钱三百,余千五十。衣,人率用钱三百,五十终岁用千五百,不足四百五十。不幸疾病死丧之费及上赋敛,又未与此。此农夫所以常困,有不劝耕之心,而令籴至于甚贵者也。

以上这种个体小农经济的存在是以战国时期普遍存在的国家授田制为基础的。如秦简《为吏之道》所附“魏户律”规定:“自今以来,叚(假)门逆吕(旅),赘婿后父,勿令为户,勿鼠(予)田宇。”①“予田”即授田。又《银雀山竹书〈守法〉、〈守令〉等十三篇》之《田法》规定:“五十家而为里,十里而为州,十乡(州)而为州(乡)。州、乡以地次受(授)田于野。百人为区,千人为或(域)。”②通过这种国家授田制度,个体小农与国家之间建立起稳定的依赖与支配关系。国家在给个体小农提供相对稳定的生活经济基础的前提下,保证了赋税徭役之征。秦国地处西陲,其变法改革相较于东方六国为晚,但其奉行国家授田制度以建立王权直接支配下的个体小农经济体制则是一致的。出土秦简关于授田的记载已经证实商鞅“废井田,开阡陌”并不只是决裂阡陌封疆,而是有立有废,在决裂阡陌以破坏井田制的同时,重新设置阡陌来确立田地疆界以推行国家授田制。关于秦国授田制的具体制度内容,已有学者结合简牍资料作了系统的分析③,此不赘述。总的说来,战国以来各国普遍存在的国家授田制模式以建立王权垂直管理下的个体小农经济体

① 《睡虎地秦墓竹简》,第 292～293 页。

② 银雀山汉墓竹简整理小组:《银雀山竹书〈守法〉、〈守令〉等十三篇》,载《文物》1985 年第 4 期。

③ 参见于振波《简牍所见秦名田制蠡测》,载《湖南大学学报》2004 年第 2 期。

制无疑给统一后的秦朝能在全国范围内继续推行国家授田制度提供了可能。①

秦汉乡里百姓仍以五口之家为主，许倬云先生对此有分析②，在秦和西汉前期这种小家庭形态的特征当更为明显。《汉书·食货志上》引文帝时晁错疏曾对当时小农家庭的生计情况有述：

今农夫五口之家，其服役者不下二人，其能耕者不过百畮，百畮之收不过百石。春耕夏耘，秋获冬臧，伐薪樵，治官府，给繇役；春不得避风尘，夏不得避暑热，秋不得避阴雨，冬不得避寒冻，四时之间亡日休息；又私自送往迎来，吊死问疾，养孤长幼在其中。勤苦如此，尚复被水旱之灾，急政暴（虐）[赋]，赋敛不时，朝令而暮改。当具有者半贾而卖，亡者取倍称之息，于是有卖田宅鬻子孙以偿责者矣。而商贾大者积贮倍息，小者坐列贩卖，操其奇赢，日游都市，乘上之急，所卖必倍。故其男不耕耘，女不蚕织，衣必文采，食必（梁）[粱]肉；亡农夫之苦，有仟伯之得。因其富厚，交通王侯，力过吏势，以利相倾；千里游敖，冠盖相望，乘坚策肥，履丝曳缟。此商人所以兼并农人，农人所以流亡者也。今法律贱商人，商人已富贵矣；尊农夫，农夫已贫贱矣。故俗之所贵，主之所贱也；吏之所卑，法之所尊也。上下相反，好恶乖迕，而欲国富法立，不可得也。

从晁错所言看，如果百姓五口之家耕田百亩，在正常的年景和无苛政杂敛的

---

① 关于统一后秦朝的土地所有制问题，长期以来学术界存在较大的争议。一种观点认为，秦始皇三十一年"使黔首自实田"标志着国家授田制的结束和土地私有权的确立，"这实质上是在全国范围内，以法律的形式进一步确认封建土地占有权，公开承认土地兼并的合法性"（白寿彝、高敏、安作璋主编：《中国通史》第4卷上册，上海人民出版社1995年版，第224页），"秦始皇三十一年，'使黔首自实田'，正式宣告了土地国有制下国家授田制的破产"（张金光：《秦制研究》，第112页）。另一种观点则认为，"使黔首自实田"充其量是一次土地登记，甚至是以授田为前提的土地登记活动（参见王家范《中国历史通论》中《"黔首自实田"辨》，华东师范大学出版社2000年版，第119～126页）。从张家山汉简《二年律令·户律》所反映的汉初授田制以及汉高祖"复故爵田宅"诏可推知秦统一后并没有终止授田制。所以说，秦始皇"使黔首自实田"只是一次政府主导下、以百姓自我占报为形式并配合政府审查登记的土地普查运动，而绝不会是土地从国有走向私有的里程碑，作为国家上层制度规定的授田制在秦朝存在并为汉初所继承是个不容否认的史实。

② 参见许倬云《汉代家庭的大小》，载其《求古编》。

情况下，虽然生活不算富足，但尚不至于遇到大的麻烦，也不大可能出现“卖田宅、卖子孙以偿债”的现象。需要说明的一点是，上引晁错疏虽然指出商人兼并农田以及农人流亡问题，但仔细分析会发现，当时商人凭借自己的经济实力来直接兼并农民土地而致其流亡的可能性不大。晁错指出商人兼并农民土地而致其流亡自然是指那些“卖田宅鬻子孙以偿责者”，这部分人的产生是因为被迫“取倍称之息”，从而与“积贮倍息”的商贾建立高利贷债权和债务关系。当他们无法以其他方式还债时被迫卖掉田宅、子孙，从而走上流亡之路。在这里，商人兼并农田是通过间接的方式进行的，失地流亡者的田宅未必沦落到商人手中，这才是晁错疏的本义。文帝时期贾谊也上疏说：“汉之为汉几四十年矣，公私之积犹可哀痛。失时不雨，民且狼顾；岁恶不入，请卖爵、子。”[①]显然，此种百姓被迫卖爵卖子也是发生在“失时不雨”、“岁恶不入”的特殊年景之下。如果我们着眼于二者上疏的前瞻和预防意图来看，说文帝时期正常年景下百姓生活得相对稳定并不为过。当然晁错和贾谊所言的情况在现实中并非无迹可寻，只是还没有像后来那样成为普遍存在的社会问题而已。这样，史书记载汉文帝时期不曾有危及小农的并兼之害就可以理解了。又，《汉书·食货志上》载师丹之言：

> 古之圣王莫不设井田，然后治乃可平。孝文皇帝承亡周乱秦兵革之后，天下空虚，故务劝农桑，帅以节俭。民始充实，未有并兼之害，故不为民田及奴婢为限。

实际上“未有并兼之害”的现象并非汉文帝时期所独有，而是秦和西汉初期社会的共同现象。文帝时期“未有并兼之害”局面形成的根本也并非仅是因为其劝以农桑、率以节俭，这与秦和汉初国家授田制的施行密切相关。

从根本上说，在秦和汉初的国家授田制下，虽然在实际授田过程中会存在授田不足的现象，但乡里百姓大都能获得百亩左右的田地。《二年律令·户律》关于百姓按照自己的爵等受田的数量规定如下：

> 关内侯九十五顷，[大][庶][长][九][十][顷]，[驷]车庶长八十八顷，大上造八十六顷，少上造八十四顷，右更八十二顷，中更八十顷，左更七十八顷，右

① 《汉书·食货志上》。

庶长七十六顷，左庶长七十四顷，五大夫廿五顷，公乘廿顷，公大夫九顷，官大夫七顷，大夫五顷，不更四顷，簪袅三顷，上造二顷，公士一顷半顷，公卒、士五(伍)、庶人各一顷，司寇、隐官各五十亩。不幸死者，令其后先择田，乃行其余。它子男欲为户，以为其□田予之。其已前为户而毋田宅，田宅不盈，得以盈。宅不比，不得。[①]

这里明确规定各个爵等按制度应该授予的田宅。特别是从"其已前为户而毋田宅，田宅不盈，得以盈"这一规定来看，国家对于立户者授予一定量的田宅这一规定是在努力推行的，对于按规定没有得到足额田宅者，也可以依法占足，而不只是命令百姓依法自己去想法充实占足田宅，国家对于能否占足不管不问。如《二年律令·户律》规定：

□□廷岁不得以庶人律未受田宅者，乡部以其为户先后次次编之，久为右。久等，以爵先后。有籍县官田宅，上其廷，令辄以次行之。[②]

该律文更说明当时国家对百姓受田的关注。因为当时毕竟地多人少，如汉文帝诏曰："夫度田非益寡，而计民未加益，以口量地，其于古犹有余，而食之甚不足者，其咎安在？无乃百姓之从事于末以害农者蕃，为酒醪以靡谷者多，六畜之食焉者众与？"[③]但毕竟这只是上层制度的规定，至于百姓实际能够占有多少田地，由于无直接相关文献资料记载，难得详知。

目前，学者论证秦和汉初普通百姓实际拥有土地的情况多据以下二则史料：其一，秦时陈平有田情况："少时家贫，好读书，有田三十亩，独与兄伯居。伯常耕田，纵平使游学。"[④]显然，当时的陈平只有田三十亩，与秦时制度规定的受田百亩相差甚远。不过，秦汉百姓受田是以单独立户为前提的，而且立户者的受田也是根据土地储备情况次第完成的。上引秦简所附"魏户律"规定："叚(假)门逆吕(旅)、赘婿后夫，勿令为户，勿鼠(予)田宅。"从该律为担任秦吏的墓主人"喜"所重可知其应为秦所采用。陈平"与兄伯居"，说明其很有可能尚没有独自立户，具体原因不得详知。秦虽然存在"民有二男

① 《张家山汉墓竹简》，第175～176页。
② 《张家山汉墓竹简》，第176页。
③ 《汉书·文帝纪》。
④ 《史记·陈丞相世家》。

以上不分异者倍其赋"的规定,但并不能从根本上禁断不分居现象的存在。由此看来,陈平所有的三十亩地究竟是国家因为陈平已经立户而授予其人的抑或仅是从家庭分析而来的部分就值得我们思考了。其二,湖北江陵凤凰山10号汉墓出土的"郑里禀簿"所记该里百姓的田亩数。根据裘锡圭先生考证,禀簿所记内容的时间当在汉文帝晚年到汉景帝四年之间。[1] 很多学者据此簿所载该里的田亩数来论证秦汉的国家授田制到文景之际已经遭到严重破坏,从而导致土地兼并和私有制迅猛发展,或者以此论证授田制仅具有对百姓占田最高限额的规定,而在实际执行过程中与制度间有较大的差异或差距。笔者认为这一则资料能否作为上述二种结论的立论之据还是有待商榷的。为便于说明问题,兹将禀簿内容引述如下:

郑里禀簿 凡六十一石七斗

户人圣能田一人口一人 田八亩 □移越人户 贷八斗 二年四月乙☑

户人㝵能田一人口三人 田十亩 十 卩 贷一石

户人击牛能田二人口四人 田十二亩 十 卩 贷一石二斗

户人野能田四人口八人 田十五亩 十 卩 贷一石五斗

户人厌冶能田二人口二人 田十八亩 十 卩 贷一石八斗

户人□能田二人口三人 田廿亩 /今□奴□ 贷二石

户人立能田二人口六人 田廿三亩 十 卩 贷二石三斗

户人越人能田三人口六人 田卅亩 十 卩 贷三石

户人不章能田四人口七人 田卅亩 十 卩 贷三石七斗

户人胜能田三人口五人 田五十四亩 十 卩 贷五石四斗……

户人虏能田二人口四人 田廿亩 十 卩 贷二石

户人稹能田二人口六人 田廿亩 十 卩 贷二石

户人小奴能田二人口三人 田卅亩 十 卩 贷三石□一石五……

---

① 参见裘锡圭《湖北江陵凤凰山十号汉墓出土简牍考释》,载《文物》1974年第7期。

户人□能田三人口四人　田廿亩　十　卩　贷二□

户人定□能田四人口四人　田卅亩　十　卩　贷三石

户人青肩能田三人口六人　廿七亩　十　卩　贷二石七斗

户人□奴能田四人口七人　田廿三亩　十　卩　贷二石三斗

户人□奴能田三人口□人　田卌亩　十　卩　贷四石

户人□□能田四人口六人　田卅三亩　十　卩　贷三石三斗

户人公士田能田三人口六人　田廿一亩　十　卩　贷二石一斗

户人骈能田四人口五人　田卅亩　十▨

户人朱市人能田三人口四人　田卅亩▨

户人□奴能田三人口三人　田□四亩▨

户人□□能田二人口三人　田廿亩十▨

[户人]公士市人能田三人口四人　田卅二亩▨①

《二年律令》颁布于吕后二年(前186),时间与之相去未远,而从《二年律令》出土于湖北江陵地区来看,说授田制在该地区得以推行当不算为过,属于江陵地区的凤凰山一带也自当是授田制推行地区。可是,若按当时法律规定的无爵的士伍受田百亩的标准看,簿中所记郑里各家的田亩数与授田规定出入甚大。从簿中所列田亩数中,更看不出两户爵为公士之家在受田方面的优势。问题的关键在于,若禀簿所载亩数为各家实有亩数,从当时亩产量和每人生活必需的保证量的对比来看,每户都缺少最基本的生活保障,而且相差甚大。其中占田最多的一家是"户人胜","能田三人口五人",也只是"田五十四亩"。林甘泉先生曾以"户人胜"一家为例进行过分析:

"能田三人"是指三个能从事农业生产的劳动力,假定二人是成年劳力,一人是使男,另外两人一个是大女,一个是使女,五人口粮一年需要143.76石,加上食盐和衣服费用折粮,全年最低限度的生活消费约需谷232石,他家的54亩土地如是小亩,估计全年只能收获108石左右;如是大亩,估计可收获162石。这就是说,按照一般家庭最低生活

① 李均明、何双全:《散见简牍合辑》,第71～73页。

消费的标准估算，这个农民家庭每年尚缺粮 124 石或 70 石。[①]

其他各家的情况与“户人胜”差不多，甚或更差。如果没有别的生计，要使里民安居于里中是完全不可能的，可是禀簿所记实际上都是里中的定居户。有的学者认为该地区可能是水乡，农业并不是当地居民的唯一衣食之源[②]。这恐怕也不足以说明问题。因为从禀簿来看，国家既然在该里贷放种粮，就足以说明农业是本里居民的本业，也正是出于对农业与百姓生活的密切关系之考虑，才会有贷放种粮之举。从当时的社会背景考虑，全里民户都兼操他业的可能性也不会太大。

基于以上分析，笔者认为，簿中所举的各家田亩数不应该是各家实际占有田的总数，而是政府对该里各户贷种粮亩数的统计细册。国家在贷给种粮时，考虑的重点应该是各家欠种亩数，而不会只管各户所有亩数，不论缺种与否都按实有亩数贷给种粮。这合乎一般的道理。既然如此，我们就不能把它作为当时土地占有和百姓生活实况的论据而得出相应的结论，更不能据此断言至此时乡里土地兼并问题就已经变得相当严重。

通过对以上二则史料的分析，结合当时国家的授田制，秦与汉初“未有并兼之害”之局就具有了存在的现实基础。诚然，“作为国家，授田只是手段，它最终所关心的是严格控制住人口，按人口将征发赋税徭役落到实处，最大限度地开发这种‘综合国力’资源，以达到富国强兵的目的”[③]。但是，国家授田予百姓，对于稳固小农经济的基础还是发挥了关键作用。

我们知道，土地的流动往往会成为土地兼并的重要渊薮，秦和汉初的国家授田制并未从根本上禁息民间土地流动和买卖。那么这种土地流动为什么没有像后来那样导致乡里兼并之害呢？对此必须结合当时授田制下土地买卖的具体情况方能说清楚。

董仲舒认为土地的买卖祸起商鞅。他说：“至秦则不然，用商鞅之法，改

① 林甘泉：《“养生”与“送死”：汉代家庭的生活消费》，载《林甘泉文集》，上海辞书出版社 2005 年版，第 255 页。

② 参见于振波《张家山汉简中的名田制及其在汉代的实施情况》，载《中国史研究》2004 年第 1 期。

③ 王家范：《中国历史通论》，第 125 页。

帝王之制，除井田，民得卖买，富者田连仟伯，贫者亡立锥之地。”[①]董氏之言一方面不免有夸大渲染之处，另一方面则将废除井田与买卖自由化发展视为同步。商鞅之“除井田”与国家授田并不矛盾，废井田正是为了更好地推行国家授田制，此点前已指出。那么授田制下民间土地买卖是否自商鞅后就发展起来了呢？前引秦简《封诊式·封守》爰书中对某里士伍进行查封时，财产中不包括土地一项。张金光先生指出这是秦汉间土地制度的一个不同之处。[②] 从此时土地尚不归属个人财产范畴来看，此时“合法性”土地买卖存在的可能性不大。至于其他相关战国土地买卖的史料，正如有的学者所言：“多为后人加工渲染的传奇故事中的夸张描写，不但凤毛麟角，且不足为信史。”[③]我们在此无意否定当时民间土地买卖存在的可能，而只是就其合法性存疑。当然，国家授田制的推行与土地的买卖也并非不可兼容的矛盾体。如《二年律令》在规定授给百姓田宅的同时，也在一定范围内有条件地允许田宅的买卖，并对其合法性给予承认。如《户律》规定：“受田宅，予人若卖宅，不得更受。”[④]又，“代户、贸卖田宅，乡部、田啬夫、吏留弗为定籍，盈一日，罚金各二两”[⑤]。从买卖这点来看，田宅的私产性明显。由此看来，同为国家授田制，土地却存在受而可卖与受而不可卖的差别，这其间必定会有一个变化的过程。至于授田制下这一转变的具体发生时间，于史无载，从而难得确知。秦始皇三十一年“使黔首自实田”[⑥]，要求在全国范围内进行土地占报登记，此次登记自然是针对授田制下原有的登记和管理中存在的名实不符现象。在非法买卖从而对买者卖者不存在更籍程序的情况下，民间潜在的买卖很可能是导致土地名实不符的重要原因之一。既然是“自实”，其登记和对现状维持的意义就大于惩罚意图，否则直接清查岂不更为彻底？何需百姓“自实”？这其中蕴涵着一种松动。我们认为，对先前非法性买卖所

① 《汉书·食货志上》。

② 参见张金光《对“秦商鞅变法后田制问题商榷”的商榷》，载《中国史研究》1991 年第 3 期。

③ 杨师群：《东周秦汉社会转型研究》，上海古籍出版社 2003 年版，第 177 页。

④ 《张家山汉墓竹简》，第 177 页。

⑤ 《张家山汉墓竹简》，第 177 页。

⑥ 《史记·秦始皇本纪》裴骃《集解》引徐广语。

得的土地只要不超过法定的限额的认可就是在此时确立的。这种确立既是原有授田制下土地不准买卖的变革，又是对既存授田制的维持。

在国家授田制禁止土地自由买卖的情况下，民间潜在的买卖不但规模小，而且不会造成兼并之害。杨师群先生指出："在战国、秦代的所有史料中，我们找不到因土地买卖而被兼并的有关史实的蛛丝马迹……很清楚，秦亡于其统治的残暴，因为土地私有制并没有成立，所以谈不上地主兼并农民土地的情况。"①实际上，即便在授田制下国家在一定程度上承认土地私有权，只要存在授田制内在的限制机理，土地的兼并同样无法获取肆无忌惮的发展空间。授田制下土地买卖的限制性主要体现为与爵相连的内在最高限额成为资本流入土地的一个障碍。秦与汉初授田的实质是按爵级高低占有一定量的田地，而占田超过自己的爵级是制度所不允许的。土地的流动和集散，尚没有摆脱政治的羁绊，这样就使社会上的货币资本不会顺利与土地结合，司马迁所谓"以末致财，用本守之"②的现象至少在授田制下是难以顺利实现的。在秦和汉初国家重农抑商的大势下，商人特别是市籍商人尽管不乏有爵者，但在爵的领域中不会占有优势，他们虽然在经济上富有，但欲将大量资本化为土地还是无法突破爵对土地的限制，其资本主要被限制在商品流通领域。商人欲向土地进军，尚得首先谋取爵级的突破，这样的机会直到汉文帝普赐民爵及许其"入粟拜爵"才会出现，然而有市籍者占有土地之权利的确立尚要经历一个漫长的反复过程。

我们再来看在正常的年景下土地的买卖对小农来说有多大的吸引力。《二年律令·户律》规定："受田宅，予人若卖宅，不得更受。"③这里只说到"宅"不可更受，我们认为"田"也不会例外。当时百姓受田宅的前提条件便是立户入籍，百姓和国家之间建立起权利和义务之"交换"关系。国家赋予百姓受田宅的权利，百姓则必须立户著籍承担国家摊派的租税赋役等义务性差遣。从法律规定分析，当时百姓的田可以卖出或者变换户主给予他人，

① 杨师群：《东周秦汉社会转型研究》，第 178 页。

② 《史记·货殖列传》。

③ 《张家山汉墓竹简》，第 177 页。

只需随时办理相应的过户更籍手续即可。这从表面上看来与国家授田于民以建立稳定的小农乡里秩序的愿望就难免存在矛盾之处，这种授田的机理性的规定不能归因于当时汉初建鼎未久和经验欠缺所致，如果我们深加分析，会发现当时授田机理的更深层内涵。上引律文关于百姓受田的自由处分的规定之后并没有相应谈及相关人员义务关系的随之变更问题。不容否认，以财产家资为征税对象的"訾"税随土地田宅的变籍易主会发生变化，但出卖田宅者所应该承担的其他义务并未因为自己出卖了田宅而减轻，获得增量土地者的义务也没有相应加重。我们知道，在授田制度之下，百姓的义务是与其所拥有的爵级密切联系在一起的，张家山汉简中有关"免老"和"复"的规定与爵相挂钩足以为证。这样以来，土地对于购得者自然具有较大的吸引力，而对于售出者来说恐怕仅会得到一时的土地出售或转让资金，而随之而来的结果则是自己无权再次按照自己的爵级重新获得土地，而其所承担的田租刍稿却必须按卖田之前的定额如数缴纳。《二年律令·田律》明确规定：

> 入顷刍稿，顷入刍三石，上郡地恶，顷入刍二石；稿皆二石。令各入其岁所有，毋入陈，不从令者罚黄金四两。收入刍稿，县各度一岁用刍稿，足其县用，其余令顷入五十五钱以当刍稿。刍一石当十五钱，稿一石当五钱。刍稿节贵于律，以入刍稿时平贾(价)入钱。[①]

授田是根据百姓的爵级以顷为单位进行的，田租刍稿主要是以顷为单位按户征收的。[②] 土地一经授予，百姓就得按顷缴纳田租刍稿税，而政府在征税过程中不再过问实际占有田亩数的多寡。换言之，如果说因为国家授田而导致的不足尚可依律补足，但因自己买卖导致的不足，不但不能依律补足，且必须按原受顷亩出租纳税。这可以说是授田制在不完全限制土地买卖机制下的无形限制机理。在没有形成"非法性"强取豪夺之势下，其对于百姓土地自由流动的制约功能是显而易见的。以往我们只是注意到授田机理中

---

① 《张家山汉墓竹简》，第165～166页。

② 关于汉代田税是以顷为单位征收的问题，学界有不少论述，如马新《两汉乡村社会史》(第三章第二节，齐鲁书社1997年版)和臧知非《西汉授田制度与田税征收方式新论——对张家山汉简的初步研究》(载《江海学刊》2003年第3期)一文都进行了专门研究。

可以买卖的一点，而对这一内涵的控制机理注意不够。实际上这一内在控制机理并非汉政之杰作，早在秦就已经存在。如秦简《秦律十八种・田律》云："入顷刍稿，以其受田之数，无豤（垦）不豤（垦），顷入刍三石、稿二石。"[①]可见汉代授田制内涵的限制的机理是渊源有自的。当然这种机理也并非仅仅限于秦和西汉初期。《盐铁论・未通》中文学们指出当时"田虽三十，而以顷亩出税，乐岁粒米狼戾而寡取之，凶年饥馑而必求足"。这说明百姓需按国家授田顷亩纳税的机制始终存在，也并不因授田制的破坏而消失，只不过到文学和大夫论争之际，从百姓占田数与实际租赋所出相比显得不太合理而已。不过在秦与汉初的授田制情况下这是合理的，因为国家基本上是能将百亩田分授给百姓的，百姓田的不足如果是因为自己出卖所致而仍需如数缴税纳租，从国家的角度上讲也是合情合理的。贾谊在论及当时百姓生活时有"失时不雨，民且狼顾；岁恶不入，请卖爵、子"[②]之语，这说明百姓迫于生计时宁愿出卖自己的爵、子，对于赖以生存的百亩之田是不轻易出手的。正如刘泽华先生所指出："在农业中，土地是最基本的生产资料和借以进行剥削他人劳动的主要手段。在自然经济占统治地位的社会里，没有任何一条经济规律能驱使土地走上商品化的道路，从经济运动过程来考察，出卖土地是没有出路的，因为得到的资金无法向其他产业转移。事实上土地所有者谁也不愿意出卖土地。"[③]可见，国家授田制下允许买卖土地的规定决不能理解为国家对土地一经授予就放任自流了，授田制内在的限制机理使得受田百姓特别是以一顷百亩为基准的绝大部分无爵百姓的田地买卖并不会迅速发展起来。再加上当时法律对户籍人口的有效控制，其自由流动或另谋生计的机会也并不多。

谈到这里，有一个问题必须交代，这就是如果国家能够切实做到按爵给百姓足额授田，在立户或者继承过程中国家能够以掌控的田地调节有余和不足的话，岂不户户都会获得与爵相称的足额田？在爵的规制之下，土地买

---

① 《睡虎地秦墓竹简》，第 27～28 页。

② 《汉书・食货志上》。

③ 刘泽华：《中国的王权主义》，第 52 页。

卖岂不变得毫无必要和可能？实际上，授田制需要以一定的土地资源储备为基础，在实际执行中百姓未必都能及时按制度规定受足田。这样看来，在授田制下国家所允许的土地买卖无形中起到一种爵与地无法相称的调节器作用。从另一角度看，土地既经授予，国家控制的就是按爵从国家该获得多少土地的上限了，并以个体爵、地的上限定义务差役，既定的义务关系确立后，就关注义务关系而不关注百姓之间田地的流移了，从而体现出一种由对土地、人身二者的控制变为对人身的单一控制的趋向。

以上我们从授田制对百姓田的授予和内含的对买卖的限制机理着眼分析了小农经济的稳定性和买卖所导致土地兼并的非可能性，接下来我们从授田制下小农的分户析产对其经济结构的影响来看这一时期小农经济的稳定性。一般看来，小农的分户析产是导致小农经济趋向脆弱的一个重要因素。[①] 的确，分户以及家产（包括土地、田宅等）的分析会使相对更小的家庭个体出现，对于一般小农家庭特别是多子小农家庭而言，如果仅以分析而来的财产作为新立户者最初的立身之基的话，其脆弱性可想而知，田宅的不足就是面临的最大问题。不过，这在秦和汉初授田制背景下是不足为虑的。为什么这样说呢？因为授田制的特征是按户授田宅而非计口授田宅，百姓受田宅是以立户为前提，以爵级高低为依据的，与每户人口多寡无关。当时新立户者田宅的来源之一是按照规定从原来的家庭分析继承，在按爵授田宅下这是与爵的降级继承密切联系在一起的。由于爵在授田中的数量优势明显，爵位越高的人其子可继承的田宅数不仅可以得到完全满足，而且按爵分析继承还有可能出现剩余，爵位低或者无爵之子则可能无法通过继承达到其应有的田宅数，如公士、士伍、庶人的田宅就只够一个儿子继承。[②] 不过，对于仅靠继承而田宅不足的低爵或无爵的多子家庭的立户者来说，由于他们具备受田宅的资格，仍可以根据自己的爵级从国家获取相应的田宅来

---

① 有关汉代的分户析产问题，马新等《略论中国古代的家产继承制度》（载《人文杂志》1987 年第 5 期）、《试论汉唐时代家庭继承制度的反向制约》（载《齐鲁学刊》2006 年第 6 期），王彦辉《论汉代的分户析产》（载《中国史研究》2006 年第 4 期）等文均有系统论述。

② 参见杨振红《秦汉“名田宅制”说——从张家山汉简看战国秦汉的土地制度》，载《中国史研究》2003 年第 3 期。

补其不足，他们的分户析产也并不必然会造成原来家庭田宅的减少。这种情况下的分户析产与授田制终止背景下的相比，未必会导致小农经济的弱化，从而也就未必会给兼并提供可乘之机。

当然，秦和西汉初期，乡里“未有并兼之害”之局的形成不是仅仅从这一时期国家授田制度内涵的限制机理和小农经济自身稳定的内涵可以解释清楚的。毕竟制度规定的有效性还要在现实生活中去落实和检验，土地在法定范围内允许买卖也不可能消弭和阻断某些乡里豪民对小民土地的觊觎之念。换言之，虽然在授田制下小农不会自愿出卖自己的土地，但如果存在着豪强暴夺型的乡里之豪称雄乡里，小农经济也就缺乏稳定之基础了。所以，这一时期国家对乡里可能性兼并势力的有效抑制也就成为我们考察乡里“未有并兼之害”的一个不可忽视的因素。秦与汉初，地方社会势力在乡里还是大量存在的，秦汉专制主义中央集权国家不可能从根本上铲除这些乡土势力。当时乡里社会势力主要有六国贵族后裔、工商业豪富民、拥有较高军功爵之家以及游侠之士等。根据国家按爵授田的规定，爵是名有田地多少的唯一标准，除拥有较高军功爵之家一般会获得较多田地外，其他势力之财富占有与法定占田是不相配的。以大量的六国后裔为例，他们在财富和宗族结合上占有优势，但按军功论爵就未必然了，自然其财富占有与实际占有的土地数量是不成正比的。这种实际中的不平衡加上财多为右的自然倾向，在统治者看来就成为危及脆弱小农经济和乡里秩序的存在物。正因为如此，在秦和汉初他们成为国家打击和抑制的对象。

前面已指出，秦统一后曾两次大规模迁徙乡里强宗豪右，这虽然带有较强的政治目的，但对于抑制乡里可能性兼并势力同样起到了重要的作用。如《通典》卷一《食货典・田制上》引崔寔《政论》曰：

> 始暴秦隳坏法度，制人之财，既无纲纪，而乃尊奖并兼之人。乌氏以牧竖致财，宠比诸侯；寡妇清以攻丹殖业，礼以国宾。于是巧猾之萌，遂肆其意。上家累巨亿之赀，斥地侔封君之土，行苞苴以乱执政，养剑客以威黔首。专杀不辜，号无市死之子。生死之奉，多拟人主。故下户踦岖，无所跱足，乃父子低首，奴事富人，躬帅妻孥，为之服役。

关于其中所说的秦“尊奖并兼之人”，已有学者给予反驳，证明此言所述为虚，此不赘述。① 西汉初期继续对乡里强宗豪右采取迁徙和限制政策，所谓"邑里无营利之家，野泽无兼并之民"局面的出现与之不无关系。

当然，迁豪也不可能将乡里之豪迁尽，如大量存在的持高爵的有军功之家就仍然根植于乡里。不过在国家授田制下，他们尚不会很快将兼并的魔掌伸向脆弱的小农土地，特别是超出国家允许买卖范畴的强取豪夺还处在潜在状态。如《史记·萧相国世家》载门客说萧何曰："今君胡不多买田地，贱贳贷以自污？上心乃安。"以萧何之尊，获得田土可谓轻而易举。"多买"即超出制度规定而买，"多买"旨在"自污"，说明"多买"是不合法的，授田制下买卖的合法性受制度之限显而易见。从另一角度说，连萧何都对逾制多买持小心态度，其他人自不待言。史载："何置田宅必居穷处，为家不治垣屋。曰：'后世贤，师吾俭；不贤，毋为势家所夺。'"②这里的"置田宅"显然有购置的意思，是属于授田制允许范围内的买卖，"为势家所夺"内含的潜在预测成分大于现实存在。总之，我们也不能根据这则材料就得出汉初可以不受限制地购置土地和毫无限制地侵夺土地的结论。

通过上面结合授田制所作的考察，我们可以说秦和汉初乡里"未有并兼之害"局面的出现是由多层原因造成的。在这样一种社会形势下，国家既保证了有爵者的等级特权，同时又能够很大程度上保证自耕小农可以获得维持基本生计的生产资料，所有这些就给国家对乡里的有效控制奠定了基础。在这样的一种社会结构之上，制度对乡里控制各个层面的设计也具备了与实践统一的可能。

第二节　西汉国家与豪强对乡里人身、土地控制权的争夺

如果说秦和汉初国家授田制度对小农的有力支持以及政治对乡里豪强势力的有效抑制奠定了当时国家对乡里控制的基础的话，那么，随着授田制

① 参见崔向东《秦始皇"尊奖并兼之人"辨析》，载《锦州师范学院学报》2002 年第 2 期。

② 《史记·萧相国世家》。

的废止，再加上豪强势力对小农的兼并导致其破产流亡和大量奴婢化，国家对乡里的控制就面临着严峻的挑战。为了维护王权在基层的统治，当时国家从多个层面对乡里兼并势力给予不同程度的限制和打击，两者围绕以小农为核心的人身和经济控制权展开争夺，但是由于乡里兼并内在的"政治性"，再加上诸兼并力量的不断滋生蔓长，虽可收一时之效，从总体上看成效却不大。

一、乡里兼并的发展及对国家人身、经济控制的冲击

如上所述，西汉初期的授田制从实质上讲一方面具有按爵授田的功能，另一方面具有限制土地在法定数量范围内名有和买卖流通的功能。"授"和"限"共同构成了授田制的机理。"授"田需要一定的土地资源储备为后盾，如对新立户者的授田，"限"田则体现为一种制度理念上的王权支配。《汉书·食货志上》曰："孝文皇帝承亡周乱秦兵革之后，天下空虚，故务劝农桑，帅以节俭。民始充实，未有并兼之害，故不为民田及奴婢为限。"从"不为民田及奴婢为限"一语来看，汉代授田制从文帝时就开始发生变化，对此王彦辉先生有论。他说：

> 文帝以后，一方面由于赐民爵的次数过频，在普赐民爵的同时，又开入粟拜爵的先河，名田宅制已经丧失了存在的合理性；另一方面制度自身的商品化特征在商品经济不断向农村渗透的条件下，直接导致土地买卖的现象日益普遍，建立在等级制基础上的"均等"原则破坏殆尽，新兴的豪民地主购置"带郭千亩"之田，就可以和千户侯比乐。在这种情势下，名田宅制在现实中已经形同虚设，于是文帝以后放弃了汉初以来的国家直接授田制，后人所谓"不为民田及奴婢为限"，当即指此而言。[①]

① 王彦辉：《论汉代的分户析产》，载《中国史研究》2006年第4期。

随着汉文帝之后授田制内含的授田和限田功能的废止[①]，乡里兼并之害逐渐发展起来。从小农的角度来看，与授田制背景下相比他们变得更加脆弱，容易遭受外力冲击。汉初的国家授田制度是在地广人稀的背景下实施的，由于当时人地矛盾并不突出，再加上国家对小农经济的扶持，新立户者一般可以获得百亩左右的土地，即便存在不足，也不会相差太远。王彦辉先生指出："由于大规模的名田宅结束之后，不断'别为户者'仅靠政府的直接授田是满足不了实际需要的，即人口增长的无限性和开垦荒地的有限性之间的矛盾，是汉政府无法回避的难题。如何解决不断立户者对田宅的需求，汉代统治者可谓绞尽脑汁，相继采取了一系列相应对策，诸如鼓励狭乡之民徙处宽乡、徙民实边、假民公田、组织屯田等等，但这些措施多属于灾荒之年的荒政举措，不是经常性的政府行为，作为民间的自我处理机制一般是采用'分户析产'的形式。"[②]这样的结果对于富有者影响不会太大，而对于小农经济来说就未必了。除此之外，汉代文景之后田税征收仍旧延续授田制下以顷计征的制度，"田虽三十，而以顷亩出税"即可为证。这种情形，若是在国家能够满足小农按顷受田的情况下由于小农自身卖而不足也无可厚非，但是在国家无力满足百姓受田的背景下无疑会加重小农的负担，表现出不合理的一面。臧知非先生就这一点指出："汉代田税率确实很低。若按亩产量来计算，农民的田税负担确实很轻，但当田税按顷计算，按户征收时，农民的负担就不那么轻松了，有地无地、地多地少都要按顷缴税，农民的负担可想

---

① 关于汉代授田制废止的时间问题，于振波《张家山汉简中的名田制及其在汉代的实施情况》(载《中国史研究》2004 年第 1 期)一文从名田制只是最高限额的限制而非实际授予这一认识出发，认为文景后出现的"限田"的"限"或汉武帝诏"田宅逾制"的"制"等一仍汉初授田制，从而说"文、景以后，名田制仍在实行，但没有根据现实需要及时做出调整，直到元、成时期，随着徙陵制度的终止和占田过限者不受约束地发展，名田制最终遭到破坏"。对于汉武帝诏"田宅逾制"的"制"，贾丽英《汉代"名田宅制"与"田宅逾制"论说》(载《史学月刊》2007 年第 1 期)一文分析认为"此类词语应大多为观念性而非特指或实指，更与汉初的名田宅制没有直接关系"。我们认为后者的解释非常有说服力。由之看来，随着文景之后授田制的破坏，以爵名有土地的最高限额也就不复存在，但授田制内含的"限"田精神则为汉武帝和后代君臣所承继。

② 王彦辉：《论汉代的分户析产》，载《中国史研究》2006 年第 4 期。

而知。"[1]如果说以上几点是造成小农经济脆弱的制度性原因，那么乡官部吏在实际征敛过程中的横生枝节，对本来脆弱不堪的小农无疑于雪上加霜，"乡部私求，不可胜供"[2]可谓这方面的最好说明。鲍宣谈及西汉时"民有七亡"，其中就有"贪吏并公，受取不已"[3]和"苛吏繇役，失农桑时"[4]二项。总之，在授田制下本来就已经相当脆弱的小农经济，在授田制破坏的背景下面临着更为严峻的形势，这可以说给豪强等势力的兼并以可乘之机。

西汉景帝以后，乡里兼并势力非常活跃。如果说授田制下的土地买卖还受到某种限制，则这种限制恐怕在景帝之后就失去了效用。在各种兼并力量中，商人是一支不可忽视的力量。本来在文帝实行"入粟拜爵"之前，他们空有一身财富，要想购买土地还是要受到按爵名田的限制。文帝实行"入粟拜爵"之后，他们可以获取爵位，虽然不能从国家获得授田，但可以名正言顺地通过购买来获取土地，实现"以末致财，以本守之"。如果说最初他们在购买土地时尚受到爵的限额限制，那么当这种限额不存在时，他们对土地的买卖就更快地发展起来。《史记·货殖列传》载司马迁在举述各地富商大贾后曰：

> 此其章章尤异者也。皆非有爵邑俸禄弄法犯奸而富，尽椎埋去就，与时俯仰，获其赢利，以末致财，用本守之，以武一切，用文持之，变化有概，故足术也。若至力农畜，工虞商贾，为权利以成富，大者倾郡，中者倾县，下者倾乡里者，不可胜数。

又，《汉书·货殖传》在列举各地的大商人后也总结说："此其章章尤著者也。其余郡国富民兼业颛利，以货赂自行，取重于乡里者，不可胜数。故秦杨以田农而甲一州，翁伯以贩脂而倾县邑……"对于"秦杨"，孟康注曰："以田地过限，从此而富，为州中第一也。"可以说，虽然商人兼并土地之途并非一帆风顺，如在武帝时一度遭到打击，但正如陈启云先生所指出："虽然改革使

---

① 臧知非：《汉唐土地、赋役制度与农民历史命运变迁——兼谈古代农民问题的研究视角》，载《苏州大学学报》2005年第4期。

② 《汉书·贡禹传》。

③ 《汉书·鲍宣传》。

④ 《汉书·鲍宣传》。

‘商贾’破败，使商业成为政治上不受欢迎的职业，但事实上却迫使富人投资于田地，成为地主，因而更加剧了土地侵夺的问题。”①

除了商人大量购置土地对乡里的兼并外，其他豪强势力的兼并有过之而无不及。在国势强盛的汉武之世也不例外，司马迁就指出“当此之时，网疏而民富，役财骄溢，或至兼并豪党之徒，以武断于乡曲”②。这些豪强在乡里作威作福，凭借自己的势力和富有而兼并小农土地。在兼并势力中，官僚贵族应该是一支很占优势的力量，与前两种力量相比，他们对土地的兼并不仅可凭其富有的经济实力，通过正常的买卖途径实现，而且还往往仰仗其政治权势采取强买豪夺的方式进行。如果说汉初萧何“贱强买民田宅数千万”③尚带有“自污”之嫌的话，汉景帝之后则发展成为较为普遍的现象。“熟悉中国古代历史的人不难明白，历朝都有的土地兼并多数都有权力的背景，是依仗着其政治（权力）——经济（俸禄和法外收入作原始资本）的特权强制与半强制进行的，这是土地买卖的主体、大头。”④

自西汉武帝后，随着政治权力体系向社会的开放，地主、官僚和商人三位一体的结合愈加普遍，乡里兼并也愈演愈烈。董仲舒对于当时这部分人兼并的严重危害给予严厉指责，其文曰：

身宠而载高位，家温而食厚禄，因乘富贵之资力，以与民争利于下，民安能如之哉！是故众其奴婢，多其牛羊，广其田宅，博其产业，畜其积委，务此而亡已，以迫蹴民，民日削月朘，浸以大穷。富者奢侈羡溢，贫者穷急愁苦；穷急愁苦而上不救，则民不乐生；民不乐生，尚不避死，安能避罪！⑤

汉武帝时酷吏宁成“乃贳贷陂田千余顷，假贫民，役使数千家”⑥。该种现象在简牍资料中也有反映。如《居延汉简释文合校》183·13简有文：

---

① 陈启云：《汉代中国经济、社会和国家权力——评许倬云的〈汉代农业：早期中国农业经济的形成〉》，载《史学集刊》2005年第1期。

② 《史记·平准书》。

③ 《史记·萧相国世家》。

④ 王家范：《中国历史通论》，第135页。

⑤ 《汉书·董仲舒传》。

⑥ 《汉书·宁成传》。

因坐役使流亡□户百廿三擅置田监史不法不道丞相御史□执金吾家属所二千石奉捕

出土汉成帝《永始三年诏书简册》中有文如下：

第 4 简：令堪封曰富民多畜田贷▨□□□

第 5 简：来去城郭流亡离本逐末浮食□□□□□与县官并税以成家致富开并兼之路□

第 11 简：八月戊戌丞相方进重令长安男子李夆索辅等自言古租□□又闻三辅豪黠吏比复出贷史（吏）重质不止疑郡国亦然书到[①]

这些都足以说明豪民和豪吏的兼并已经普遍发展起来，并对小农经济带来严重的影响。《汉书·哀帝纪》更记载当时"诸侯王、列侯、公主、吏二千石及豪富民多畜奴婢，田宅亡限，与民争利，百姓失职，重困不足"。从总体上看，国家对于这种兼并已经无力控制。

上述势力的兼并使得本来就十分脆弱的小农的土地日益集中在这部分人手中，导致小农不断陷入破产的境地。马新师曾研究指出："就两汉情况而言，破产的与将要破产的不断贫困化的农民，有五大基本去向，即流亡、沦为依附人口、沦为奴婢、弃本逐末、起义反抗。"[②]史载史丹"童奴以百数"[③]，张安世"家童七百人"[④]等等，如此之类不胜枚举，其中因破产而被迫沦身为奴者当不在少数。《史记·万石君列传》记载："元封四年中，关东流民二百万口，无名数者四十万，公卿议欲请徙流民于边以适之。"流民几乎占了全国人口的十分之一，规模之大可见一斑。

实际上，无论流民的哪一种去向对于王权在乡里的支配来说都是严峻的挑战，对于乡里原有的秩序来说无疑是严重的破坏。固然小民"安土重迁"的本性尚可以成为流亡小民重新著籍的因素之一，而从国家的观念来看，流民也并非没有再次纳入国家名籍的可能。所以就西汉时期来说，国家

---

① 册文参见伍德熙《新发现的一份西汉诏书——〈永始三年诏书简册〉考释和有关问题》，载《西北师院学报》1983 年第 4 期。

② 马新：《商品经济与两汉农民的历史命运》，载《文史哲》1996 年第 6 期。

③ 《汉书·史丹传》。

④ 《汉书·张汤传附子安世》。

主要是通过政府救济措施招抚流民归籍，如汉宣帝诏："流民还归者，假公田，贷种、食，且勿算事。"[①]时胶东相王成"劳来不怠，流民自占八万余口"[②]。又，尹湾汉墓简牍《集簿》载东海郡：

以春令成户七千卅九口二万七千九百廿六用谷七千九百五十一石八斗□升半升率口二斗八升有奇[③]

高敏先生研究此简后认为："所谓'春令成户'者，是指在立春之后春耕开始之前重新登记户口的流民而言。由于他们脱籍，现在重新登记户口立户，官府为了奖励他们，便对春令成户者实行粮食补贴政策。"[④]这也说明国家对流民的控制虽局限于事后补救，但若不能从根本上解决百姓破产流亡的根本问题，除此之外恐怕别无更好选择。与百姓流而不定或者是在保有名数情况下依附于豪强势家不同[⑤]，一旦沦身为奴婢则意味着国家对其人身的、经济的控制权的丧失。既然国家无力从根本上解决土地兼并对国家对乡里人身、经济控制带来的冲击，那么我们不难发现，面对小农破产的历史现实，西汉中期后之君臣在对流民"招流"的同时，呼声最高的便是"限奴"，与之相伴的则是企图从一定程度上解决小农破产之源的"限田"，由此掀起西汉中后期国家与豪强间围绕土地和奴婢问题的经济和人身控制权的争夺。

二、西汉政权与豪强围绕土地、人身控制权的争夺

西汉武帝时期，在"文景之治"所奠定的基础上，社会经济获得了进一步的发展。史载：

汉兴七十余年之间，国家无事，非遇水旱之灾，民则人给家足，都鄙

---

① 《汉书·宣帝纪》。

② 《汉书·宣帝纪》。

③ 《尹湾汉墓简牍》，第78页。

④ 高敏：《〈集簿〉的释读、质疑与意义探讨——读尹湾汉简札记之二》，载《史学月刊》1997年第5期。

⑤ 西汉时期，虽不乏破产流亡者因依附豪强势家而摆脱了国家的名数，但大部分则如"客民"一样仍保有名数，他们和国家间的关系并未因依附而解脱。如《盐铁论》卷一《复古》云："往者，豪强大家，得管山海之利，采铁石鼓铸，煮海为盐。一家聚众，或至千余人，大抵尽收放流人民也。远去乡里，弃坟墓，依倚大家，聚深山穷泽之中，成奸伪之业，遂朋党之权，其轻为非亦大矣。"

廪庾皆满，而府库余货财。京师之钱累巨万，贯朽而不可校。太仓之粟陈陈相因，充溢露积于外，至腐败不可食。众庶街巷有马，阡陌之闲成群，而乘字牝者傧而不得聚会。守闾阎者食粱肉，为吏者长子孙，居官者以为姓号。故人人自爱而重犯法，先行义而后绌耻辱焉。①

但是，这并不能掩盖社会上正在发展起来的"并兼之害"问题。司马迁在述及上面盛世景象后随即指出："当此之时，网疏而民富，役才骄溢，或至兼并豪党之徒，以武断于乡曲。"②有感于社会潜在的危机，董仲舒首先倡议"限民名田，以澹不足，塞并兼之路。盐铁皆归于民。去奴婢，除专杀之威。薄赋敛，省繇役，以宽民力"③。随着对诸侯王国权力收夺的胜利，中央权力向基层社会伸展的能力得到加强，加上文景之治所积累的相对丰厚的经济财富，所以汉武帝时期对乡里兼并势力给予了直接的打击，这在一定程度上起到收夺豪强对百姓人身和经济"非法"控制权的作用。具体来说，主要是通过下列几个途径来进行的：

第一，通过告缗和名田禁令打击商人兼并势力。对于告缗的结果，《史记·平准书》有这样的记载：

卜式相齐，而杨可告缗遍天下，中家以上大抵皆遇告。杜周治之，狱少反者。乃分遣御史廷尉正监分曹往，即治郡国缗钱，得民财物以亿计，奴婢以千万数，田大县数百顷，小县百余顷，宅亦如之。于是商贾中家以上大率破，民偷甘食好衣，不事畜藏之产业，而县官有盐铁缗钱之故，用益饶矣。

前文指出，由于文帝和景帝纳粟拜爵使得商人获得了买卖土地的机会，这当中既包括市籍商人在内，当然还包括不具有市籍的官僚商人。汉武帝时公卿上言曰："贾人有市籍者，及其家属，皆无得籍名田，以便农。敢犯令，没入田童。"④在这里并没有将所有的商人牵涉其中。正如有学者所言："商业本身所具有的高额利润吸引着众多社会阶层的追逐，这使得商人阶层本身的

① 《史记·平准书》。
② 《史记·平准书》。
③ 《汉书·食货志上》。
④ 《史记·平准书》。

社会成分及其与国家秩序的关系变得十分复杂。我们不仅不能笼统地说秦汉商人都是与国家秩序相对立的社会势力，而且秦汉国家统治阶级中的一部分，是国家秩序的组成者，又是商人。”[①]那些具有商人身份的官僚等照样可以名有土地，受到限制和打击的只是那些与政治权力毫不相干的市籍商人，特别是那些通过“入粟拜爵”从而买得土地的市籍商人。从这一点可以看出当时国家打击范围的有限性。

第二，利用酷吏打击乡里兼并势力，限制其田宅逾制。如武帝时设置部刺史，以六条问事，其中第一条就是要求他们查禁“强宗豪右田宅逾制，以强凌弱，以众暴寡”[②]。酷吏对乡里之豪更是给予严厉打击，如王温舒在河内捕豪族千余家，结果“大者至族，小者乃死，家尽没入偿臧”[③]。

除此之外，武帝时期的迁豪徙陵政策对于离散乡里兼并势力也发挥了重要作用。史书记载武帝时期曾多次迁豪徙陵，其中大部分为天下豪杰兼并之家。

总的说来，由于汉武帝时期国力强盛，再加上这时世家大族尚处于初步形成阶段，经过武帝的打击和限制，乡里兼并势力得到某种程度的抑制。

西汉武帝之后，乡里宗族豪强势力获得了较大的发展，随之而来的是更加肆无忌惮的兼并。[④] 由于官僚、地主和商人三位一体的结构特征以及兼并的普遍发展，再采取直接打击的举措已经不可能，统治者转而企图通过“限田”、“限奴”的办法来抑制兼并，以解决农民大批失地流亡和沦为奴婢的现实危机。汉哀帝时有司上奏曰：“诸王、列侯得名田国中，列侯在长安及公主名田县道，关内侯、吏民名田，皆无得过三十顷。诸侯王奴婢二百人，列侯、公主百人，关内侯、吏民三十人。年六十以上，十岁以下，不在数中。贾人皆不得名田、为吏，犯者以律论。诸名田畜奴婢过品，皆没入县官。”[⑤]这一建议

① 卜宪群：《秦汉社会势力及其官僚化问题——以商人为中心的探讨》，载《江苏行政学院学报》2006年第5期。

② 《汉书·百官公卿表上》师古注引《汉官典职仪》。

③ 《汉书·王温舒传》。

④ 关于秦汉时期土地兼并出现的三次高潮，朱绍侯《秦汉土地制度与阶级关系》（中州古籍出版社1985年版）一书进行了详细论述。

⑤ 《汉书·哀帝纪》。

由于外戚大臣的反对无果而终。国家乃是一种秩序性的力量,随着乡里兼并之害的继续发展,乡里小农经济日趋脆弱,国家在乡里的统治基础开始发生动摇,社会矛盾日益激化并最终导致了西汉王朝的灭亡。

第三节 王莽"私属"制——国家争夺人身控制权的新途径

因土地兼并而导致大量农民破产沦为奴婢,成为西汉中后期的不治之症,这也是王莽执政后所面临的最棘手的问题。除非他甘于碌碌无为或者生活在风雨飘摇之中,否则就得着手解决这个问题。王莽身为汉臣,深悉师丹半和平式的限田限奴失败的深层原因,更不要说暴力式的夺田夺奴失败的内在必然性了。新王莽朝在西汉的废墟上建立,面对严重的社会问题,王莽采取了"王田"、"私属"的措施。关于"王田"所反映的国家对土地资源控制权的收夺,已为大家所熟知,相对于"限田"而言是一种新的解决方式。但对于"私属"问题,以往的理解则存在较大的偏差。在此我们主要围绕"私属"问题来看一下王莽时期国家与豪强对人身控制权的争夺。

关于王莽"私属"问题的原始记述可见于两处。如《汉书·王莽传中》载王莽始建国元年诏令:"今更名天下田曰'王田',奴婢曰'私属',皆不得卖买。其男口不盈八,而田过一井者,分余田予九族邻里乡党。故无田,今当受田者,如制度。"《汉书·食货志上》对该诏令另有类似记载:"今更名天下田曰王田,奴婢曰私属,皆不得卖买。其男口不满八,而田过一井者,分余田与九族乡党。"限于以上材料,学者们对于"私属"的身份及王莽改"奴婢"为"私属"意义的认识存在较大分歧:其一,认为王莽把"奴婢"改为"私属"只是变改奴婢的称呼而已,"私属"在身份上与奴婢没有区别,而王莽不准买卖奴婢最多也是在谋求冻结奴婢现状,因而此举并无实际意义。[①] 其二,认为王

① 翦伯赞《中国史纲要》第1册(人民出版社1979年版,第153页)、范文澜《中国通史简编》第二编(人民出版社1965年版,第94页)和赵矢元、冯兴盛《新编中国通史纲要》(吉林文史出版社1987年版,第220页)等均持此种观点。

莽把“奴婢”改为“私属”不仅是对原来奴婢称呼的改变，同时也意味着奴婢身份的变化，从而在某种程度上肯定王莽改“奴婢”为“私属”的意义。这当中，学者或者直接释“私属”为依附农民和佃农，或者释为庶人，或者释为家人、家众，但都认为“私属”是私家的依附农民或依附民。[①] 以上两类观点代表了以往学术界对于“私属”以及王莽改“奴婢”为“私属”问题的普遍看法。不过，从出土的张家山汉简中关于“私属”的法律规定来看，“私属”是一个具有特定身份的阶层，既非等同于奴婢，也非等同于依附民。由此看来，以往关于“私属”的身份以及王莽改“奴婢”为“私属”问题的认识难免会存在不妥之处。

考诸典籍，《左传·宣公十七年》有关于“私属”的记载，其文曰：“郤子至，请伐齐，晋侯弗许。请以其私属，又弗许。”司马迁在追述周代先祖古公亶父之功业时说其“乃与私属遂去豳，度漆、沮，逾梁山，止于岐下”[②]。此二处的“私属”当指依附于主人并为其劳作或奔走效力之人，我们也没有理由否认他们当中可能包括一定量的奴隶。此时的“私属”与文献中的“徒”、“属徒”等没有什么差别。[③] 现有文献中不见战国及秦代有“私属”之称谓。张家山汉简《二年律令·亡律》中有些律文涉及“私属”问题，内容主要是针对当时的奴婢特别是主奴关系所作的法律性规定。律文内容如下：

> 奴婢为善而主欲免者，许之，奴命曰私属，婢为庶人，皆复使及筭（算），事之如奴婢。主死若有罪，以私属为庶人，刑者以为隐官。所免不善，身免者得复入奴婢之。其亡，有它罪，以奴婢律论之。[④]

---

① 朱绍侯《秦汉时代的奴隶、依附农民和其他劳动者——秦汉土地制度和阶级关系研究》（载《秦汉史论丛》第1辑，陕西人民出版社1981年版）、程有为《论王莽改制中的“私属”身份》（载《中州学刊》1983年第3期）和邱永明、章义和《王莽改制中的“私属”问题新探》（载《历史教学问题》1987年第4期）等均持此种观点。

② 《史记·周本纪》。

③ 关于西周春秋时期社会上的依附阶层情况，何兹全有着较详细的论证。他指出：当时“除去同族成员以外，在这些大小贵族的身边还团聚着一群依附于他们的人口，他们被称作人鬲、臣、隶、私属、私徒。西周一般称为人鬲、臣、隶，春秋称为私属、私徒，或徒”。又说：“《左传》里关于贵族的私徒属的记载是非常多的，有时被称为徒、属、属徒、私属等，他们可以概括为私徒属。”（何兹全：《中国古代社会》，北京师范大学出版社2001年版，第49、51页）

④ 《张家山汉墓竹简》，第155页。

以上律文向我们透露出这样一些历史信息：

第一，“私属”的前身是主人的奴。

第二，奴获得“私属”的身份是因为他们为善而被主人放免，放免权来自于主人，政府无强制性左右权，而只有法律认定权。

第三，“私属”的身份比奴有所提高，但尚未成为“庶人”，“私属”转变为“庶人”的时机是主人死亡或有罪，此前尚需一个过渡期。

第四，受过刑的“私属”在主人死亡或有罪时，不能转变身份成为“庶人”，而只能成为地位低于“庶人”的“隐官”。

第五，“私属”仅是对获放免的“奴”的法定称呼，被放免的“婢”则官定地直接成为“庶人”。

第六，无论是由男奴被放免而成的“私属”，还是由女婢被放免而成的“庶人”，在一定的时期内，即从被放免之时起，到原主人死亡或者原主人坐罪之时为止，都需接受原主人的监督，主人还享有“事之如奴婢”的特权。如果在此一时期内，这些被放免的“私属”和“庶人”对原主人表现不善，就有丧失既得身份而重新沦为原主人奴婢的危险。这样看来，国家既承认了主人的自主放免权，同时也法定地给予他们有条件地收回“放免”的权利。

第七，由奴婢免身而来的“私属”和“庶人”如果逃亡或者犯罪，不得按照庶人律论罪，而要按奴婢律论。

第八，从“皆复使及算”来看，律文中的“主”显然是私家奴婢拥有者，而与官奴婢不相关。虽然当时官奴婢也有其“主”，但这部分奴婢是与“算”无关的，所以律文中的“私属”是一个仅仅限于私奴婢关系领域的特殊阶层。根据学者考证，《二年律令》中的“二年”为吕后二年。这样说来，在吕后当政时期，无论是男奴被放免而成“私属”，还是女婢被放免而成“庶人”，都已经为法律所认定，从而主人放免奴婢为“私属”和“庶人”也不再是个别的现象，否则是无需写之于律文的。

通过上面对律文中“私属”身份的分析，我们不难发现，西汉时期的“私属”与上述春秋时期的“私属”相比，其所指已经有了很大的变化。“私属”不再是对主人依附性人员的广义称谓，而是对由于自己为善而被主人放免的奴的称谓。他们在当时是一个特殊的身份阶层，与奴婢和一般的庶人阶层相比有很大的差别，其地位介于奴婢和庶人之间。具体来说，“私属”与奴婢的最大区别在于：奴婢是作为主人财产的一部分而存在的，主人可以自由买卖；而“私属”虽然在一定程度上仍与原主人保持某种隶属关系，但是原主人已经没有了对他们的自主买卖权。而与一般的庶人阶层相比，“私属”还要受到法律的特殊限制。显然，“私属”在身份上也不同于依附民和佃农。

王莽不是采取限奴，更不是采取直接没入的途径来解决奴婢问题，而是从汉初社会上已经存在并依然存在于当时的“私属”式放免途径中找到了解决奴婢问题的办法。这不能不说是他的高明之处。他下诏：“今更名天下田曰‘王田’，奴婢曰‘私属’，皆不得卖买。其男口不盈八，而田过一井者，分余田予九族邻里乡党。故无田，今当受田者，如制度。”[①]王莽当政以前，西汉私家奴婢问题的日趋严重，从一个侧面说明法律所公认的“私属”等形式的放免并没有形成大的潮流，或者说，与大量农民破产沦为奴婢相比显得微乎其微；但也绝对不会引起时人的非议，儒学时代内在的“沽名钓誉”时俗至少还会给自愿放免者以美誉，从而很可能产生为时俗所认同的趋向。另外，“私属”等形式的放免充其量只是一种放免途径，并未切断农民破产而沦身为私家奴婢的路径。

仔细分析王莽的诏令，我们会发现他的继承与创新之处：第一，王莽沿用、推行社会上和汉代律文中主人放免“为善”奴婢为“私属”和“庶人”的一贯模式，但剥夺奴婢拥有者的自主放免权，而以国家诏令的形式强制放免所有奴婢为“私属”；同时内在地保留了一定时期内主人对“私属”的其他所有权利，如监督权、再收权和“事之如奴婢”的权利。也就是说，他旨在使奴婢在国家诏令的庇护下无条件地获得“私属”身份，然后经过“私属”阶段的过渡，从而逐渐实现奴婢向庶人的彻底转变。第二，“不得卖买”，这是对原有“私属”模式的创新，旨在彻底斩断奴婢的再生路径，避免庶人沦身为奴婢。第三，从王莽的诏令内容看，他是把奴婢不加区别地一律放免为“私属”，对被放免的男奴和女婢不再作“私属”和“庶人”之分。以上几点足以表明王莽在解决奴婢问题上的用意和决心。不过，正如上面所指出的那样，所谓的

① 《汉书·王莽传中》。

"私属"仅仅是一个存在于私家奴婢关系领域的特殊阶层，王莽诏令虽以"天下"奴婢作标榜，实际上仅仅针对私家奴婢而言，而与官奴婢无涉。"卖买"本来就不是官奴婢获取的主要途径，"不得卖买"也不会给官奴婢领域带来大的影响。

关于"私属"的身份以及王莽改奴婢为"私属"前后奴婢身份的变化，下引敦煌马圈湾出土汉简材料可能会给我们一点启示。

以下四则简文是吏子、私从者、奴婢等出塞计最簿的一部分：

外塞吏子私从者奴大男十五人……(《敦煌汉简》295)

出外塞吏子私从者大男廿四人……(《敦煌汉简》298)

出外塞吏子奴婢小男女二人　凡积二百六人(《敦煌汉简》304)

■凡外塞吏子奴婢小男女廿二人　积千六百六十六人(《敦煌汉简》305)

何双全先生根据简文内容及特征断定各简为子婴居摄年间文书。[①] 据简文可知，此时"奴"、"奴婢"的称谓较为普遍，而且295简说明私从者与奴有别，否则无需分别称之。

下列二简为平帝元始年间稟致簿和出入关致籍的一部分：

●高望部元始元年十月吏妻子从者奴私马稟致(《敦煌汉简》545)

●元始三年七月玉门大煎都万世候长马阳所赍操妻子从者奴婢出关致藉▨(《敦煌汉简》795)

显然，"奴"和"奴婢"的称谓也普遍存在，"从者"与"奴"、"奴婢"也有一定区别。当然我们也不能断然否认"从者"或"私从者"中可能有奴婢的存在；如果有，则这些奴婢很可能被主人临时赋予了"从者"或"私从者"的身份。

再看其他几则简文：

大奴苹　元年　七月食麦二石七斗(《敦煌汉简》546)

私属大男吉、元年　八月食粟二斛少七斗　卩　十二月己亥自取(《敦煌汉简》322)

中舍舍从者吉即苹　正月食　穬麦二斛九斗二年九月丁丑乙巳原

---

① 参见何双全《简牍》，敦煌文艺出版社2004年版，第209～210页。

当付莘〇麦一石已出李平当付二石为穬麦一石三斗〇●凡三石三斗九升毕（《敦煌汉简》548）

私属吉　元年　十一月食麦二斛七斗　十一月丁酉付吉（《敦煌汉简》329）

始建国二年桼月尽三年二月候舍私从者私属禀致（《敦煌汉简》358）

我们知道，王莽关于"王田"和"私属"的诏令颁布于始建国元年，而始建国四年才诏天下"诸名食王田，皆得卖之，勿拘以法。犯私买卖庶人者，且一切勿治"[①]。从简文记年看，358简显然是王莽始建国三年简，饶宗颐和李均明二先生考证322、329简为始建国元年帐册，548简所记为始建国二年事。[②]简文中的"莘"和"吉"指的是同一个人，546简文中称"大奴莘"，说明此时他的身份是"奴"；322简称其为"私属大男吉"，其称呼前加上了"私属"，说明这时"莘"不但改了名字，身份也由原来的"奴"变成了"私属"。"莘"的身份变化是否与王莽改制有直接关系，我们尚不敢妄下结论。不过结合这几枚简，我们还是可以把握当时奴婢身份变化的大致情况的。358简的时间为"始建国二年桼月尽三年二月"，简文将"私从者"和"私属"并列记载，说明"私从者"并不等同于"私属"，"私属"也不能简单地理解为"私从者"中的一部分，而是各有所指；这样说并不是否定"私从者"中可能会有身为"私属"者存在，这一点与前文我们不能断然否定"从者"、"私从者"中可能会有身为奴婢者一样。548简"中舍舍从者吉即莘"恰恰说明具有"私属"身份的吉是可以担任"从者"的，这可能与某些奴婢可以担当"从者"或"私从者"相一致，被临时赋予了该种身份而已。在王莽改制前，无论典籍还是出土资料中都不见"私从者私属"之类将二者并列的称谓，而多见如上引295、545、795简"私从者奴"、"从者奴"的称谓模式。笔者认为，反映王莽改奴婢为"私属"之时的358简所记，当与"私属"的前身为"奴"，改制时天下私奴婢被强制放免为"私属"不无关系。很可能是王莽改奴婢为"私属"令导致当时

---

① 《汉书·王莽传中》。

② 参见饶宗颐、李均明《敦煌汉简编年考证》，新文丰出版公司1995年版，第97～99页。

奴婢身份变化而引起传统称谓模式的变化，在官方文书中的反映，即由“私从者奴”、“从者奴”的传统称谓模式一变而成“私从者私属”类模式；当然在当时也完全可能存在“从者私属”的并列称谓。

如果这样，则可知王莽改“奴婢”为“私属”的诏令在一定时期内绝非一纸空文，而是在一定程度上得以推行。也就是说，在王莽改天下私奴婢为“私属”诏令颁布后的一段时间里，像子婴居摄年间、平帝元始年间社会上普遍存在的“奴”、“奴婢”都被强制变成了“私属”。当然，这种由“奴婢”到“私属”的变化，不像以往学者所说的仅仅是“名”的变化，更意味着“分”的变化。上引简文出土于边陲敦煌地区，反映的情况尚且如此，可以肯定在其他地区王莽的改“奴婢”为“私属”也绝非徒有虚名。

那么王莽这一解决奴婢问题的方式为什么最终失败了呢？我们可以将之与王田问题联系分析。王莽的奴婢改革与王田改革是同时进行的，他深刻认识到土地兼并和奴婢问题的内在关系，即要从根本上解决奴婢问题，势必要解决土地兼并问题。他的王田“私属”模式在一定程度上是当时群儒们的杰作，王田制从制度渊源上说是《周礼》之制度，因为人人都可以获得土地，无地可以从国家“王田”上领取，从历史背景上看，这与名田制又有着渊源关系，只是缺少了按爵名田的限制。王田制的颁布意味着土地所有权归国家所有了。改奴婢为“私属”，对奴婢来说当然也是个好消息。但对主人来说呢？他们的利益则直接受到影响。这主要表现为：其一，以国家诏令的形式强制放免所有私奴婢为“私属”，会使主人失去本来作为自己财产组成部分的奴婢。其二，在原有的自愿放免模式下，主人虽放免奴婢为“私属”或“庶人”，但国家对主人的土地是不予剥夺的。更何况，主人自主掌握放免权，并没有外来的强制力，奴婢又可自由买卖，就是在奴婢被放免为“私属”或“庶人”之后，当事主人也不会出现有其田而少其奴的劳动力与土地脱节的现象。而王莽所行的王田和奴婢改革就不同了。王田制固然会使部分地主的土地所有权受到剥夺，即使是那些地权不受剥夺者，由于土地禁止买卖，而自己的奴婢又被放免为“私属”，奴婢又禁止自由买卖，势必将出现有其地而无人耕种的现象。所以这是任何一个相关的地主都无法接受的，利益受损者的反抗是意料之中的事。再加上“土地自由买卖，不特是地主阶级的要求,也是自由农民的要求。农民阶级不断在分化,升华的农民固然要求能自由购进土地,而破产的农民也要求能自由出卖土地”[①],因此就出现了“及坐卖买田宅奴婢,铸钱,自诸侯卿大夫至于庶民,抵罪者不可胜数”[②]的现象。迫于这种情况,王莽才在始建国四年宣布“诸名食王田,皆得卖之,勿拘以法。犯私买卖庶人者,且一切勿治”。

历史地看,王莽企图从根本上解决奴婢问题的努力无疑是失败了,但他所采取的解决当时奴婢问题的方式,较之此前出现的理想化的“限田限奴”之议,无疑是一项实质性的创举。在王莽失败后的农民起义大潮中,一定会有大批的奴婢投身其中,与原主人断绝了隶属关系。东汉建国之后,刘秀能够多次颁发释放奴婢或禁止虐杀奴婢的诏令,固然与政治强权和特定历史背景有关,但从某种程度上说,王莽改“奴婢”为“私属”所造成的化奴婢为“庶人”的社会趋势无疑也会成为一种内在的推动力。

第四节 东汉乡里兼并的高涨与国家对乡里人身、经济控制的弱化

东汉政权建立后,承西汉和新莽之弊,土地兼并和自耕农的奴婢化依然是社会的棘手问题。光武帝刘秀登位之后,多次颁发免奴婢为庶人的诏令,如建武六年“诏王莽时吏人没入为奴婢不应旧法者,皆免为庶人”[③]。十三年又“诏益州民自八年以来被略为奴婢者,皆一切免为庶(民)[人]”[④]。这些对于局部和部分解决奴婢问题无疑会起到一定作用。与此同时,他还下令“度田”,以清查豪强不法侵占的土地,并检核人口,“诏下州郡检核垦田顷亩及户口年纪,又考实二千石长吏阿枉不平者……秋九月,河南尹张伋及诸郡守十余人,坐度田不实,皆下狱死”。注引《东观记》曰:“刺史太守多为诈巧,不

① 胡寄窗:《中国经济思想史》(中),上海人民出版社 1963 年版,第 157 页。

② 《汉书・王莽传中》。

③ 《后汉书・光武帝纪下》。

④ 《后汉书・光武帝纪下》。

务实核，苟以度田为名，聚人田中，并度庐屋里落，聚人遮道啼呼。”①尽管在度田过程中，由于执行者与强宗豪右的相互勾结和从中作梗遇到了困难，但还是取得了一定的成效。② 不过这对于东汉王朝而言无异于昙花一现罢了，此后很难再见到限制或干预兼并和掠民为奴的措施了，其直接结果是使得豪强势力对小农的兼并迅速蔓延开来，这其中既有官僚势家，也有富商大贾等乡间势力。如《后汉书·侯览传》载：“督邮张俭因举奏览贪侈奢纵，前后请夺人宅三百八十一所，田百一十八顷。”那些一般的官吏也往往“一岁典职，田宅并兼”③。对于大商人等恃财兼并和役使百姓的现象，时人仲长统有描述：

> 豪人之室，连栋数百，膏田满野，奴婢千群，徒附万计。船车贾贩，周于四方；废居积贮，满于都城。琦赂宝货，巨室不能容；马牛羊豕，山谷不能受。妖童美妾，填乎绮室，倡讴(妓)[伎]乐，列乎深堂。宾客待见而不敢去，车骑交错而不敢进。三牲之肉，臭而不可食；清醇之酎，败而不可饮。睇盼则人从其目之所视，喜怒则人随其心之所虑。
>
> 井田之变、豪人货殖，馆舍布于州郡，田亩连于方国。身无半通青纶之命，而窃三辰龙章之服；不为编户一伍之长，而有千室名邑之役。荣乐过于封君，势力侔于守令。财赂自营，犯法不坐。刺客死士，为之投命。至使弱力少智之子，被穿帷败，寄死不敛，冤枉穷困，不敢自理。虽亦由网禁疏阔，盖分田无限使之然也。④

面对日益发展的土地兼并现象，东汉的一些有识之士如仲长统等曾发出限田呼吁，如主张“限夫田以断并兼”、“犹当限以大家，勿令过制”⑤，但均未付诸实行。国家唯一可行的就是病后治疗之计，见诸史籍的就是频频地“假民公田”、“赋民公田”以及通过赐爵的形式吸引流民重新著籍。如东汉

---

① 《后汉书·光武帝纪下》。

② 参见高敏《“度田”斗争与光武中兴》(载《南都学坛》1996 年第 1 期)和臧知非《刘秀“度田”新探》(载《苏州大学学报》1997 年第 2 期)等文。

③ 《论衡·程材篇》。

④ 《后汉书·仲长统传》。

⑤ 《后汉书·仲长统传》。

明帝永平九年“诏郡国以公田赐贫人各有差”[①]；中元二年，“其赐天下男子爵，人二级；三老、孝悌、力田人三级；爵过公乘，得移与子若同产、同产子；及流人无名数欲自占者人一级”[②]；东汉和帝永元十五年春，曾“诏流民欲还归本而无粮食者，过所实禀之，疾病加致医药；其不欲还归者，勿强”[③]。汉顺帝永建二年“诏禀贷荆、豫、兖、冀四州流冗贫人，所在安业之，疾病致医药”[④]。这些措施对于解决贫民破产和流民归籍问题无疑起到了一定的作用。但我们不难发现上述之举只是一些临时性的举措而已，迫使农民失地破产流亡或沦身为奴的根本原因不解决，百姓就不会摆脱失地流亡和破产的命运。

随着豪强地主势力的不断发展，早在西汉后期就开始出现的地主田庄经济在东汉发展迅速。如大地主樊宏之父樊重经营的田庄，史书这样记载：

> 父重，字君云，世善农稼，好货殖。重性温厚，有法度，三世共财，子孙朝夕礼敬，常若公家。其营理产业，物无所弃，课役童隶，各得其宜，故能上下戮力，财利岁倍，至乃开广田土三百余顷。其所起庐舍，皆有重堂高阁，陂渠灌注。又池鱼牧畜，有求必给。[⑤]

在这样的田庄里，不仅存在大量的奴婢，同样也存在为数不少的依附农民。尽管目前对于东汉依附农是否隶属于国家名籍尚存在争议，但是这种依附关系的存在对于国家乡里秩序的负面影响是不可否认的，其总的趋势就是农民对地主的人身依附关系日益加强，而与封建国家的联系却日益减弱，国家对农民的人身和经济控制逐渐演变为地主对农民的人身和经济控制，从而导致国家在乡里政治渗透力的弱化。

---

① 《后汉书·明帝纪》。
② 《后汉书·明帝纪》。
③ 《后汉书·和帝纪》。
④ 《后汉书·顺帝纪》。
⑤ 《后汉书·樊宏传》。

第五章　秦汉政权对乡里的思想文化控制

就传统中国基层社会控制和秩序维系而言，思想文化是一个不容忽视的方面。有学者着眼于儒家伦理道德和“礼”的秩序功用，指出：“中国传统社会中，以儒家的‘小共同体’家族伦理为中介，个体、家族与国家及社会秩序构成互融不分的三位一体。”[①]更有学者强调中国乡土社会是个“无法”的社会，认为：“假如我们把法律限于以国家权力所维持的规则，但是‘无法’并不影响这社会的秩序，因为乡土社会是‘礼治’的社会。”[②]当然，思想文化范畴并非儒家道德伦理和“礼”所能涵盖，民间风俗和舆论等因素也为其组成部分。秦汉时期，国家在通过法律和行政手段对基层社会进行“硬控制”的同时，也加强了对基层社会思想文化层面的“软控制”。从一定意义上讲，国家对乡里文化的“软控制”很大程度上体现为“文化大传统”向“文化小传统”的渗透和二者间的互动。[③] 不过，秦汉政权对乡里思想文化的塑造和控制既然是在一定社会结构的基础上治国理念不断探索的结果，社会结构的发展变化也使得国家对乡里思想文化控制的实践效果未必完全循国家的理想轨

---

① 任志安、林国荣：《大共同体？小共同体？——评秦晖的“从大共同体本位走向市民社会”》，载《社会学研究》2000年第2期。

② 费孝通：《乡土中国》，第41页。

③ 文化“大传统”和“小传统”概念，是罗伯特·雷德菲尔德(Robert，Redefield)在人类学的研究中首先提出的。“大传统”主要指国家上层文化，“小传统”主要指乡土文化。

迹而发展。概言之，秦汉政权对乡里思想文化控制的深度和广度还不足以和其对现实乡里秩序维系的实际效果等而视之。立足于秦汉社会结构，通过对当时国家对乡里思想文化塑造和实际控制效果的动态考察，我们可以更好地把握该时期乡里秩序的特征和结构性变迁。

第一节　秦政“以法为教”与思想文化控制的缺憾

在商鞅变法后强大起来的秦国，以法家思想为指导，兼采“驳而霸”之方略，最终完成统一大业。秦朝建立后的统治思想并非法家思想，而是以阴阳五行为解释工具的五德终始说，这一指导思想决定了秦政尚法而治的特征。[①] 如《史记·秦始皇本纪》曰：

> 始皇推终始五德之传，以为周得火德，秦代周德，从所不胜。方今水德之始，改年始，朝贺皆自十月朔。衣服旄旌节旗皆上黑。数以六为纪，符、法冠皆六寸，而舆六尺，六尺为步，乘六马。更名河曰德水，以为水德之始。刚毅戾深，事皆决于法，刻削毋仁恩和义，然后合五德之数。于是急法，久者不赦。

在上述思想指导下，秦统一之后仍采取“以吏为师，以法为教”的治国方针。秦始皇以思想文化专制为特征的“焚书坑儒”之举更成为后世诟病之的。缘于此，秦之秩序构建缺少以伦理为核心的文化控制也就成为一种普遍认识。诚如有学者指出的：

> 《孝经》成书虽在秦统一前，但它的思想并未为秦政府采用。秦统一局面形成后，专制主义中央集权政府在统治思想上推行法家学说，在社会统治方面强调“以法为教”、“以吏为师”，企图以法的精神建立新的社会统治秩序。[②]

“以吏为师，以法为教”作为治国的原则，本不是秦所特有的，更与一个国家是否以“法家”和“霸道”治国无必然联系，而是战国以来诸地域性集权

---

① 参见臧知非《秦汉历史转折的思想史分析》，载《江汉论坛》2008 年第 7 期。

② 孙筱：《孝的观念与汉代新的社会统治秩序》，载《中国史研究》1990 年第 3 期。

国家普遍采用的治国方略。“以吏为师”强调“吏”充当教民化民的“师”，有利于使王权意志向下贯彻渗透；“以法为教”则从教民的内容上突出了“法”的必要，以使百姓明法守法。[①] 但是，战国早期商鞅在秦国变法，为适应农战的需要，对“法”的推崇达到一个新的高度，很大程度上忽视了伦理道德建设。此已为学界熟知。高敏先生研究指出：

> 出土《秦律》同商鞅制定于秦孝公时期的《秦律》不是一回事，二者之间在内容上存在着一定程度的差别；出土《秦律》的撰写年代，也各不相同，大体上是商鞅以后经过历代秦国君主的发展、补充和逐步积累而成，并不是商鞅《秦律》的原貌。[②]

这给我们一个很好的启示：秦虽在统治思想上“尚法”而治的精神不曾有大的变化，但在商鞅变法以后的较长时间里，治政思想的内涵很可能已与商鞅之时不尽相同。那么商鞅之后秦的道德伦理建设情况如何呢？我们认为，商鞅之后秦并没有因为“尚法”而完全忽视对乡里百姓思想文化的塑造和引导。

《汉书·百官公卿表上》述及乡的职官时曰：“乡有三老、有秩、啬夫、游徼。三老掌教化……皆秦制也。”又《史记·陈涉世家》载：陈涉曾“号令召三老、豪杰与皆来会计事”。由此可以确定秦朝肯定在乡里设有三老一职。三老乃负责教化百姓之乡官，秦设乡三老以之来负责教化乡里百姓的意图显而易见，即“要充分利用社区之‘父道’来完善社会调节和整合，以使相当分化的官僚政权与颇不分化的乡邑村社，达到有机的一体化”[③]。

不仅如此，秦的刻石和出土的秦代简牍中更不乏大量以儒家伦理道德整饬风俗，渲染、规范百姓行为的记载。已有学者对此分析并指出：“秦王朝在推行法治的同时，也就十分注意用教化的手段，提倡儒家的仁义礼智信，

---

① 有关这一问题的详细情况，可参考拙文《秦“以吏为师，以法为教”新议》，载《秦文化论丛》第11辑，三秦出版社2004年版。

② 高敏：《商鞅〈秦律〉与云梦出土〈秦律〉的区别和联系》，载其《云梦秦简初探》，河南人民出版社1979年版，第49页。

③ 阎步克：《士大夫政治演生史稿》，北京大学出版社1998年版，第338页。

训导臣民自觉地服从现存秩序。”[①]“秦王朝不仅用儒家的伦理道德教化天下，治官理民，而且把它变成了法律条文。”[②]出土秦简律文中有大量关于家庭不孝行为的处罚规定，如秦简《法律答问》曰：“免老告人以为不孝，谒杀，当三环之不？不当环，亟执勿失。”[③]这是说当“免老”身份者以不孝罪告发某人时，官府可以不经过三环手续而直接缉拿不孝之人。秦简《封诊式·告子》爰书：“某里士五（伍）甲告曰：‘甲亲子同里士五（伍）丙不孝，谒杀，敢告。’即令令史己往执。”[④]《法律答问》又曰：“‘殴大父母，黥为城旦舂。’今殴高大父母，可（何）论？比大父母。”[⑤]通过这些律文可以看出当时国家对于孝道的重视。与对孝的重视相应，父权之家长权威得到秦律的充分肯定和保护。如《法律答问》云：

父盗子，不为盗。[⑥]

子告父母，臣妾告主，非公室告，勿听。可（何）谓“非公室告”？主擅杀、刑、髡其子、臣妾，是谓“非公室”告，勿听。而行告，告者罪。告【者】罪已行，它人有（又）袭其告之，亦不当听。[⑦]

孝是家庭道德伦理的核心，秦律对孝伦理的重视反映了其对以家庭为单位的道德建设一定程度的重视。家庭的稳定和谐乃社会稳定的基础，而孝对于基层社会秩序维系的功能有二：一则体现为它具有一种以道德理性为原则、以道德关系为调节杠杆的家族内在关系的调节机理；二则从王权的角度说，对孝的提倡可以使这种家族内的调节机理泛化为向心于王权的社会伦理，孝亲与忠君存在有机的联系。诚如马新师论及此问题时所指出：

中国自进入文明社会以来，就一直是一个建立在农业经济基础上的、以父家长为中心的宗法制社会，家国不分，君权与父权互为表里，君被视为国人之父，君民关系自然成为君父与子民的关系，君臣关系也被

① 韩星：《儒法整合——秦汉政治文化论》，中国社会科学出版社 2005 年版，第 97 页。

② 韩星：《儒法整合——秦汉政治文化论》，第 100 页。

③ 《睡虎地秦墓竹简》，第 195 页。

④ 《睡虎地秦墓竹简》，第 263 页。

⑤ 《睡虎地秦墓竹简》，第 184 页。

⑥ 《睡虎地秦墓竹简》，第 159 页。

⑦ 《睡虎地秦墓竹简》，第 196 页。

定格为父子关系，孝子与忠臣成为必然联系。[①]

这种由孝移忠的桥梁，有的学者称为"拟宗法化"[②]。秦虽然崇尚法治，但对于这一点则是不容否认和忽视的。也正是有鉴于此，一方面秦在乡里控制中表现出对法的重视，另一方面又表现出对以孝为核心的道德伦理的关注。[③] 这种精神不仅体现在对普通百姓的要求上，而且也体现在对官吏的素质要求上。秦简《为吏之道》有对善吏的"五善"要求：

吏有五善：一曰中(忠)信敬上，二曰精(清)廉毋谤，三曰举事审当，四曰喜为善行，五曰龚(恭)敬多让。五者毕至，必有大赏。[④]

"忠信"、"敬上"、"多让"、"善行"等明显透露出儒家的道德伦理精神。显然，当时的执政者并不是纯粹用法家思想要求官吏，而是同时用儒家的某些道德标准去要求官吏的。《为吏之道》还要求官吏：

严刚毋暴，廉而毋刖，毋复期胜，毋以忿怒夬(决)。宽俗(容)忠信，和平毋怨，悔过勿重。兹(慈)下勿陵，敬上勿犯，听间(谏)勿塞。[⑤]

这里也明显含有儒家所宣扬的一些道德规范和行为准则。《为吏之道》还认为，只要官吏做到了不贪财、不泄密、不失言等，且时怀"术(怵)悐(惕)之心"，就可以"为人君则鬼，为人臣则忠，为人父则兹(慈)，为人子则孝"，并谓"君鬼臣忠，父兹(慈)子孝，政之本殹(也)"。[⑥] 此处宣扬的君君、臣臣、父父、子子的纲常伦理观念也别无二致。我们不难想象，诸如此类对官吏的道德要求，其精神也会以各级官吏为中介渗透到乡里百姓中去。

谈到秦以孝为核心伦理建设问题，必须考虑到秦之家族政策以及家庭形态。关于此问题，人们自然会与商鞅强令"民有二男以上不分异者，倍其

---

① 马新：《论孝在中国传统社会中的异化》，载《孔子研究》2008年第1期。

② 季乃礼：《论中国传统社会关系的拟宗法化——"宗统"与"君统"的分与合》，载《天津社会科学》2000年第2期。

③ 关于秦对儒家道德伦理的重视问题，徐复观还指出："因儒家所提倡的孝悌思想，随战国时代的'社会家族'的逐渐出现，在社会上大为流行，秦政也不能不受影响。"（徐复观：《两汉思想史》第1卷《周秦汉政治社会结构之研究》，第83页）这一点也当引起注意。

④ 《睡虎地秦墓竹简》，第283页。

⑤ 《睡虎地秦墓竹简》，第281页。

⑥ 《睡虎地秦墓竹简》，第285页。

赋”的“分异令”联系起来。尹在硕先生认为：不能将商鞅的“民有二男以上不分异者，倍其赋”的规定看作是推行成年兄弟分异的政策并于战国后期还在秦实行，战国后期秦国民间普遍的家族形态乃一室内二人以上成年兄弟同居共财的结构，不但如此，秦政府还制定法规来维护与父母同居共财的家族。[①] 李根蟠先生则对秦“分异令”给以新的精辟分析，指出：“‘分异令’所禁止的只是老百姓同时与两个已婚儿子同居共籍”，并没有造成单纯的核心家庭形态，进而肯定核心家庭、主干家庭和联合家庭的共同存在。[②] 李先生的认识应该说是比较符合秦的实际情况的，这也就是秦在乡里以孝为核心伦理建设的现实基础。

就总体说来，受到法家刑政法治和以法为教理念的影响，秦毕竟强调法和法官、法吏的作用，其对乡里百姓思想文化的积极引导和塑造也与其对泛社会化的功利性提倡不会发生根本性冲突。虽然秦始皇巡游天下时也不乏大肆宣扬其重视移风易俗、倡导教化之辞，但落实到乡里百姓的生活中恐怕远未深入。对于秦对民众思想文化层面的塑造无论从实践的途径还是实际效果来说都不能过高估计。以孝、悌为例，当时更多地体现为法律对于家庭内部不孝行为的重罚，乡里恐怕还没有建立起孝悌之类系统的激励和诱导机制。诚如有学者指出的那样：“从儒家的立场看来，秦国的孝是没有礼的教化的孝，跟儒家理念上的孝是根本不同的。”[③]这说明秦在孝的理念以及实现途径上的特殊性。所以，当时儒家德治思想在实践中对秦并未产生深层影响，由此所致秦重法治轻德治、儒家伦理道德向社会文化价值领域渗入的欠发达不能不说是秦二世而亡的重要原因之一。有学者指出：“秦国虽然严惩危及父家长权威的不孝行为，但由于排斥教化，过分强调功利和刑法惩治，反而使得人们亲情淡漠，社会风俗缺乏人情味。由于秦政府的残暴统治不能对民众心理起到潜移默化的引导作用，也失去了民众对政府的心理认

---

① 参见[韩]尹在硕《秦律所反映的秦国家族政策》，载中国社会科学院简帛研究中心编《简帛研究译丛》第1辑，第63～67页。

② 参见李根蟠《从秦汉家庭论及家庭结构的动态变化》，载《中国史研究》2006年第1期。

③ [韩]尹在硕：《秦律所反映的秦国家族政策》，载中国社会科学院简帛研究中心编《简帛研究译丛》第1辑，第84页。

同和拥护，从而使政权存在的合法性失去了社会心理的支撑。”[①]说秦从主观上完全排斥教化有些牵强，但从客观上的效果看，的确有这方面的缺憾。其以法律制度为核心的制度建设固然严密，但在以伦理道德为核心的“软控制”层面没有建立起系统的控制机制，这不能不说是一大缺憾。秦政虽也重视以家庭为核心的道德伦理，但其主要企图是用法律的强制手段去整饬风俗和道德塑造，难以实际构建良好的道德文化秩序。如秦简《语书》载秦始皇二十年南郡守腾言曰：“今法律令已布，闻吏民犯法为间私者不止，私好、乡俗之心不变。”[②]风俗整饬之功效未达，道德塑造之缺，此等现象恐怕终秦之世不曾有根本改观。至于“偶语者弃市”[③]的言论控制政策，更使秦政权失去了民意上通的一条有效途径。

第二节　汉初乡里思想文化控制体系

汉初君臣吸取秦朝二世而亡的教训，在承秦之制构建乡里行政体制的同时，开始较为系统地利用乡里既有的文化因素进行“礼”治建设，奠定了汉代“以孝治天下”的良好开端，并为西汉中期后更好地开展乡里“礼”治建设奠定了基础。

一、汉初乡里“礼”治秩序构建的必然性

西汉王朝建立之后，一方面承秦之制，从行政层面加强对乡里百姓的控制，“尽管普遍指责秦政权和其法家学说，西汉早期的朝廷仍然几乎没有离开它从秦代继承下来的法家学说和实践的范围。遵循道家无为的准则，朝廷很可能发现从事别的激烈的改革是行不通的，于是就满足于让下级政府按照既定的常规，由秦政权残留下来的或按这种常规训练出来的官吏管

① 张功：《秦汉不孝罪考论》，载《首都师范大学学报》2004 年第 5 期。

② 《睡虎地秦墓竹简》，第 15 页。

③ 《史记·高祖本纪》。

理"[①]。当时的黄老政治从制度层面而言很大程度上就是对秦的继承。[②] 另一方面，尽管黄老思想适应了当时经济和社会恢复发展之需要而成为当时的统治思想，但鉴于秦政尚法治而轻德治的亡国教训，德治和乡里的思想文化建设随着君臣检讨秦政之失而受到更大重视。可以说，"过秦"之论揭开了汉初道德文化建设的序幕，陆贾和贾谊二人在由秦政向汉政的思想转折中发挥了不可或缺的作用。

陆贾在汉承秦弊的乱局下，首先把道德文化建设的必要性提上议程。他在《新语·道基》中指出："夫谋事不并仁义者，后必败；殖不固本而立高基者，后必崩。故圣人防乱以经艺，工正曲以准绳。德胜者威广，力盛者骄众。齐桓公尚德以霸，秦二世尚刑而亡。故虐行则怨积，德布则功兴。"在《新语·无为》中更说："夫法令者，所以诛恶，非所以劝善。故曾、闵之孝，夷、齐之廉，岂畏死而为之哉！教化之所致也。"由此可见，陆贾不但明确指出秦政之失在于用刑过度而仁义不施，而且强调德治对秩序维系之不可或缺的作用，体现出构建与秦有别的新秩序的强烈愿望。

汉景帝时贾谊上疏也指出："凡人之智，能见已然，不能见将然。夫礼者禁于将然之前，而法者禁于已然之后，是故法之所用易见，而礼之所为生难知也。"[③]他又说："世主欲民之善同，而所以使民善者或异，或道之以德教，或驱之以法令。道之以德教者，德教洽而民气乐；驱之以法令者，法令极而民风哀。"[④]贾谊在《新书·礼》中对于礼的功效如是论到：

> 故道德仁义，非礼不成；教训正俗，非礼不备；分争辨讼，非礼不决；君臣上下，父子兄弟，非礼不定；宦学事师，非礼不亲；班朝治军，莅官行法，非礼威严不行。祷祠祭祀、供给鬼神，非礼不诚不庄。

显然，贾谊强调道德教化和礼对民风和统治的不可或缺的作用，强调其维系

---

① [英]崔瑞德、鲁惟一编，杨品泉等译：《剑桥中国秦汉史》，中国社会科学出版社1992年版，第823页。

② 韩星指出：从汉代的宏观政治状况来看，黄老政治主要是一种政策，而实际上在政治尤其是法律制度上，基本上是"汉承秦制"。（参见韩星《儒法整合——秦汉政治文化论》，第140页）

③ 《汉书·贾谊传》。

④ 《汉书·贾谊传》。

秩序之功效。《汉书·贾谊传》载贾谊上疏:"今或言礼谊之不如法令,教化之不如刑罚,人主胡不引殷、周、秦事以观之也?"这更是围绕德治的功效给当政者提供了参照系。

实际上汉初群臣对德治的推崇,也与他们对当时的社会道德现状的密切关注分不开。如《汉书·贾谊传》载贾谊之论:

> 故秦人家富子壮则出分,家贫子壮则出赘。借父耰鉏,虑有德色;母取箕帚,立而谇语。抱哺其子,与公并倨;妇姑不相说,则反唇而相稽。其慈子耆利,不同禽兽者亡几耳……曩之为秦者,今转而为汉矣。然其遗风余俗,犹尚未改。今世以奢靡相竞,而上亡制度,弃礼谊,捐廉耻,日甚,可谓月异而岁不同矣。逐利不耳,虑非顾行也,今其甚者杀父兄矣。盗者剟寝户之帘,搴两庙之器,白昼大都之中剽吏而夺之金。矫伪者出几十万石粟,赋六百余万钱,乘传而行郡国,此其亡行义之(尤)至者也。

总的说来,在当时的历史情况下,汉初群臣对德治的呼吁有反秦之弊的动因,根本上是要通过德教的传布"移风易俗,使天下回心而乡道"[①]。这些思想对汉初统治者产生了一定的影响,在君臣的推动和休养生息的大环境下,促使国家以儒家伦理道德为核心走上了加强对百姓思想文化方面的塑造和控制的道路,这很大程度上成为汉初乡里"礼"治建设的重心所在。

我们知道,正统思想家对治政方向的影响固然不可或缺,但真正影响或左右统治方式的还是统治者治国思想的选择。汉初,诸子学说在经历秦政的压制后重新复苏,五德终始说也仍然存在很大影响。如荀爽曰:

> 臣闻之于师曰:"汉为火德,火生于木,木盛于火,故其德为孝,其象在《周易》之《离》。"夫在地为火,在天为日。在天者用其精,在地者用其形。夏则火王,其精在天,温暖之气,养生百木,是其孝也。冬时则废,其形在地,酷烈之气,焚烧山林,是其不孝也。[②]

这样一来,"火德"就为汉代推行孝治提供了合理性和必然性。西汉在汉武

① 《汉书·礼乐志》。
② 《后汉书·荀淑传附子爽》。

帝“罢黜百家，独尊儒术”之前，以“无为”为特征的黄老思想是统治者的指导思想。这一思想不但充分肯定刑的价值，而且同样肯定德的功效。对于汉初黄老思想德、刑兼重的内涵，通过出土的《黄帝四经》中的《经法·君正》可以窥其梗概，其中有如下文字：

> 一年从其俗，二年用其德，三年而民有得，四年而发号令，[五年而以刑正，六年而]民畏敬，七年而可以正(征)。一年从其俗，则知民则。二年用[其德]，民则力。三年无赋敛，则民有得。四年发号令，则民畏敬。五年以刑正，则民不幸(倖)。……俗者顺民心殹(也)。德者爱勉之[也]。①

汉初儒臣在此思想为统治思想的环境下向统治者渐渗儒家道德理念，不能说与此无关。

二、汉初乡里思想文化控制的途径

那么汉初乡里的“礼”治秩序的构建是如何展开的呢？

首先，在乡里广置三老、孝悌、力田等，通过他们在乡里的表率和教化作用来推行国家倡导的伦理道德规范，促进伦理道德的社会化，以达到移风易俗和社会的有序化。如《孝经·广要道章》曰：“教民亲爱莫善于孝，教民礼顺莫善于悌。”所以“孝”、“悌”成为道德建设和伦理控制的重心。而欲行教民之责，就需要建立一种承担教化任务的媒介，汉初三老、孝悌、力田的选置即是出于此目的。秦进才先生指出：“主管教化，是三老的主要职责，里父老也有这样的任务，但由于政治地位的不同，教化的范围、对象不一样。不同等级层次上的三老，起着不同的作用……乡、县三老主要是教化编户齐民，这是汉代极为重视的工作。”②又，《汉书·贾山传》曰：“尊养三老，视孝也。”这也很好地说明力行教化是三老设置的重要目的之一。汉高祖二年，“举民年五十以上，有修行，能帅众为善，置以为三老，乡一人。择乡三老一人为县

---

① 余明光：《黄帝四经与黄老思想》，黑龙江人民出版社1989年版，第248～249页。

② 秦进才：《汉代三老、父老异同考》，载《河北师院学报》1992年第4期。

三老，与县令丞尉以事相教，复毋徭戍。以十月赐酒肉”①。汉代三老体系正式开始建立。对此，邹水杰先生指出：“刘邦在开始建立完善三老制度时，是为了建立独立于行政之外的吏民教化系统，以此将行政统一行汉法与各地行乡俗结合起来，缓解汉法与乡俗的矛盾。”②而这样的任务是一般文吏所完不成的，“夫移风易俗，使天下回心而乡道，类非俗吏之所能为也”③。对于刘邦置三老的统治意图，马新师认为是在服务于王权支配的前提下国家对固有乡土文化因素的利用。她说：

> 三老本为传统之制，刘邦以诏令的形式将之恢复并赋予新的含义，实际上是默认了这种传统血缘势力的自律及自治秩序和机制的存在。其目的是想将这些乡间的领袖式人物——各种宗族血缘共同体的头目，纳入国家行政的统御内，将小传统服务于大社会，使他们朝着有利于中央集权的方向发展。④

三老之外，秦朝所不曾设置的孝悌、力田等乡官在乡里开始设置，并且不断完善起来。汉惠帝四年，“举民孝弟力田者复其身”⑤。吕后称制元年(前187)二月，“初置孝弟力田二千石者一人”⑥。“初置”说明以前不曾置，颜师古注曰：“特置孝弟力田官而尊其秩，欲以劝厉天下，令各敦行务本。”《后汉书·明帝纪》章怀注亦曰：“三老、孝悌、力田，三者皆乡官之名。三老，高帝置，孝悌、力田，高后置，所以劝导乡里，助成风化也。”其设置的意图是显而易见的。⑦ 不过，普遍性的乡官——孝悌、力田系统恐怕此时并没有立即建立起来。到汉文帝十二年下诏曰：

---

① 《汉书·高帝纪上》。

② 邹水杰：《两汉县行政研究》，第263页。

③ 《汉书·贾谊传》。

④ 马新：《里父老与汉代乡村社会秩序略论》，载《东岳论丛》2005年第6期。

⑤ 《汉书·惠帝纪》。

⑥ 《汉书·高后纪》。

⑦ 尽管乡三老与孝悌、力田设置的目的是一致的，但还是有所差别，诚如陈明光先生所指出：乡三老“掌教化”的职责虽然包括宣谕孝悌之义，但要比孝者、悌者只表率“孝悌之德”要更多些，三老负责“教化”民众的不单单是孝悌之义，而是内容更广泛的儒家仁义礼让之说。（参见陈明光《汉代“乡三老”与乡族势力蠡测》，载《中国社会经济史研究》2006年第4期）

孝悌，天下之大顺也。力田，为生之本也。三老，众民之师也。廉吏，民之表也。朕甚嘉此二三大夫之行。今万家之县，云无应令，岂实人情？是吏举贤之道未备也。其遣谒者劳赐三老、孝者帛人五匹，悌者、力田二匹，廉吏二百石以上率百石者三匹。及问民所不便安，而以户口率置三老孝悌力田常员，令各率其意以道民焉。①

从"各率其意以道民"来看，统治者对孝悌、三老和力田等的重视完全是着眼于这些人对于乡里秩序的塑造功能，旨在使这部分人在乡里发挥"劝导乡里，助成风化"的作用。另外，出土汉文帝时的木简诏书有文曰："县置三老二，行水兼兴船十二，置孝弟力田廿二。"②联系前文来看，在汉文帝时期，孝悌、力田的设置可能经历了一个不断完善的过程，此诏书很可能颁布于文帝十二年诏之前，当时还是以县为单位置，后来因为地方推举不力，改成按户口数置常员。不但如此，国家开始不断优崇三老、孝悌等人，在已有的乡官身份的基础上增强他们率众化民的权威。这样一来，一套便于教民、化民的系统自上而下建立起来。

其次，承秦之制，对有违于国家提倡之道德和伤风败俗行为给予严厉惩罚，以法的威慑促使百姓"回心而乡道"，这点通过孝德的日益法律化表现出来。孝德作为对百姓教化的出发点，是德治之基，如《吕氏春秋·孝行览》所指出：

凡为天下，治国家，必务本而后末。……务本莫贵于孝。人主孝则名章荣，下服听，天下誉。人臣孝则事君忠，处官廉，临难死。士民孝则耕芸疾，守战固，不罢北。夫孝，三皇五帝之本务，而万事之纪也。……夫执一术而百善至、百邪去、天下从者，其惟孝也。

正因为如此，孝德的塑造成效直接影响国家的秩序构建。出于此种考虑，国家在正面施教和引导的同时，也用法律来维护孝德，严厉打击社会中挑战孝德的诸种不孝行为。如《二年律令·贼律》规定：

子贼杀伤父母，奴婢贼杀伤主、主父母妻子，皆枭其首市。子牧杀

① 《汉书·文帝纪》。

② 中国社会科学院考古研究所：《居延汉简甲乙编》下册，中华书局1980年版，第3页。

父母，殴詈泰父母、父母叚（假）大母、主母、后母，及父母告子不孝，皆弃市。其子有罪当城旦舂、鬼薪白粲以上，及为人奴婢者，父母告子不孝，勿听。年七十以上告子不孝，必三环之。三环之各不同日而尚告，乃听之。教人不孝，黥为城旦舂。贼杀伤父母，牧杀父母，欧（殴）詈父母，父母告子不孝，其妻子为收者，皆锢，令毋得以爵偿、免除及赎。[①]

从上述律文规定可知，如果儿子杀伤、谋杀或殴打、怒骂祖父母、父母、后母，或者父母到官府告发儿子不孝，要被弃市。如果儿子被判了城旦舂、鬼薪白粲以上的罪，或者给人当奴婢，父母告子不孝，不予受理。这可能与这些特殊人群不具备对父母尽孝的条件有关。年七十以上的老人告发儿子不孝，必须"三环"而后受理。关于"三环"之义，该简整理小组解释为："环，读如'还'，《说文》：'复也。'三环，年龄在七十岁以上的人告其子不孝，必须经反复告三次，司法部门才予受理。"[②]这与秦律免老告子不孝需"亟执勿失"相比，体现出审慎的态度。不但如此，丈夫犯了以上不孝之罪，妻、子也要被收官，而且不能用爵抵消、免除和赎罪。从中可以看出汉律对不孝罪的严惩精神。《二年律令·告律》也规定：

子告父母，妇告威公，奴婢告主、主父母妻子，勿听而弃告者市。[③]

《告律》又曰：

杀伤大父母、父母，及奴婢杀伤主、主父母妻子，自告者皆不得减。[④]

汉初法律并不禁止人们相互告发有罪者，甚至鼓励人们相互监司，但如果是儿子告发父母、妻子告发丈夫、奴婢告主人和主人的父母妻子，不但不予受理，还要将告发之人处以弃市之刑。儿子杀伤祖父母、父母，奴婢杀伤主人、主人的父母妻子，虽自首也不得减罪。这其中的原因就是此类行为与国家所倡导的孝道精神直接相左，为了弘扬孝道，故将以上情形特别列出。《张家山汉墓竹简·奏谳书》中引汉律曰：

---

① 《张家山汉墓竹简》，第139页。

② 《张家山汉墓竹简》，第139页。

③ 《张家山汉墓竹简》，第151页。

④ 《张家山汉墓竹简》，第151页。

> 教人不孝，次不孝之律。不孝者弃市。弃市之次，黥为城旦舂。[①]

本人不孝固然会受到法律严惩，教导、唆使他人不孝虽不如个人不孝后果严重，但也不利于社会提倡孝道，所以也要被黥为城旦舂。

由上举律文我们可以看出汉初政权对不孝行为的惩罚精神与秦如出一辙。有学者指出："从表面看，乡土社会秩序维持所依靠的是儒家所主张的礼治传统，但是从深层看，这种礼治中浸透着法治的精神，而且'礼'本身在相当程度上就是靠'刑'来支持的。"[②]秦与汉初法律对不孝行为的惩罚从根本上说就是为了给孝德内化提供外在法的支持。

再次，倡导尊老、养老之风，造就孝道风行的良好社会环境。孝本为家庭之私德，行孝悌首发于家庭，指父子兄弟之纵向和横向关系，而后逐渐衍化为社会的公德。马新师在探讨孝道的异化趋势后指出：

> 以儒家为代表的正统思想继续对孝进行理论上的扩展，至战国时代，完成了其社会化的进程，孝由家庭私德演变成为社会公德。春秋战国时代的正统思想家们，把孝视为对父母、对君主、对上司、对朋友、对公务、对战事等一切范围内的行为准则，视为行之四海而皆准的道德，所谓仁、义、礼、智、信等道德规范都是以孝为基础的，是孝道的推广和扩充。[③]

尽管统治者对孝的公德价值的重视过于其私德价值，但却不可不承认以孝为核心的社会普遍价值观之塑成离不开孝的私德基础。家庭或者说是家族是孝德赖以生成的丰厚土壤。汉初尊老、养老政策的推行正是以由私德到公德的以孝为核心的普遍价值观的生成为目的的。《汉书·文帝纪》载文帝诏曰：

> 老者非帛不暖，非肉不饱。今岁首，不时使人存问长老，又无布帛酒肉之赐，将何以佐天下子孙孝养其亲？今闻吏禀当受鬻者，或以陈粟，岂称养老之意哉！具为令。

---

① 《张家山汉墓竹简》，第 227 页。

② 董建辉：《"礼治"与传统农村社会秩序》，载《厦门大学学报》2005 年第 4 期。

③ 马新：《论孝在中国传统社会中的异化》，载《孔子研究》2004 年第 4 期。

又,《汉书·文帝纪》载:

有司请令县道,年八十已上,赐米人月一石,肉二十斤,酒五斗。其九十已上,又赐帛人二匹,絮三斤。赐物及当禀鬻米者,长吏阅视,丞若尉致。不满九十,啬夫、令史致。二千石遣都吏循行,不称者督之。刑者及有罪耐以上,不用此令。

《汉书·贾山传》也载汉文帝"礼高年,九十者一子不事,八十者二算不事"。这种政策的相关规定不但以诏令的形式出现,而且明确列入法律规定之中。如《二年律令·傅律》规定:

大夫以上【年】九十,不更九十一,簪裹九十二,上造九十三,公士九十四,公卒、士五(伍)九十五以上者,禀鬻米月一石。①

这是对高年每月发放鬻米的规定,由于爵是当时身份等级的象征,所以鬻米的发放资格并不是以年龄为唯一标准,而是参照爵级和年龄二者,从而也说明鬻米的发放并非以养老尊老为唯一目的,而是带有政治性等级支配的性质。又,《二年律令·傅律》规定:

大夫以上年七十,不更七十一,簪裹七十二,上造七十三,公士七十四,公卒、士五(伍)七十五,皆受仗(杖)。②

这是按照爵级高低对高年授王杖的规定,同样体现出爵与年龄结合决定资格的政治性。对于这些受杖者,国家赋予特定的权利和待遇,具体内容待后文详述。

除了上述对年长者的优遇外,其他一些政策同样体现了尊老养老精神。如对老年的恤刑,《汉书·惠帝纪》载惠帝规定:"民年七十以上若不满十岁有罪当刑者,皆完之。"《汉书·刑法志》载汉景帝下诏曰:"高年老长,人所尊敬也;鳏寡不属逮者,人所哀怜也。其著令:年八十以上,八岁以下,及孕者未乳,师、朱儒当鞠系者,颂系之。"所有这些无不与孝道的养成密切相关。有学者指出:"由于汉人普遍生活在一个四五口人数的小家庭范围之内,因

① 《张家山汉墓竹简》,第181页。

② 《张家山汉墓竹简》,第181页。

此其是否有宗族观念都是一个问题。”[①]在这种情况下，以家庭为单位的孝德的养成对于泛社会性价值观的生成的作用更可想而知了，更何况尊老养老之举内含的政治性已使其超越了家庭的范围，而变成塑造社会公德的途径。

三、汉初乡里思想文化控制的效果

以上我们围绕乡里道德伦理建设考察了汉初“礼”治秩序的构建。从上面的分析来看，西汉武帝以前，道德伦理向乡里的推广与秦相比获得了一定程度的发展，对民风民俗的塑造和改易产生了积极的作用。随着“偶语者弃市”和“挟书之律”[②]的废除，乡里的思想文化环境变得较秦为宽松。虽然在法律制度上受秦制之影响，但从国家对乡里百姓道德的塑造上看，秦法在思想文化理念层面的掣肘已经大为减弱。与当时的社会结构相适应，王权对乡里百姓思想文化的塑造和控制在一定程度上较好地发挥了稳定乡里秩序的作用。这可以从以下几个方面来说明：

其一，三老、孝悌人选的道德评价和选用的名实相符与王权支配成为他们能有效发挥导民、化民功能的保证。当时，国家能够有效掌握三老、孝悌之类人员的德行与能否被推择的权力，使其不至于为乡里社会力量所左右。除乡里三老、父老等的选置是如此外，从前引文帝诏可以看出，孝悌类的贤才也是由吏举择产生的。史载韩信“家贫无行，不得推择为吏”[③]，也说明国家掌握着德行与能否被推择的权力。在这种情况下选出的孝悌等一般来说就是乡里孝、悌的典范和德高望重者，加上对他们的频繁褒奖，很容易成为百姓品行和乡里舆论的引领者。不但如此，推孝置悌决定于国家，取决于个人的孝、悌之德行，对全体编户齐民机会均等，也会成为促使百姓行孝行悌的有利因素，这些都有利于国家在乡里的移风易俗和思想文化塑造。

其二，相对稳定的现实生活环境为国家以伦理道德为核心对乡里百姓思想文化的规范和塑造奠定了良好的历史环境。《管子·牧民》曰：“仓廪实

---

① 吾淳：《宋以前中国社会伦理相对薄弱的家族因素——从社会史研究的视角出发看汉唐时期的伦理问题》，载《现代哲学》2008年第1期。

② 《汉书·惠帝纪》。

③ 《汉书·韩信传》。

则知礼节，衣食足则知荣辱。”这是说，如果要使人懂得重视礼节，首先得使他们的物质生活有保障。王权以伦理道德来教化民众的有效性同样取决于现实百姓的生活状况。也正是出于这一考虑，汉代国家在乡里标举孝悌典范时和举力田同行，力求通过力田来引导百姓生产，稳定百姓生活。季乃礼先生指出：“忽视‘力田’将直接导致家庭危机，更严重的是将导致拟宗法化的危机。只要统治者实行‘孝治’，就必须倡导‘力田’。这也是统治者在汉初实行的‘力田’政策能够一直持续下去的重要原因之一。”[①]刘修明先生指出：“乡官力田和孝悌，是分别从物质生产方面和精神意识方面维护封建村社制的。”[②]就西汉中期以前而言，力田的设置对维持百姓生活相对稳定的作用固然不能低估，但根本上还在于这一时期王权支撑下国家的经济和政治政策为小农经济提供了一个相对安定的发展环境，促进了小农经济的发展。此点前章已经说明，不予赘述。

其三，王权对乡里强宗大姓的有力支配，使得因为推崇乡里道德规范所促成的百姓族内联结的增强尚不能发展成为王权的对抗力量。由于国家对孝等伦理道德的倡导，其在调节家族和宗族关系中的作用有加强的趋势，同时也会强化族内的联结，在一定程度上强化宗族关系。不但社会上存在的强宗大姓如此，一般百姓的族际结合也是如此。马新师认为：“必须看到，在两汉社会的变迁中，随着宗族势力的扩展，他们与政府的合作，只是乡村社会中的一个方面；而乡村社会中的另一方面，则是强宗大姓们的鱼肉地方，威福有加，甚至成为与中央集权相抗衡的一方势力。”[③]当时的统治者已经意识到这一问题。所以，我们一方面看到的是统治者对于孝等伦理道德规范的推崇，通过对其的提倡和推广来促进家内或族内关系的和谐，由之移风易俗而稳定乡里社会秩序；另一方面则是对强宗大族的限制甚至打击，如迁豪和禁止强宗族居即为最好的说明。体现在邻里关系上，国家一方面力图以伦理道德规范维系乡里秩序，另一方面则不问邻里同族与否，要求邻里之间

① 季乃礼：《三纲六纪与社会整合——由〈白虎通〉看汉代社会人伦关系》，第 53 页。

② 刘修明：《“汉以孝治天下”发微》，载《历史研究》1983 年第 6 期。

③ 马新：《论两汉乡村社会中的宗族》，载《文史哲》2000 年第 4 期。

彼此编伍以相互检举揭发。在秦和西汉前期乡里宗族充其量处于一种自然的族际联结和恢复重建阶段，不但强宗大姓数量相对有限，王权的相对强大也使得这些强宗大姓基本处于王权的控制之下。所以，由于重视道德伦理所促成的宗族之结合在很大程度上成为王权塑造乡里秩序的有效手段，还不至于发展成为王权的离心力量。在国家对乡里社会力量的相对有效的支配下，对儒家伦理道德观念的推崇既是王权意志的体现，也发挥了对行政力量塑造乡里秩序的有机补充的作用。

需要指出的是，在儒家思想被确立为官方哲学以及更为完善的乡里教化体系和导向机制建立之前，虽然当时的社会结构保证了国家倡导的伦理道德规范的导民和化民功能与王权塑造乡里秩序的有机合一，出现“五六十载之间，至于移风易俗，黎民醇厚”[①]，“人人自爱而重犯法，先行谊而黜愧辱焉”[②]的局面，但道德伦理规范在乡里的推广力度和对现实社会秩序的塑造产生的影响表现出一定的局限性，王权对百姓思想文化的塑造和控制也并非一蹴而就。从上引文帝之诏“今万家之县，云无应令”一语来看，高祖二年置三老之诏在实际执行过程中可能遇到了困难，这固然与举贤之道未备有关，但也从一个方面说明秦的三老类教化模式尚未俨然成规，可使汉循而承之。实际上，西汉在汉武帝之前，虽然通过三老、孝悌等加强对乡里百姓的道德教化以移风易俗，但毕竟儒家思想尚未成为官方的哲学思想，“霸道”与“王道”二统体现在乡里控制理念层面，前者占据主导地位，更加上“然尚有干戈，平定四海，亦未皇庠序之事也”[③]，以儒家思想为主导系统的乡里教化体系尚未建立，察举的价值导向机制尚未俨然成规，这些就决定了当时对乡里思想文化的塑造和控制还存在较大的缺陷。如贾谊《新书·时变》曰：“今世贵空爵而贱良，俗靡而尊奸；富民不为奸而贫，为里骂；廉吏释官而归，为邑笑；居官敢行奸而富，为贤吏；家处者犯法为利，为材士。”当时乡里百姓道德感的缺乏和风俗、舆论之弊卓然可见。这种现实情况虽会因为国家对乡

① 《汉书·景帝纪》。
② 《汉书·食货志上》。
③ 《汉书·儒林传》。

里思想文化的塑造和改易风俗之努力而趋向好转，但对传统因循极强的民风民俗的改移只能是个潜移默化的过程，不可能有立竿见影之效。也正是在这样一种背景下，当时国家在力行道德教化以整饬民风民俗的同时，突出百姓邻里之间编伍以相互检举揭发的秩序维系功用就顺理成章了。

第三节　汉武帝后乡里思想文化控制的日渐深入

一、乡里“礼”治体系日趋完善

经过汉初几十年社会经济的恢复和发展，黄老思想已不能很好地适应大一统国家建设的需要。伴随诸家思想的融合和彼此吸收，汉武帝时接受董仲舒“罢黜百家，独尊儒术”的建议，确立了儒家思想的官方哲学地位。儒家思想内含的“王道”治国理念强调道德伦理对社会秩序塑造和维系的作用，促使国家开始有计划、有目的地利用儒家伦理道德维护自己的统治。诚如有学者所指出的：

> 运用强势话语权，大传统对小传统进行渗透、规范、改造和提升。这方面典型史例是西汉独尊儒术后儒学之社会化进程。从汉代帝王躬自研经、身体力行的倡导，到选官教育体制的诱导；从士阶层对经典诠解和传播，到孝悌力田的表彰和乡里教化运动，儒家大传统在历史上获得空前的普及和广泛的社会化，史称“人识君臣父子之纲，家知违邪归正之路”。①

除原有的乡里置三老、孝悌和力田之制更趋完善外，国家还不断通过新的有效途径使得儒家伦理道德进一步社会化，加强了对乡里风俗的整饬和舆论的引导，由之对乡里的思想文化控制更加深入。在这一过程中，董仲舒有关社会控制的思想为德治和教化的推广提供了更为完备的理论根据。

董仲舒的社会控制思想，集中体现在他从人性的角度论证了德治和教

---

① 王健：《文化大传统与小传统新论——以两汉社会文化为例》，载《宁夏社会科学》2007年第2期。

化的必要性，从而形成所谓的德主刑辅理论。此即《春秋繁露·精华》所云："教，政之本也；狱，政之末也。其事异域，其用一也。"立足于人性之善恶，他在《春秋繁露·实性》中指出："性待渐于教训而后能为善。善，教训之所然也。"又说："性者，天质之朴也；善者，王教之化也。无其质，则王教不能化；无其王教，则质朴不能善。"当然，教化必须和法度相辅相成。如《汉书·董仲舒传》曰："王者上谨于承天意，以顺命也；下务明教化民，以成性也；正法度之宜，别上下之序，以防欲也。""天令之谓命，命非圣人不行；质朴之谓性，性非教化不成；人欲之谓情，情非制度不节。"瞿同祖先生指出：

> 儒家不止是道德家、教育家，也是政治家，有政治上的企图，更重要的是其道一以贯之，修身、教人、治国的道理是相同的一套，欲以道德家、教育家的道理应用于政治上，以礼乐仁义风化天下。[1]

这在董仲舒身上得到很好的体现。虽然在汉昭帝时的盐铁会议上贤良文学与大夫之间围绕德法问题还存在一定的争议，但董仲舒有关教化价值的理论逐渐为人们所接受，上至帝王，下至思想家，成为两汉始终不变的原则。如《汉书·宣帝纪》曰："导民以孝，则天下顺。"即使在东汉后期风俗渐趋败坏之时，德治教化的价值仍然被人们奉为圭臬。如《潜夫论·德化》中王符论曰：

> 人君之治，莫大于道，莫盛于德，莫美于教，莫神于化。道者，所以持之也；德者，所以苞之也；教者，所以知之也；化者，所以致之也。民有性、有情，有化、有俗。情、性者，心也，本也；化、俗者，行也，末也。末生于本，行起于心。是以上君抚世，先其本而后其末，顺其心而理其行。心精苟正，则奸匿无所生，邪意无所载矣。
>
> 夫化变民心，犹政变民体也。……是故上圣不务治民事而务治民心。

仲长统也强调要"敦教学以移情性，表德行以厉风俗"[2]。

大儒董仲舒从理论上的系统论证、汉武帝后儒家思想的浸润以及君臣

---

① 瞿同祖：《中国法律与中国社会》，中华书局1981年版，第299～300页。

② 《后汉书·仲长统传》。

对儒家德教的重视，使得从汉武帝开始，汉代的社会教化和精神控制模式更加完善，途径也日趋多样化。这主要从以下几个方面很好地体现出来：

其一，乡里教育体系的建立和察举制的推行起到国家对乡里思想文化塑造和控制的基础和制度保障作用。西汉初期，社会尚处于恢复时期，没有建立起乡里教育体系。针对这种现象，汉武帝时董仲舒上书曰：

> 夫万民之从利也，如水之走下，不以教化堤防之，不能止者。是故教化立而奸邪皆止者，其堤防完也；教化废而奸邪并出，刑罚不能胜者，其堤防坏也。古之王者明于此，是故南面而治天下，莫不以教化为大务。立大学以教于国，设庠序以化于邑，渐民以仁，摩民以谊，节民以礼，故其刑罚甚轻而禁不犯者，教化行而习俗美也。①

在这里，董仲舒强调教化的功用，并指出兴教化的有效途径。他的这一主张为统治者所接受，不但中央开始设置太学，郡国也办学，而且一套系统的乡里教育体制渐渐建立起来。汉平帝元始三年"立官稷及学官。郡国曰学，县、道、邑、侯国曰校。校、学置经师一人。乡曰庠，聚曰序。序、庠置《孝经》师一人"②。随着自上而下的教育体系的建立，当时社会逐渐呈现出"四海之内，学校如林，庠序盈门"③的气象。《孝经》成为乡里道德教育的主要读本，《孝经》之师自然成为乡里教化特别是童蒙教育的主要承载者。从乡聚的庠、序置《孝经》师来看，其直接的目的就是对乡里百姓进行基本的礼教培养。《四民月令·十一月》也说："研水冻，命幼童读《孝经》、《论语》、篇章、小学。"这对乡里百姓道德伦理意识的塑造无疑发挥了有效的启蒙作用。除此之外，以儒家知识分子为核心的民间聚徒授经活动也渐渐发展起来，进一步促进了儒家思想的传布，与官方教化可谓相得益彰，此种现象在东汉尤为突出。《后汉书·周磐传》载其"教授门徒常千人"。《后汉书·儒林列传》可以很好地反映该现象：

> 自光武中年以后，干戈稍戢，专事经学，自是其风世笃焉。其服儒

---

① 《汉书·董仲舒传》。
② 《汉书·平帝纪》。
③ 《后汉书·班彪传附子固》。

衣，称先王，游庠序，聚横塾者，盖布之于邦域矣。若乃经生所处，不远万里之路，精庐暂建，赢粮动有千百，其耆名高义开门受徒者，编牒不下万人。……然所谈者仁义，所传者圣法也。故人识君臣父子之纲，家知违邪归正之路。

如果说乡里教育侧重于对百姓道德的基础培养的话，察举制中的"举孝廉"和举贤良方正等则从理想追求的角度激发人们去笃行儒家之伦理道德。察举制中的"举孝廉"一科逐渐发展成为察举制的主体部分和选官的主要途径。《汉书·武帝纪》载武帝于元光元年"初令郡国举孝廉各一人"。颜师古注："孝谓善事父母者。廉为清洁有廉隅者。"[①]汉宣帝地节三年，"其令郡国举孝弟、有行义闻于乡里者各一人"[②]。东汉光武帝明令强调被选的官吏应当"皆有孝悌廉公之行"，要求"自今以后，审四科辟召，及刺史、二千石察茂才尤异孝廉之吏，务尽实核，选择英俊、贤行、廉洁、平端于县邑，务授试以职"[③]，出现"汉制使天下诵《孝经》，选吏举孝廉"[④]的局面。

从被选为孝廉者的数量来看，其处于不断增多的发展过程中，这充分说明孝廉一科越来越受到统治者的重视。被举为孝廉不仅成为入宦的途径，也成为仕人晋升的台阶。如《汉书·路温舒传》载路温舒"署决曹史。又受《春秋》，通大义。举孝廉，为山邑丞"。《汉书·王吉传》载其"少(时)[好]学明经，以郡吏举孝廉为郎"。《后汉书·韦彪传》云："彪孝行纯至……好学洽闻，雅称儒宗。建武末，举孝廉，除郎中。"《后汉书·冯衍传附子豹》云："时人称其孝。长好儒学，以《诗》、《春秋》教丽山下。乡里为之语曰：'道德彬彬冯仲文。'举孝廉，拜尚书郎。"如此之类，不胜枚举。《后汉书·桓帝纪》载桓帝诏书说："孝廉、廉吏皆当典城牧民，禁奸举善，兴化之本，恒必由之。"由之看来，统治者选廉举孝的目的终两汉不曾发生变化。

除孝廉之选重德行外，贤良文学等科同样把是否有德行作为一个重要标准，太学生的选择同样有相关的要求，据《汉书·儒林传》载，当时太学生

① 《汉书·武帝纪》。

② 《汉书·宣帝纪》。

③ 《续汉书·百官志一》注引应劭《汉官仪》。

④ 《后汉书·荀淑传附子爽》。

的选择标准为“好文学，敬长上，肃政教，顺乡里，出入不悖”。当然，能否被选用，其中很大部分取决于乡里舆论对其的评议，正是这种乡里评议成为人们恪守或追求良好的道德声誉的杠杆，也发挥了有效的舆论监督作用。

其二，统治者对奉行儒家道德观念的乡里楷模人物的尊崇褒奖使得他们很好地发挥了在乡里推行德治教化和移风易俗的榜样作用。“高超的控制方法是精神上的……借助道德上的箴言或榜样控制人的意志比依仗处罚控制人的意志强得多。”①《续汉书·百官志五》论乡三老职责曰：“三老掌教化。凡有孝子顺孙，贞女义妇，让财救患，及学士为民法式者，皆扁表其门，以兴善行。”从“以兴善行”可以看出国家对此等“彰彰尤异者”表彰的意图所在。整个两汉时期国家常有赐奖孝悌之举，而且不但给予物质赏赐，还常在赐爵上给予照顾。《汉书·宣帝纪》载宣帝本始元年“赐天下人爵各一级，孝者二级”。《汉书·成帝纪》载成帝河平四年“赐孝弟力田爵二级”。《后汉书·江革传》曰：

> 每至岁时，县当案比，革以母老，不欲摇动，自在辕中挽车，不用牛马，由是乡里称之曰“江巨孝”。
>
> 元和中，天子思革至行，制诏齐相曰：“谏议大夫江革，前以病归，今起居何如？夫孝，百行之冠，众善之始也。国家每惟志士，未尝不及革。县以见谷千斛赐‘巨孝’，常以八月长吏存问，致羊酒，以终厥身。如有不幸，祠以中牢。”

江革因为孝行而享誉乡里，并得到天子的重视和褒奖，此类孝的榜样因为受天子的重视很容易给整个社会带来影响，百姓由于对之羡慕而会群起仿效。当然，并不是任何笃行儒家道德伦理者都会受到天子的旌表。一些地方官对自己治理区域内“彰彰尤异者”的旌表同样也会在当地发挥模范榜样作用，如著名的孝子陈纪就被当时的豫州刺史“表上尚书，图象百城，以厉风俗”②，如此之类史书记载颇多。至于通过赐帛等尊奖德行卓异者的举动更是屡见不鲜，如西汉昭帝元凤元年“赐郡国所选有行义者涿郡韩福等五人

① [美]E. A. 罗斯著、秦志勇等译：《社会控制》，华夏出版社 1989 年版，第 325 页。

② 《后汉书·陈寔传附子纪》。

帛，人五十匹，遣归”，并诏曰：“朕闵劳以官职之事，其务修孝弟以教乡里。”[①]当时对于以孝为核心的道德的倡导还通过传世的大量画像石等体现出来，如武梁祠画像中就载有大量孝行故事，这都是对人们进行教育的理想版本。

当时国家对乡里有德者的尊奖和推崇还可以通过其他方面体现出来，出土简牍材料中有大量被冠以“修行”之名号者和以“修行”被举的例子：

以修行除为玉门丞▨(《敦煌汉简》861)

▨以修行除▨(《居延汉简释文合校》485・43)

修行孤山里公乘范弘年廿一　今除为甲渠尉史代王辅(《居延汉简释文合校》285・3)

修行富里公乘霍利亲年卅八(《居延汉简释文合校》174・5)

修行……□□□年十八　今除补甲沟终古燧燧长代张薄(《居延新简》E. P. T2：11)

里大夫苏谊以修行除为□□□(《居延新简》E. P. T50：155)

修行居延西道里公乘承禄年卅四今除为甲渠尉史代杨寿(《居延新简》E. P. T53：109A)

上列诸简中的“修行”有的指道德品行高尚，有的则是作为一种身份专称而与孝悌、力田之属相类。这些被国家冠以“修行”之美称或具有“修行”之德者，之所以被举为某职，是因为他们这种行为和品德为国家和乡里百姓所认可和推崇，能对乡里百姓的道德塑造和舆论起到积极的表率和引导作用，使得儒家伦理道德很容易为乡里百姓所认可和接受。

除了上述对以孝为核心的有德者的尊奖外，对于严守儒家伦理道德的烈女贞妇，国家和地方官吏也给予优崇。例如，河南乐羊子之妻拒暴自刎，太守赐予缣帛，以礼葬之，号曰“贞义”。[②]《汉书・宣帝纪》载：神爵四年夏四月，“颍川太守黄霸以治行尤异秩中二千石，赐爵关内侯，黄金百斤。及颍川吏民有行义者爵，人二级，力田一级，贞妇顺女帛”。以后更是频繁褒奖有贞节的妇女。《汉书・平帝纪》载：平帝元始元年“天下女徒已论，归家，顾山钱

① 《汉书・昭帝纪》。

② 《后汉书・乐羊子妻传》。

月三百。复贞妇，乡一人。”此时明确规定贞妇享有“复除”之优遇。东汉时期，更是常有表彰贞妇之举。如《后汉书·安帝纪》载安帝元初六年诏曰：“《月令》仲春‘养幼小，存诸孤’，季春‘赐贫穷，赈乏绝，省妇使，表贞女’，所以顺阳气，崇生长也。其赐人尤贫困、孤弱、单独谷，人三斛；贞妇有节义十斛，甄表门闾，旌显厥行。”此等表彰对于“三纲五常”、“三从四德”之维系发挥了不可忽视的导向作用。

其三，国家日益重视地方官的教化之责。汉武帝曾说：“朕闵劳以职官之事，其务修孝悌以教乡里。”[①]又曰：“公卿大夫所使总方略，合统类，广教化，美风俗也。”[②]“广教化”、“美风俗”在统治者的为政方略中的地位可见一斑。而在统治者的眼里，地方官应当肩负起教化的重任。为了更好地推行教化，国家非常重视派员观采民间风情和舆论。史载汉平帝曾“遣太仆王恽等八人置副，假节，分行天下，览观风俗”[③]。汉和帝初即位也曾“分遣使者，皆微服单行，各至州县，观采风谣”[④]。这样，就可以使得国家及时掌握地方的民情民意和政教得失。与国家的这种为政愿望相应，特别是随着儒家道德伦理的推广，地方官也通过不同形式对乡里进行道德教化和风俗整饬，这在一些循吏治理的地方表现尤为突出。例如，《汉书·黄霸传》载黄霸为太守时，“为条教，置父老师帅伍长，班行之于民间，劝以为善防奸之意”。又，《汉书·朱邑传》载朱邑“少时为舒桐乡啬夫，廉平不苛，以爱利为行，未尝笞辱人，存问耆老孤寡，遇之有恩，所部吏民爱敬焉”。到东汉，此类现象更为普遍。如《后汉书·何敞传》载何敞在汝南太守任时以宽和为政，“立春日，常召督邮还府，分遣儒术大吏案行属县，显孝悌有义行者。及举冤狱，以《春秋》义断之。是以郡中无怨声，百姓化其恩礼。其出居者，皆归养其父母，追行丧服，推财相让者二百许人”。《后汉书·仇览传》载，仇览“选为蒲亭长。劝人生业，为制科令，至于果菜为限，鸡豕有数，农事既毕，乃令子弟群居，还就黉学。其剽轻游恣者，皆役以田桑，严设科罚。躬助丧事，赈恤穷寡。期

① 《汉书·武帝纪》。

② 《汉书·武帝纪》。

③ 《汉书·平帝纪》。

④ 《后汉书·李郃传》。

年称大化。”又，《后汉书·刘宽传》载其任郡守时，“每行县止息亭传，辄引学官祭酒及处士诸生执经对讲。见父老慰以农里之言，少年勉以孝悌之训。人感德兴行，日有所化”。其中的一些循吏不仅直接推行教化，还高度重视庠序之教，发挥其教民化民的作用。如秦彭任山阳太守时，“以礼训人，不任刑罚。崇好儒雅，敦明庠序。每春秋飨射，辄修升降揖让之仪。乃为人设四诫，以定六亲长幼之礼。有遵奉教化者，擢为乡三老，常以八月致酒肉以劝勉之”①。卫飒任桂阳太守，“修庠序之教，设婚姻之礼。期年间，邦俗从化”②。此类记载频见于两汉史书。针对两汉循吏以上教化之举，有学者指出：

> 汉代循吏乃至所有地方官吏的教化实践绝对不是一种纯粹的个人行为，而首先是一种制度行为。它所秉承的并非经典儒教，而是早已化为政治共识的官僚意识和帝国理念。其原动力只能来自皇权政体的意识形态建制，所谓“化自圣躬，流及蛮荒”，其走向与演化也必然为皇权意识形态体系所主导。③

这很好地揭示了两汉地方官力行教化的本质所在。可以肯定地说，这些地方官的举措不但使得儒家的道德伦理渗入民间，而且地方上的行政组织与乡里的礼乐教化有机结合，对于地域风俗的整饬发挥了很大作用，有效地稳定了地域秩序。他们的举动往往使得境内教化大行，儒家理念逐渐深入基层。当然，在汉武帝之后的时期里，随着儒家思想影响的不断深化以及地方官僚主体的日益儒家化，国家以教化为主对乡里的渗透也经历了一个不断深化的过程。邹水杰先生分析县令长的教化事迹后得出如下认识：

> 东汉县令长的这些教化事迹与西汉儒吏代表卓茂的“劳心谆谆，视人如子，举善而教，口无恶言”有一脉相承的地方，但又有程度的不同。西汉的教化还只是停留在官吏一方的施教上，未闻其德教造成乡里风俗、民众思想方面有多大的变化。其所治也主要是顺人情之礼，所得结

① 《后汉书·秦彭传》。

② 《后汉书·卫飒传》。

③ 雷戈：《两汉郡守的教化职能——秦汉意识形态建制研究之一》，载《史学月刊》2009年第2期。

果也只是“吏人亲爱而不忍欺之”。而且在西汉,教化的情况并不多见,与东汉历朝皆有不少事例的情况有相当大的差别。[①]

其四,王杖制度及尊老养老政策的有效推行。汉武帝之后,继续倡导尊老养老之风,以利于以孝为核心的道德价值观的生成。《汉书·武帝纪》载武帝建元元年诏云:“古之立教,乡里以齿,朝廷以爵,扶世导民,莫善于德。然则于乡里先耆艾,奉高年,古之道也。今天下孝子顺孙愿自竭尽以承其亲,外迫公事,内乏资财,是以孝心缺焉。朕甚哀之。民年九十以上,已有受鬻法,为复子若孙,令得身帅妻妾遂其供养之事。”该诏的目的在于倡导养老尊老的社会风气,鼓励百姓行孝尽孝。此后汉朝诸帝不断有优崇高年之举。如《汉书·宣帝纪》载元康四年春正月诏:“自今以来,诸年八十以上,非诬告杀伤人,佗皆勿坐。”汉平帝元始四年诏:“男子年八十以上七岁以下,家非坐不道,诏所名捕,它皆无得系。其当验者,即验问,定著令。”此乃恤刑之策,与养老尊老的初衷是一样的。前文已经指出,西汉初年就已有对高年授王杖之制,西汉中期之后此制随着尊老政策的成熟而不断完善,并成为当时教化理念的很好体现者。此点在武威出土汉成帝时的“王杖诏令册”中有反映:

> 高皇帝以来至本始二年,朕甚哀怜耆老。高年赐王杖,上有鸠,使百姓望见之,比于节;吏民有敢骂殴詈辱者,逆不道。
>
> 得出入官府节第,行驰道中;列肆贾市,毋租,比山东复。[②]

这里不但对高年赐王杖,而且赋予其一定权利和特权,其他人更不得辱骂、殴打有王杖者。“王杖诏令册”中记载了大量因为对受杖者不敬而被处以极刑的案例,如:

> 云阳白水亭长张熬,坐殴抴受王杖主,使治道,男子王汤告之,即弃市。
>
> 汝南郡男子王安世,坐桀黠、击鸠杖主,折伤其杖,弃市。

---

① 邹水杰:《两汉县行政研究》,第260页。

② 武威县博物馆:《武威新出王杖诏令册》,载甘肃省文物工作队、甘肃省博物馆编《汉简研究文集》,第36页。

南郡亭长司马护，坐擅召鸠杖主，击留，弃市。

陇西男子张汤，坐桀黠、殴击王杖主，折伤其杖，弃市。[①]

东汉政府同样重视王杖制度。《续汉书·礼仪志中》载："仲秋之月，县道皆案户比民。年始七十者，授之以王杖，餔之以糜粥。八十九十，礼有加赐。王杖长[九]尺，端以鸠鸟为饰。"这里明确指出要在案比之时赐杖，因为通过案比国家就很好地掌握了百姓的年龄。《后汉书·安帝纪》载安帝元初四年诏曰："《月令》'仲秋养衰老，授几杖，行糜粥'。方今案比之时，郡县多不奉行。虽有糜粥，糠秕相半，长吏怠事，莫有躬亲，甚违诏书养老之意。其务崇仁恕，赈护寡独，称朕意焉。"这反映出法律的规定在实际执行过程中可能出现一些偏差，所以国家才致力于扶正。

其五，除了上举国家以儒家道德为核心对乡里的风俗整饬和舆论导向外，国家对有违于官方意志的思想文化倾向还给予严格限制和禁断。《后汉书·宋均传》载宋均调补辰阳长，"其俗少学者而信巫鬼，均为立学校，禁绝淫祀，人皆安之"。这与秦简《法律答问》所规定"擅兴奇祠，赀二甲"[②]的精神一脉相承。至于对乡里不孝等不德行为的惩罚更是未曾发生变化。不过也诚如有学者所指出的：

法律受治国理念的制约，随着儒家礼教在社会生活中约束地位的上升，不孝行为逐渐纳入礼教的约束范围，从五刑之首的大罪逐渐演变为道德教化的对象，刑罚惩治越来越轻，道德谴责越来越重。[③]

二、汉武帝后乡里"礼"治的实践效果

从总体上看，西汉武帝以后，国家以儒家伦理道德为核心对乡里的思想文化控制日渐深入，见载于史书的孝子、贞妇等德行卓异之属可谓不胜枚举。可以肯定地说，当时国家对百姓思想文化控制日趋深入的过程也就是国家在统治理念上日渐成熟的过程。在这一过程中，下层民众也逐渐对儒

① 武威县博物馆：《武威新出王杖诏令册》，载甘肃省文物工作队、甘肃省博物馆编《汉简研究文集》，第36～37页。

② 《睡虎地秦墓竹简》，第219页。

③ 张功：《秦汉不孝罪考论》，载《首都师范大学学报》2004年第5期。

家思想产生认同，如《后汉书·郑玄传》载郑玄“自徐州还高密，遭遇黄巾贼数万人，见玄皆拜，相约不敢入县境”。又，《后汉书·儒林列传》载大儒孙期“里落化其仁让。黄巾贼起，过期里陌，相约不犯孙先生舍”。王健先生论及西汉社会的伦理控制效用时指出：

> 由于朝廷大力倡导、灌输和普及，儒家忠孝已成为内涵完善、具有强大功能的政治伦理符号，成为政治生活中具有核心意义的价值观，逐渐内化为社会成员的心理定势和集体良知，为政治和社会整合提供了有效的文化动力，从而成风靡朝野的政风民俗。①

实际上东汉社会的情况也是如此。

当然，我们在充分肯定在国家政治主导下对乡里思想文化的塑造和控制不断深入以及维系秩序的作用的同时，还必须注意到这样的问题，即由于汉代社会结构的发展变化，国家对乡里百姓的思想文化塑造和控制在现实实践过程中并非完全按照王权的意志而运行，而是面临着社会结构变化带来的新因素的挑战。正是这些因素的出现和滋长使得王权对乡里的思想文化控制和塑造并不能完全地转化为对现实秩序的维系。这可以从下列几方面看出：

其一，西汉中期后，随着乡里强宗大族势力的发展壮大，如上所指出的乡三老、里父老之类以教化乡里为职责的人选逐渐为这部分人所控制和把持。加上作为选官重要途径的察举制对德行及乡里评议的重视，乡里常置的孝悌类表率人物逐渐为这些人所把持和控制也就成为必然，乡里的察廉举孝实际上也沦入这部分人手中。汉元帝时俗语曰：“何以孝弟为？财多而光荣。何以礼义为？史书而仕宦。何以谨慎为？勇猛而临官。”②《抱朴子·审举》载东汉灵帝和献帝时民谣云：“举秀才，不知书；察孝廉，父别居。寒素清白浊如泥，高第良将怯如鸡。”《潜夫论·论荣》中王符有感于时弊叹曰：“故曰仁重而势轻，位蔑而义荣。今之论者，多此之反，而又以九族，或以所来，则亦远于获真贤矣。”财多势大为右的价值评断心理，豪强大族操纵下孝

---

① 王健：《西汉社会的伦理控制初探》，载《社会科学战线》2009年第3期。

② 《汉书·贡禹传》。

廉选用的名实相违，再加上道德追求的功利化导致的重形式而轻内容，这些对于乡里道德塑造来说都会产生负面的影响，不但使得被选者不能很好地以自身之德引领乡里道德品行的塑造，而且会降低一般百姓通过道德之自我完善以谋取声誉的积极性。

其二，西汉中期后，随着授田制的破坏和土地兼并的愈演愈烈，个体小农的生活状况面临更为严峻的形势，大量小自耕农纷纷破产流亡或沦为奴婢、依附民。这样的生活现实，无疑会对德治所依赖的相对稳定的现实生活基础带来影响，再加上财势价值标准对人们道德理念的冲击，从而直接影响国家在乡里实行德治及风俗整饬的效果。如汉和帝时，循吏许荆力行德化，"郴人谢弘等不养父母，兄弟分析，因此皆还供养者千有余人"[①]；桓帝时汝南太守何敞崇显孝悌义行，百姓化其恩礼，"其出居者，皆归养其父母"[②]。此类不养父母的现象恐怕还有很多，该现象的出现固然与当时教化不力不无关系，但与当时社会结构和价值取向的新变化更直接相关。

其三，随着乡里宗族势力的恢复和发展，儒家伦理道德观的倡导和普及进一步促进了宗族之联结和宗族规模的扩大。有学者指出："从内部讲，宗族内各家庭互救互恤，对维护小农经济发展，防止小农破产，起到积极作用，可是从外部来看，由于小农家庭对宗族依赖性加强，对国家依附性就相对减弱，宗族逐渐发展成为一种独立的社会势力。随着东汉封建中央集权制的削弱，以及宗族势力的日益强大，到了东汉末年就发展成为强宗大姓和坞堡组织的割据。"[③]相对于西汉中期前王权对乡里强宗大族的有效驾驭而言，西汉中期以后，王权对于普遍存在并武断乡曲的强宗大姓的打击显得无力，特别是在社会动乱时期，他们往往成为王权的敌对力量，从而使得国家提倡道德伦理所促成的宗族联结成果也就很容易变成王权塑造乡里秩序的离心力。

总而言之，秦汉国家以儒家伦理道德为核心对乡里思想文化层面的塑

① 《后汉书·许荆传》注引谢承《后汉书》。

② 《后汉书·何敞传》。

③ 孙筱：《两汉经学与社会》，第 340 页。

造和控制固然不失为有效的手段之一，但其作用的有效发挥尚必须奠基于相对稳定的社会结构和国家对社会力量的有力支配之上。传统社会本来就不是靠以儒家伦理道德为核心的礼独自支撑的存在[①]，法的外在有效制约与礼的内在制约二者的有机合一才是社会稳定有序发展的根本。面对社会秩序的废乱之局，东汉后期王符等政论家在德化不废的前提下对法治的呼吁和强调当有鉴于此而发。

① 关于中国传统乡村社会秩序构造中礼与法的作用问题，董建辉先生在《"礼治"与传统农村社会秩序》（载《厦门大学学报》2005 年第 4 期）一文中有新的剖析。

第六章　民间社区与秦汉乡里秩序

秦汉时期，虽然建立了郡县乡里行政体制，建立起国家对社会的一元化支配机制，但是乡里社会仍然保持着浓厚而自然的民间社区特征。对此林甘泉先生论曰：

> 经过春秋战国的社会变动，到统一的秦王朝建立时，乡里聚落已经从先前的农村公社或家族公社共同体变成封建中央集权国家的基层行政组织。乡里不再具有分配居民份地和组织生产的经济功能，这是它区别于先前公社共同体的最重要的标志。但是，决不能认为秦汉的乡里已经完全丧失了先前共同体的自治功能。作为一种聚落形态，秦汉的乡里并非单纯是封建国家的基层行政组织，它实际上扮演了封建国家基层行政组织和民间社区的双重角色。①

为了实现对乡里的有效控制，秦汉时期国家不但建立了强大的政治、经济和文化控制机制，而且非常重视对民间社区固有因素的利用和控制。民间父老力量构建起官民沟通的中介，于乡里秩序的构建发挥了重要的作用；民间里社也进入统治阶级的视野，里、社合一体制的构建乃当时国家支配社会的有力体现，对当时乡里秩序的维系发挥了有效的作用，但社会结构的发展变化不但使得传统的社处于变化之中，形式不一的民间私社的兴起和发展更使得秦汉基层社会由里、社的相对合一逐渐出现二者分离的趋向。在本章，

① 林甘泉：《秦汉帝国的民间社区和民间组织》，载《燕京学报》新 8 期，2000 年。

我们立足于当时的社会结构，从国家与社会关系的视角对民间父老及与社相关的问题加以考察，以更好地实现对该时期国家乡里控制理念和乡里秩序变迁的把握。

第一节　秦汉王权支配下的里社

秦汉时期的里是基层行政组织，而社是先秦农村公社残留，该时期社的活动主要是宗教性的。[①] 随着专制集权国家权力向基层社会的渗透，社也被纳入里的行政范畴之内，由之形成里、社合一的王权支配模式，民间里社活动成为王权支配社会的有力体现。

秦汉时期，春秋两次祀社是里民社的活动中最重要的内容。该活动系承先秦传统而来。《韩非子·外储说右下》记载："秦襄王病，百姓为之祷；病愈，杀牛塞祷。郎中阎遏、公孙衍出见之，曰：'非社腊之时也，奚自杀牛而祠社?'怪而问之……王因使人问之，何里为之，訾其里正与伍老屯二甲。"这说明当时里中不但存在社祀活动，而且不得在规定时间之外随便进行。李悝也曾指出"社闾尝新春秋之祠，用钱三百"乃当时魏国农民的主要负担之一。[②] 由此可见，至迟到战国时期社祀已经成为基层百姓生活中不可或缺的一部分，同时百姓的社祀活动已经被纳入统治阶级的政治视野。

秦汉时期，里中普遍置社，里民的社祀活动充分受到国家的重视。关于秦代里中置社的情况，从秦末陈平所在里中的社祀活动可见一斑。史载："里中社，平为宰，分肉甚均。里父老曰：'善，陈孺子之为宰！'平曰：'嗟乎，使平得宰天下，亦如此肉矣！'"[③]秦简《封诊式·毒言》爰书中被讯者丙曰："丙家节(即)有祠，召甲等，甲等不肯来，亦未尝召丙饮。里节(即)有祠，丙与里人及甲等会饮食，皆莫肯与丙共桮(杯)器。"[④]此处的"里节(即)有祠"是一里的共同活动，本来不与人来往的丙也参与其中，里中人共同祭祀、共同

① 参见宁可《汉代的社》，载《文史》第9辑，1980年。

② 《汉书·食货志上》。

③ 《汉书·陈平传》。

④ 《睡虎地秦墓竹简》，第276页。

饮食。这种集会祭祀，从秦严禁淫祀之传统看，必定是法律范围内的里中社祀活动。在偶语者弃市、私聚行为遭禁的当时，全里居民共同的社祀活动却合法合规，可见社祀对于国家、对于民众不可或缺的一面。及至汉定鼎天下，以乡野草民登鼎的高祖和他的臣僚，更对基层里民的社祀活动表示出极大的关注。《史记·封禅书》载："高祖十年春，有司请令县常以春(三)[二]月及(时)腊祠社稷以羊豕，民里社各自财以祠。制曰：'可。'"这是以国家政令的形式对里民社祀活动的规定，随后遭受战乱影响的社祀活动，在官方的支持下迅速发展。《淮南子·时则训》曰："仲春之月……择元日，命民社。"《太平御览》卷五三二引《礼记·月令》云："仲春择元日，命人社"，又"仲秋择元日，命人社"。从"命民社"、"命人社"这些官方措辞中我们不难感觉到浓郁的政治意味。

如前面指出的那样，当时的居民组织是一个个行政性的里，在此基础上，社的设置也受到官府的控制，即要求严格以里立社，有其里则有其社，所以里和社是紧密合一的。以此为前提，以社祀为主的里民春秋两次社的活动成为国家法定的祀典，再加上社祀与每一个里民的生活息息相关，因此，这两次社祀活动就成为全里居民共同性的活动。这种活动的公共性主要体现为社祀的活动经费由全体里民共同承担，社祀的活动全里百姓共同参加。在当时的里中，虽然因为爵制形成严格的贵贱等级差别，但由于里中的社神是全里民众的共同保护神，对社神的祭祀自然表达的是一种集体性的诚敬和公共的愿望，春秋二社的主要目的是为整个里内居民祈福。这样来说，每一个里民都应该成为社祀活动的主体，共同承担社祀所需费用就是理所当然的事情。《汉书·食货志上》所言"社闾尝新春秋之祠，用钱三百"，就内含由全里居民共同分摊社祀费用。秦汉时期，这种传统循而未改。

及至社日到来，全里居民齐集里中公共的社祀场所祭祀社神。《礼记·郊特牲》曰"唯为社事，单出里"，就是这种情况的最好说明。又，《太平御览》卷三八四引《汉杂事》曰：

> 陈寔字仲弓，汉末太史家瞻星，有德星见，当有英才贤德同游者。书下诸郡县问。颍川郡上事：其日有陈太丘父子四人俱共会社，小儿季方御，太儿元方从，抱孙子长文，此是也。

这些都是全里居民共同参加社祀活动的明证。对于这种以里为单位、以社祀为核心的社活动的公共性，表面看来只不过是一种里中百姓自我的文化认同或里中宗教传统而已。其实，另外的问题我们却不得不注意，这就是：国家为什么如此重视这种宗教文化性的活动呢？这种宗教性活动又为什么会得到政治的支持呢？这些问题的解决实际上是要回答社与政治的内在关系问题，具体地说，是要回答社与基层社会秩序维持的关系问题。

著名的社会学理论家 E. A. 罗斯曾指出："许多信仰团体并不有助于维持社会秩序。那些被利用来维持社会秩序的信仰团体，在它们第一次开始被考虑用于这目的之前，也经历了一个漫长的历史时期。在完全同社会管理机器结合起来之前，信仰在多少个世纪中都只是仪式和习俗的动力。"[①] E. A. 罗斯在这里明确指出了信仰团体与社会管理机器以及社会秩序之间存在着内在的联系。根据这样一个理论我们来看秦汉时期的里民社祀活动，显然，作为基层行政组织的里无疑是国家对基层民众实行管理的机器，而共同的社祀活动又使得里民结成以社祀为共同精神的信仰团体。这样看来，随着国家对基层控制的加强，政府在严格以里规划居民的同时，着力强调里中社的建立和公共性社祀活动，岂不正是对这种结合的运用？诚如杨华先生所指出的：

> 事实上，随着中央集权政治体制的建立，基层里社的官方化和政治化功能处于加强的趋势之中。因为"里"在编户齐民政治体制中的功能不断加强，"社"在凝聚民众、安定秩序方面的功能也愈益重要。原来基于自然村落（血缘或地域）而自行组织的社，是与周礼中的一些基层礼制（如乡饮酒、乡射、求雨、族葬等）相配套的，但到了汉代，这些基层礼制越来越被赋予政治功能，成为集权政治的手段，如乡饮酒礼便与等爵制联系起来，里社之祭也必须与其上级的官社之祭步调一致。[②]

至于秦汉时期里与社结合的内在机制以及社在维持里内秩序中所发挥的政治功用，我们还得具体分析。首先，在一个里中，全部里民也就是社的

---

① ［美］E. A. 罗斯著、秦志勇等译：《社会控制》，第 107 页。

② 杨华：《战国秦汉时期的里社与私社》，载《天津师范大学学报》2006 年第 1 期。

所有成员，社的活动本身就是里的职司的一部分。对于前者，我们通过社祀活动的公共性已经很清楚；对于后者，从《春秋繁露·止雨》所载国家要求里正和父老组织各里的社祀止雨活动来看，当时社的活动由他们来组织完成也是不容置疑的。在里的止雨活动中虽有祝的出现，但这只是说明此类角色在里社活动中不可或缺，“街巷有巫，闾里有祝”[①]的现实社会决定了巫术行为融入社祀活动的必然性，我们并不能据此断定巫祝已经取代里吏掌握了相关活动的主导权。前引《韩非子·外储说右下》载秦襄王因为里中非社腊之时祠社而“訾其里正与伍老屯二甲”，从责罚直接责任人的角度看，里中社也是由里正等组织和主持的。既然里吏都是国家职能的贯彻者，是国家的基层官吏，由他们来担任社的首脑，直接掌握里民的社活动，自然更能保证社活动的政治方向性。其次，以社祀为核心的里民社活动的公共性本身具有维护里内秩序的功能。里民社的活动是里民集体精神的体现，它本身有着一种内在的凝聚力量，里民在共同的社活动中能够找到一种类似统一性的感觉。如在社日的集体活动中，人们获得了沟通思想的机会，不仅借此协调了人际关系，同时也调适了里民的心理，实现了里内成员之间的心灵沟通，进一步融洽了邻里之间的关系。也正是由于全部里民参加社的活动，也使得它成为基层官吏赖以宣达国家法令教化的政治途径。早在《周礼》中就出现过这样的记载。如《地官·州长》曰：“若以岁时祭祀州社，则属其民而读法。”敦煌出土汉简中也有相关记载。如：

●社日众人尽坐为卿明读爰书　约京令卿尽知之（《敦煌汉简》217）

这固然有先秦里与社合一传统下“政祀合一”[②]的遗留，但更是秦汉专制中央集权国家对基层秩序控制理念的一个突出表现。再次，由于社是奠基于严格的行政组织里的基础之上的，加上传统小农的封闭性特征，很容易使他们产生狭义的地域心理，以里为单位的社的共同性活动很容易使里民在心理

---

① 桓宽：《盐铁论·散不足》。

② 所谓的“政教合一”乃是舶来语，它是否适合中国古代社会，学术界还存在分歧，此处采用戴康生、彭耀的“政祀合一”说。（参见戴康生、彭耀《宗教社会学》，社会科学文献出版社 2000 年版，第 224 页）

上认同这一区域，从而产生深层的地著意识。

以上我们主要围绕社祀问题探讨了秦汉时期里与社的合一性，从中可以看出，当时里和百姓社活动的有机合一是在王权主导人民生活的前提下，将基层民众社的活动纳入王权支配范畴并使之辅翼政治的杰作。其实质就是行政组织与民间社的组织有机合一、行政对里民社的活动的有效制约。二者的联结媒介则是传统和行政的合力，具体表现为社的活动为里民的共同性活动，里从行政的角度说是国家的基层政权机构，从社的角度说又是里社活动的组织者。

整个秦汉时期，里社在人们心目中的地位不曾发生动摇。不过，整个秦汉时期里社祭祀的对象并非一成不变，突出体现为社祀对象的人格化，如陈平"少为社下宰，今民祀其位"①。里社的这种变化与王权所倡导的里、社合一的理念从根本上说是不相违的，故不为国家所禁止。

第二节 里、社的分离与私社的发展

秦汉时期这种里、社之间有机合一的模式并非一种静态的存在，随着社会结构的发展变化以及由之而来的国家对基层支配功能的弱化，里、社逐渐出现分离趋向，这直接体现为以单(弹)为主体的民间私社组织的大量出现。

《汉书·五行志中》载："建昭五年，兖州刺史浩赏禁民私所自立社。"关于这里的"私所自立社"一语，张晏注曰："民间三月九月又社，号曰私社。"臣瓒曰："旧制二十五家为一社，而民或十家五家共为田社，是私社。"宁可、张金光等先生曾对这种"私社"作出分析，认为其为里社之外出现的民间祭祀组织或者生产互助组织。② 由于资料简而不明，对该"私社"的性质只能如此作解。不过对此种"私社"出现的原因、背景则尚有探讨的余地。汉代人往往把"邑"和"野"、"庐"和"里"相对并举，有对田野散居与邑里聚居加以区别

① 《太平御览》卷五三《社稷》引《陈留风俗传》。

② 参见宁可《汉代的社》(载《文史》第9辑，1980年)、《五斗米道、张鲁政权和"社"》(载《庆祝何兹全先生九十岁论文集》，北京师范大学出版社2001年版)和张金光《秦制研究》等。

的意思，此处的"田社"可能与里社相对，指的是散居于村邑之外的零散人户在里社之外私下组织的社。[①] 我们知道，西汉中期之后，随着乡里土地兼并现象的日趋严重，大量百姓破产流亡，被迫离开原来的里聚。但"安土重迁，黎民之性"[②]，此言非但对安居在里中的百姓来说是正确的，就是对于破产流亡者来说也同样适合，他们并不是丧失了这一本性而导致流亡，也不会因为流亡而丧失掉这一本性，这样的直接结果就使得部分流民会在流亡过程中择地而居，从而形成一个个新的居民点。此点前面已有交代，不予赘述。对于这些新居民点的百姓来说，离开了原来的里的同时也就离开了原来的社，在暂时摆脱了统治者的压榨的同时也丧失了对可能惠及自己的原有政府功能的依赖。在这种情况下，新聚而成的居民点中的百姓为填补精神的空虚或弥补经济生产的需要结而成社就不足为奇了。相对于王权支配下里社合一之社而言，其就为私社了。当然，从王权支配社会的角度看，政府开始并不把这些新聚而成的居民点看成合法的存在，将其重新编入里社合一的基层系统还是政府的努力方向。所以，像浩赏禁民所私立社的过程恐怕也是将新居民点的百姓重新纳入基层行政系统的过程。但随着土地兼并的日趋严重和流民的增多，更多的新居民点不断生成却是不容否认的事实。尽管此种私社与官方里社合一的政治原则有违，并在一定时期遭到官府的禁止，但它们大量存在并处于不断发展中的趋势则是不可阻挡的。[③]

除了上述的私社，两汉时期乡里社会存在大量名曰"单"(弹、僤)的组织。[④] 作为一种组织，单在先秦时期曾存在，此点学界已多有论证。两汉时期这种名曰"单"的组织不见于传世文献，倒是传世的汉代印章和考古资料中不乏记载，如"酒单"、"宗单"、"同志单"、"孝子单"、"侍廷里父老单"等。[⑤] 目前学术界对于这种单的性质还存在争议。林甘泉、张金光等先生认为汉

---

① 参见宁可《汉代的社》(载《文史》第9辑，1980年)一文注㉘。

② 《汉书·元帝纪》。

③ 参见马新《论两汉乡村社会中的里社》，载《文史哲》1998年第5期。

④ 有一点需要指出，兖州刺史浩赏所禁"私社"中抑或有名曰"单"(弹)的私社组织在内。

⑤ 汉代以"单"、"弹"和"僤"为名的组织很多，传世汉印多有反映，俞伟超《中国古代公社组织的考察——论先秦两汉的單—僤—彈》(文物出版社1988年版，第72～75、85～87页)列出大量此类印章等资料。

代的单是一种民间结社，是与里有别的民间互助性团体，同时又肯定此时单的大量存在是古代农村公社传统的遗留。杜正胜先生肯定单是私人结社组织的同时，否定它与传统农村公社间的必然联系，认为应当从当时社会的"人际结合成分"去寻找其产生的原因。俞伟超先生则认为汉代的单是与里并存于世的农村公社组织，单的存在体现了先秦农村公社组织在汉代的持久生命力。[①] 我们认为，所谓"农村公社"的根本特征就是土地归村社集体所有，并自主定期轮换耕种，秦汉时期土地只存在国有和私有两种形态，已经不存在村社共有模式，随着定期分配"份地"这一功能的消失，农村公社组织也就不复存在，将汉代的单解释成为民间结社更为合理。不过，这种民间结社能否说成是普遍存在于两汉社会的传统农村公社的孑遗呢？从后面将论及的出于各种目的而建立的单组织所具有的团体互助特征来看，的确具有传统农村公社的基因，而这种团体互助性从根本上来说与王权对乡里的直接支配也未必存在矛盾，所以传统农村公社的某些团体互助精神在汉代社会普遍存在是完全可能的。但从王权及其制度设计层面看，秦汉王朝通过乡里制度实现对基层百姓的控制是不允许民间结社组织力量和活动存在的，这点通过王权对乡里民间结社的打击和限制可以看出。如《汉书·文帝纪》文颖注"酺五日"条曰："汉律，三人以上无故群饮酒，罚金四两。"[②]上引建昭五年兖州刺史浩赏"禁民私所自立社"也可说明此问题。可以说，只要王权能够有力驾驭并且严令限制，任何与王权支配相违的民间结社组织恐怕都难以获得自由发展的空间。[③] 这样看来，作为民间结社性质的单就不能看

---

① 参见俞伟超《中国古代公社组织的考察——论先秦两汉的單—僤—彈》、宁可《关于〈汉侍廷里父老僤买田约束石券〉》(载《文物》1982 年第 12 期)、黄士斌《河南偃师县发现汉代买田约束石券》(载《文物》1982 年第 12 期)、林甘泉《"侍廷里父老僤"与古代公社组织残余问题》(载《文物》1991 年第 7 期)、杜正胜《"单"是公社还是结社？——与俞伟超先生商榷》(载《新史学》1990 年创刊号)和张金光《有关东汉侍廷里父老僤的几个问题》(载《史学月刊》2003 年第 10 期)等。

② 《汉书·文帝纪》。

③ 杨华先生《战国秦汉时期的里社与私社》(载《天津师范大学学报》2006 年第 1 期)一文将私社的产生上溯到秦汉帝国初期，我们对此并不否认，但认为在王权有效支配基层社会的背景下，即便那时已经存在私社，但充其量也处于一种潜在的存在和发展状态，私社的大量兴起还是后来社会结构变化所致。

成是两汉社会自始至终普遍存在的组织，而应是伴随王权对乡里支配能力和支配理念的变化而逐渐发展起来的。既然其为民间结社性质的组织，也一定是适应客观现实的生活环境变化促使民间自营的需要而产生的。另外，从现存年代可考的单印时间分析，单的组织多存在于东汉，这也可为汉代单的发展是与特殊历史条件紧密相关的一种民间结社提供了佐证。以上仍限于一般理论上的推断，下面我们结合有关文字记载来具体分析汉代民间结社性质的单与社会结构的变化以及王权支配乡里的关系。

有关汉代单的具体情况，比较完整的材料之一就是《侍廷里父老僤买田约束石券》。文曰：

> 建初二年正月十五日，侍廷里父老僤祭尊于季、主疏左巨等二十五人共为约束石券里治中。乃以永平十五年六月中造起僤，敛钱共有六万一千五百，买田八十二亩。僤中其有訾次当给为里父老者，共以容田借与，得收田上毛物谷实自给。即訾下不中，还田，转与当为父老者。传后子孙以为常。其有物故，得传后代户者一人。即僤中皆訾下不中父老，季、巨等共假赁田。它如约束。单侯、单子阳、尹伯通、锜中都、周平、周兰、□□、周伟、于中山、于中程、于季、于孝卿、于程、于伯先、于孝、左巨、单力、于稚、锜初卿、左□□、于思、锜季卿、尹太孙、于伯和、尹明功。①

据券文可知，该里父老单是东汉建武二年侍廷里的25户集资买地以解决里父老经费问题而组织的民间组织。具体而言，是由25户共同出资61500钱购田八十二亩，名曰“客田”。“当给为里父老者，共以客田借与，得收田上毛物谷实自给”，就是说单中这八十二亩田作为公有财产以客田的方式交由单中訾次当充任里父老之户经营，收获之物归该里父老所有，以充当里父老日常活动的费用。侍廷里并非是新建的里组织，我们不难想象建单之际围绕该里的父老经费已经出现了新的问题，从而需要新的途径解决或完善。

① 券文转引自黄士斌《河南偃师县发现汉代买田约束石券》和宁可《关于〈汉侍廷里父老僤买田约束石券〉》（均载《文物》1982年第12期）。本处所引券文句读和释读均从张金光说（参见张金光《秦制研究》，第419页）。

我们知道，秦汉时期，里中皆设里父老，里父老"非吏"的身份决定了其很可能不能从国家获得活动费用的相应补给，而只能仰赖自身补足。国家对里父老人选"耆老有高德"与"訾"次的双重规定抑或出于此方面的考虑。但是，从国家对私社的态度看，里中百姓通过结社敛财以补给里父老活动费用的现象恐怕最初是不被允许的，而像敛钱社祀类活动则既无结社性质也并非为补充里父老费用可言。在这种情况下，里父老活动的费用对担任者来说无疑是一项较重的负担。西汉中期后，随着社会结构的发展变化，乡里出现强宗豪右逐渐垄断里父老等职务的趋势，里父老之职对其也具有一定的吸引力。按照常理，由"耆老有高德"者任里父老，其费用支出都不待全里百姓敛足补给，强宗豪右出任就更当如此。但是，一方面，强宗豪右争相担任里父老等职的趋向受制于宗族豪右在乡里扩散和分布的有限性尚不足以遍布每一个里；或虽然存在，却也不乏像张景一样"乞不为县吏、列长、伍长"而不乐于乡官里吏之职者。另一方面，西汉中期以后，由于社会结构的变化，特别是随着王莽末期各种社会改革的失败和土地兼并的发展，大量的小农破产或流亡，这也无疑会使里父老的工作变得较以前为复杂。再加上乡里道德教化体系日渐建立，里父老承担的教化责任也比以前重，这些都会加重里父老的负担，使其活动费用支出增加。在这种情况下，特别是对于一些并非由强宗豪右出任里父老的里，由于里父老对里中百姓生活的不可或缺性，为了保证被选为里父老者的正常活动，因此就出现了里中百姓自己敛钱以供担任里父老者的费用的现象。侍廷里百姓造单敛钱购地以补充该里当选为里父老者的经费就是出于这样的目的。从他们采取敛钱置田以供里父老费用的形式看，则是受到传统农村公社体制下国家对担任里父老者授予"倍田"的古老传统的影响。也正是鉴于里父老活动费用支出的增加而政府本身又无力补给的现实情况，国家为了使对乡里秩序维系不可或缺的里父老工作有效进行，才不得不承认这种民间结社组织。

小农经济自身的脆弱性也决定了他们对国家力量的依赖，而一个强有力的政府也确实能起到基层民众生活保护伞的作用。虽然这当中充斥着苛刻的压榨和奴役，但至少在得以维持基本生计的前提下，人民是甘于接受的，尤其是在天灾人祸的压力下，更表现出对政府那只"援助"之手的渴望。

但是，如上所言，西汉中期以后，伴随着地方势力对国家力量的分解和侵蚀，国家的救助力量也走向弱化，虽然史料中仍频频见政府救灾济民之举，也频见宗族大姓救济同族的行为，但相对于大量生活在风雨飘摇之中的下层民众而言，只能算是一鳞半爪而已。再加上这些所谓的救济行为只是病后开方，无法从根本上使人民摆脱所谓“户无常居，田无常主”的威胁，因此，那些处于社会底层的各个阶层根本不可能完全指望统治阶级与宗族大姓的救恤，他们也不会得到统治阶级雨露的惠及。为了生存，只有依靠自己的力量和智慧结成一定的团体与组织，集合众人之力来抵御天灾人祸，谋求自身的发展与生存。这样，在像父老单之类民间结社组织兴起并得到政府认同的同时，下层民间其他一些具有互助、自我保障性质的单组织也发展起来。汉印中所见的长寿单、益寿单、孝子单、酒单、长生安乐单等都属于这样的组织。它们或者出于生活自救，或者出于某种行业间的结合，或者出于某种文化上的交流。如长寿单、益寿单可能是下层民众组织的养老、防老性互助组织，这当与政府养老、尊老变得有名无实有关。在农村中有高年的几家或十几家自发结合起来，为各家的老人各捐纳一些钱物储存起来作为单中民户共同的养老物资，一旦单中的某成员家中高年出现病、终等情况，单中成员就会互相帮助，共渡难关。孝子单，可能是为营办丧葬事务而组成的组织。酒单，很可能是为了承办集体宴饮相结而成的组织。从这些单最初成立的目的和活动内容看，其所具有的互助等功能对于解决百姓生活中所遇到的困难无疑会起到较大的作用，从而在某种程度上有利于当时乡里秩序的维系。

上面这些单可以看成是纯粹的民间性的结社，除国家认可其存在的合法性外，并无王权直接参与和为王权利用的特征。不过，汉代也有些单无论从组织者还是组织目的来看都体现出官方的渗透色彩。《隶释》卷五《酸枣令刘熊碑》有文曰：

> 君讳熊，字孟□，广陵海西人也……出省杨土，流化南城……褒贤表善，扬幽拔微，式序在位，量能授宜，官无旷事，□□为正，以卒为更，愍念烝民，劳苦不均，为作正弹，造设门更，富者不独逸乐，贫者□顺四时，积和感晹，岁为丰穰，赋税不烦，实我刘父。吏民爱若慈父……

碑文大意是说，县令刘熊针对原来乡里正卫更赋征收摊派机制下百姓负担不均的现象，为百姓建立“正弹”，以均平更役。这种“正弹”显然是由地方官员出面组织征发正卒劳役的民间结社组织。不过刘熊仅是出面组织，弹的具体运作还得赖弹内成员自主协调完成。我们知道，汉代乡里社会结构处于不断发展变化中，而既成的赋役征派制度却未必会因时作出相应的调整。“田虽三十而以顷亩出税”所反映的西汉后期制度相对僵化与现实多变的矛盾发展到东汉会有过之而无不及，现实社会结构的变化特别是土地兼并必然会导致乡里百姓的贫富分化加剧，这种情况下要求百姓再按照既成的制度纳税服役自然就显得“劳苦不均”了，也自然会遇到实际征收摊派的困难。刘熊能够在现实和制度之间因时调整，通过建置“正弹”来完成既成制度不能有效完成的正卫更赋之征，既保证了特定乡里之征有效完成，使得相关乡官里吏不再为摊派征收而犯难，又符合乡里百姓的利益，难怪“吏民爱若慈父”。

《隶释》卷一五《昆阳都乡正卫弹碑》文曰：

□□□□国（缺六字）公□伯子□吕（缺二十四字）其（缺十六字）国□劳用民（缺九字）于一（缺十字）相扶助，卒□曰（缺三十五字）不彊，迄于中平二年正月，□令□国宁陵□君讳修，字（缺十四字）中□以府丞董察，□□抚昆阳，承□乱之余，□称圣烈。□有林官，凡处□循（缺六字）轸既到，庶□于□□。愍夫徭役之不□，乃□惟□□□圣之□，于有□以□□忠。于是乎轻赋□敛，调□□富，结弹言府，斑董科例，收其□□□□之目，临时慕顾，不烦居民。时太守东郡王环、丞济阴华林，优恤民隐，钦若是由，（缺五字）郡校刘□为民约，□□□乎无穷。自是之后，黎民用宁，吏无苛扰之烦，野无愁痛之□，□因民所利。斯所谓惠康之荣□，景均之□□□也。政之□□于是乎成，役之艰苦于是□□。颂曰：□□□命猗！我君敦《诗》悦《礼》，宁德于民。底□轻赋，帅约孔均，徭役以□，□士不（缺六字）我，好爵聿怀，多□明德，惟馨民以本□。□耕千耦，梵梵稷黍；于胥□□，永□不□。□□□□，中明慧通，□若五大夫，服厉（缺四字）为□，掌领□书□□单，钱复

> 不□，吏(缺五字)若其□，劝导有功。时□□范秩，字元稚；尉曹掾都□，字汉宾；史张苞，字子才。有秩定陵杜则，字孝□；(缺七字)守，字国宝。陈(缺四字)

此弹是东汉后期承战乱之余，依靠政府的制度和力量无法有效完成正常的"正卫"之征，为了均平徭役、减轻赋敛，由地方官出面成立的敛钱募兵的组织。一方面，加入该"正卫弹"的农民，只需缴纳一定数量的代役钱，就可以不必亲身服役，而由官府"临时慕(募)顾(雇)"代役；另一方面，在敛钱时，在一定程度上做到了均衡贫富，最终结果使得官民双方获利。

又，《鲁阳都乡正卫弹碑》：

> ⧄□□□储，不得妄给他官；君不得取，臣不得获□。□□□□□□⧄赴其身，历世受灾。民获所欲，不复出赋，官吏□□□□□⧄府文于侧，纪弹之利。其辞曰：⧄弹。国服为息，本存子衍。上供正卫，下给更贱。民用不□，□□⧄用□⧄。防彼君臣，贪惏放散，歃血誓之，浊秽革惮。费小功大，⧄身，清激□人，举国以安，咸用殖殷。立勋此国，不朽令闻。⧄阳淳于翕汉成　阳泉乡啬夫韩牧。⧄云。左尉沛国虹赵术德祖　都乡啬夫尹□。⧄芳君直。右尉河东东蒲坂孙□登高。唐乡啬夫张闳。⧄陈。别治掾赵存。瞿乡啬夫庞⧄①

这个弹是在百姓历年受灾的情况下由官府出面建立的，并有很多官吏参与其中。从"国服为息，本存子衍，上供正卫，下给更贱(践)"来看，建弹的直接目的也是为了解决徭役问题。该弹的独特之处在于采取将结"弹"收集的钱存储起来，由官府放贷取息的方式进行。实行这种结"弹"敛钱代役，很大程度上减轻了应服兵役的居民的烦劳。

上举三个弹都是顺应乡里出现的新情况，为了有效完成政府的职能，由官吏出面组织的，并得到了官方的认可，这样既达到了均平更役和减轻百姓负担的目的，又保证了国家正役更赋的顺利完成，所以被誉为利国利民的地方官的政绩。这样的弹虽不能说是纯粹的民间结社组织，但却利用了民间结社的形式，只不过将其变为服务于王权乡里职能的民间组织而已。诚如

---

① 碑文转引自俞伟超《中国古代公社组织的考察——论先秦两汉的單—僤—彈》，第135页。

邢义田先生针对上列单所言："似乎弹是官方组织，而非私人结合。事实上，这是官府利用民间已有的组织形式，达到均平徭役的目的。"[①]总而言之，先秦时期单是农村公社组织，但汉代出现的单的性质已经截然不同，两汉时期单这种私人间结社组织的出现是特定历史条件下的产物。它是与汉代社会结构和国家在乡里各项职能所发生的变化分不开的。本来私人间的结社是为法律严格禁止的，而作为私人结社的单却并未遭到政府禁止，并且单的组织形式逐渐为某些地方官为有效完成乡里特定职能所利用。如果我们注意到单这种组织内含的基层民众互助功能，再联系"授田制"破坏后乡里百姓的生活状况以及乡里各项制度在实践中遇到的各种问题，我们就不难理解，单这种组织的出现是国家无力更好地控制基层民众和有效完成各项职能时出现的，在某种程度上又可以填补国家基层行政疲软无力的空白，正是它们在一定的时空范围内与官方正统和王权支配的一致性，使其得以存在和发展。

当然，我们在充分肯定汉代单与王权支配的一致性时，这种民间结社性组织潜在的离心于王权的可能性也是不容忽视的。"弹中职称虽有若官名者，弹原本应非官僚体系的衍生物，也非出自官府的设计。"[②]这就决定了王权虽然可以利用这种民间组织形式，但却无法从根本上支配单的终极走向。

综上所述，秦汉时期随着社会结构的发展变化，乡里社会经历了一个从里、社合一到里、社相分而私社兴起的变化过程。王权支配下的里、社合一模式曾使得社发挥了维系王权秩序的有效作用，私社的兴起也并没有改变社所固有的平等互助精神，以平等互助为精神的私社兴起在某种程度上还满足了社会的需要。但伴随王权对乡里控制的日趋弱化，特别是在社会动乱时，社特别是私社的组织形式和平等精神就可能为王朝的反抗力量所利用，汇而成为颠覆一个王朝的强大浪潮。正如宁可先生针对东汉大量存在的单与道教兴起之关系所指出的："这些单应是里社以外的具有专门职能包

① 邢义田：《〈汉侍廷里父老僤买田约束石券〉再议——兼与俞伟超先生商榷》，载《中央研究院历史语言研究所集刊》第61本第4分，1990年。

② 邢义田：《〈汉侍廷里父老僤买田约束石券〉再议——兼与俞伟超先生商榷》，载《中央研究院历史语言研究所集刊》第61本第4分，1990年。

括生活互助职能的私社(单)。则五斗米道继承与仿效了汉代的社特别是某些私社的生活互助职能就是自然的事了。"①这些既反映了秦汉乡里秩序结构的变化,也反映了王权对乡里控制的变迁。

第三节 民间父老与秦汉乡里秩序

秦汉时期,由于国家基层行政对乡里的直接控制的实际存在,乡里社会也不再是不受行政干预的"自治"之地。重视和利用乡土文化固有因素的"礼"治从实质上看乃行政控制的有益补充。在这样的一种乡里政治结构下,"礼"治机制的构建不仅如前面论及的要激活和利用伦理等文化因素,更需要一种衍生于乡里而沟通国家与乡里的内生力量。秦汉时期的父老层正可谓这种力量的典型代表。他们既代表地方,又没有完全摆脱国家政治的影响和制约,在当时的"礼"治体系构建中发挥了不可忽视的作用。迄今为止,学术界已对秦汉时期民间父老与乡里秩序的关系问题作了大量探讨,但多是从单纯"自律"的角度入手的。这里我们拟从"礼"治秩序构建的视角对民间父老与国家及乡里秩序的关系重作分析,以更好地展示国家对乡土力量的利用及其复杂关系。

一、民间父老的品格特性

秦汉时期,乡里存在着一个人数众多而又颇有影响力的父老群体。对此,典籍中不乏记载。如《史记·张耳陈馀列传》载:"陈中豪傑父老乃说陈涉。"《史记·高祖本纪》载:刘邦"召诸县父老豪桀曰:'父老苦秦苛法久矣……与父老约,法三章耳……凡吾所以来,为父老除害,非有所侵暴……'乃使人与秦吏行县乡邑,告谕之"。从"父老"与豪杰并提来看,他们确为地方上颇有影响者。当然,"父老"的含义并非仅限于如是有影响力者,如《汉书·于定国传》曰:"始定国父于公,其间门坏,父老方共治之。"此处"父老"显然泛指里中老者或里中父兄。从缔造乡里秩序的视角看,"耆老而有高

① 宁可:《五斗米道、张鲁政权和"社"》,载《庆祝何兹全先生九十岁论文集》,第139~140页。

德"范畴的父老往往成为以往考察的对象，所以我们把研究点仍置于该群体身上。

秦汉时期，虽然从乡里宗族发展来看经历了一个恢复、重建和发展的过程，但不能否认的是，乡里存在着一些继承来的传统和共同认可的理念。老而有德仍然能成为一种乡里名位和身份象征。如《汉书·武帝纪》载武帝建元元年诏："古之立教，乡里以齿，朝廷以爵，扶世导民，莫善于德。然则于乡里先耆艾，奉高年，古之道也。""古之立教"、"古之道也"说明这是早已有之的传统和理念。又，《管子·小匡》曰："政既成，乡不越长，朝不越爵。"这说明乡里的齿位和与之相连的德之观念早已存在。西嶋定生先生针对此等记载指出：

> 像这样以齿位而定的所谓乡党的秩序，大概可以解释为来自氏族制社会依年龄阶层形成的社会秩序……在汉代，在里中，区分为父老和子弟这种年龄阶层，也显示跟这种以齿位为基础的社会秩序不无关系。①

在这里，他充分肯定了齿位内生为秩序的功能。与此同时，他也注意到这种齿位对于秩序形成的作用的变化：

> 在族的结合业已解体，已成为异姓家族杂居处所的汉代的里，应认为原来以族的结合为背景的按齿位而自发形成的秩序的机能，已趋弱化了。②

我们知道，秦汉时期里中的宗族状况基本上是大杂居、小聚居，以年龄为特征的齿位关系在各个族内是清晰的，至于族之上里内的齿位关系自然也为人们所熟知，毕竟当时一个个的里由于农业生产的特征决定了其封闭性，人口的流动空间相对狭窄。在人们的心目中，长者既是尊者，也是经验的传载者，他们在里内百姓中拥有高于一般人的地位就是自然的了。同样，在传统的乡里社会，"德"在百姓的心目中也拥有崇高的地位。史载："樊重

---

① [日]西嶋定生著、武尚清译：《中国古代帝国的形成与结构——二十等爵制研究》，第416页。

② [日]西嶋定生著、武尚清译：《中国古代帝国的形成与结构——二十等爵制研究》，第419页。

子父，礼义恩德行于乡里”，“赀至巨万，而赈赡宗族，恩加乡闾。外孙何氏兄弟争财，重耻之，以田二顷解其忿讼。县中称美，推为三老。年八十余终。其素所假贷人间数百万，遗令焚削文契。责家闻者皆惭，争往偿之，诸子从敕，竟不肯受”[①]。樊氏本为乡里著姓，因为有德行而被人们赞赏，樊重进而被推为三老，足以看出乡里百姓对有德者的重视。

既然乡里中的长者或有德者在人们心目中享有崇高的地位，耆老而有高德者在乡里的影响就更可想而知了，而这正是秦汉时期乡里父老的品格特征。这些乡土性的父老，在乡里有着很强的号召力和影响力。《三国志·魏书·田畴传》记载田畴带领宗族入徐无山后，“百姓归之，数年间至五千余家。畴谓其父老曰：‘诸君不以畴不肖，远来相就。众成都邑，而莫相统一，恐非久安之道，愿推择其贤长者，以为之主。’”田畴所召集商量的父老们肯定是投奔来的各个群体中的有影响力的代表，由此我们不难想象他们在未因战乱投靠田畴前在乡里所处的地位和影响。联系到刘邦与父老之约，我们可以说，这样的父老群体在秦汉时期的乡里一直占有举足轻重的地位，实为统治者不得不重视的一股力量。

二、民间父老在乡里秩序构建中的作用

秦汉统治者对于民间父老力量的重视和利用，首先表现为在乡里设置三老和里父老这样的专门职衔，旨在发挥其沟通官、民之中介作用，利用他们特定的身份来佐助地方行政有效展开，前述汉代三老在乡里的教化作用可见一斑，此不赘述。县、乡三老固然选自为数众多的父老，本身即为众多父老中的一员，但相对于乡三老“非吏而得与吏比者”的身份，一里之里父老则是“比三老、孝悌官属”，所以他们比县、乡三老更近民情，与百姓的关系也更贴近，常被视为民间代表。诚如马新师所言：

> 里父老来自乡里基层，非朝廷命官，其职分不同于乡啬夫、游徼、里正(里典)，但他们却是乡里政治体系中的骨干。政府承认他们，实际上是利用固有的血缘关系为地缘政治组织服务。从“里父老”的命名上即

① 《后汉书·樊宏传》。

可看出地缘与血缘结合的迹象。汉王朝的用意，是想凭借他们实现乡里组织与宗族组织的沟通甚至融合，从而达到控制乡里社会、和谐人际关系进而巩固政权的目的。[①]

正因为里父老的活动范围主要以里为单位，又是"地缘关系外壳与宗法关系内核结合点的重要体现者"[②]，所以，以里为基本活动空间的民间众父老在乡里"礼"治秩序构建中的作用更具普遍性和直接性。

秦汉国家特别重视基层行政的里级组织中父老体系的建制。首先是以里为单位在每个里中选置一名专职里父老，这可以说是一里众父老中的佼佼者，也是沟通官民的重要角色。与其他里中父老比，他们有官方所赋予而为一里百姓所认可的专门职衔。这种特定的身份也往往会让他们肩负较一般里中父老更多的责任，凡需要有父老参与之事，诸如里社止雨、佐助缴纳赋税等，他们一般都会首先到场。当然，他们也可能比一般的父老享有更多的待遇，如在那种里正、父老得受"倍田"的时代，里中父老群中恐怕唯其得到眷顾，东汉《侍廷里父老僤买田约束石券》所载可以得用"容田"之资的"父老"也当指专职里父老。除这种专职里父老外，传世文献中还反映出汉代里中存在有别于众父老而被冠以特定名号的父老。如《白虎通》卷六《辟雍》载："古者教民者，里皆有师，里中之老有道德者为里右师，其次为左师，教里中之子弟以道艺、孝悌、仁义。"由之不难看出，汉代可能存在"里师"的称谓，其为里中老而有德之人，而且不止一员，既然有里左师、里右师之别，这里的"师"就不是泛指，而是特定的名号。可以说，里师同里父老一样，是从里中父老中推择出的卓异者，他们也负有教化里中百姓、宣达孝悌仁义的职责。有关里师佐助乡官参与乡里事务者，江苏仪征胥浦101汉墓出土先令券书可以为证。券书云：

元始五年九月壬辰朔辛丑□，高都里朱凌，凌庐居新安里，甚疾，其死。故请县乡三老、都乡有秩、佐、里师田谭等，为先令券书……时任知

---

① 马新：《里父老与汉代乡村秩序略论》，载《东岳论丛》2005年第6期。

② 马新：《里父老与汉代乡村秩序略论》，载《东岳论丛》2005年第6期。

者：里师、伍人谭等及亲属孔聚、田文、满真。先令券书明白，可以从事。①

此券涉及参与立“先令券”者，其中的里师不但与其他乡官里吏一起参与立券，更以见证人身份出现。正因为里师在里中的重要地位，所以面对该职之缺才有重置的必要。《汉书·黄霸传》载其“然后为条教，置父老师帅伍长，班行之于民间，劝以为善防奸之意”。他所置的“父老”指专职里父老，而“师帅”很可能指里师等，这些人承担了将上级的“条教”在民间传布的责任，并教化百姓为善禁奸，显然是利用了他们身处民间的传统优势。总的看来，通过建立这样一套里内专职“父老”班子，统治者就获得了沟通官民并利用特定乡土资源的有效途径。

与里中专职父老相比，没有职名的父老为数更多，不论是哪些父老，由于他们具有“耆老有高德”者的品格，所以都会成为影响乡里的重要力量，在乡里秩序的构建中发挥重要作用。而其发挥作用的途径也是多种多样，主要体现在以下几方面：

首先，以德行影响、教化百姓。乡里父老本身即为有德者，以自己的言传身教影响乡里乃国家重视父老的根本原因，在汉“以孝治天下”的大环境下更是如此。除如《黄霸传》所见承上级职官政令而教化外，在日常生活中也常见父老的教民化俗之举。如《后汉书·梁鸿传》载：

（梁鸿）曾误遗火延及它舍，鸿乃寻访烧者，问所去失，悉以豕偿之。其主犹以为少。鸿曰：“无它财，愿以身居作。”主人许之。因为执勤，不懈朝夕。邻家耆老见鸿非恒人，乃共责让主人，而称鸿长者。于是始敬异焉，悉还其豕。鸿不受而去，归乡里。

文中的“耆老”自然乃里中的父老之一，他能出面责让有过错者并使之接受训诫改变原来的做法，足见其教化之举的影响力。像这样存于日常生活中的教化行为，因其无处无时不在，对乡里不德行为无疑会形成一种监督、规制效用，利于乡里道德风尚的形成。

其次，民间父老积极反映民间实情并参议地方政事。史书中关于县、乡

① 李均明、何双全：《散见简牍合辑》，第105～106页。

三老反映或表达民情民意并积极建议献策的事例多有记载。他们之外的广大父老也有机会反映地方民情并参议地方政事。如《汉书·韩延寿传》载：

> 颍川多豪强，难治，国家常为选良二千石。先是，赵广汉为太守，患气俗多朋党，故构会吏民，令相告讦，一切以为聪明，颍川由是以为俗，民多怨。欲更改之，教以礼让，恐百姓不从，乃令召郡中长老为乡里所信向者数十人，设酒具食，亲与相对，接以礼意，人人问以谣俗，民所疾苦，为陈和睦亲爱销除怨咎之路。长老皆以为便，可施行，因与议定嫁娶丧祭仪品，略依古礼，不得过法。

郡守韩延寿欲在前任太守的基础上有所更化，他首先召集郡中有影响的“长老”征求意见，这些“长老”即乡里之父老，因为他们了解地方民情，更因为他们本身即为教化百姓的主要力量，所以欲“教以礼让”而由他们参与集思广益就非常合适了。《后汉书·光武帝纪下》载：刘秀“进幸汝南南顿县舍，置酒会，赐吏人，复南顿田租岁。父老前叩头言：‘皇考居此日久，陛下识知寺舍，每来辄加厚恩，愿赐复十年’”。这些“父老”是代表乡里，为民所请的。

再次，佐助地方官兴善除恶，维护一方秩序。父老居于民间，所以对地方治安情况非常熟悉，他们就成为一些地方官维护地方治安不可忽视的力量。《汉书·尹赏传》载：尹赏任长安令时，“乃部户曹掾史，与乡吏、亭长、里正、父老、伍人，杂举长安中轻薄少年恶子，无市籍商贩作务，而鲜衣凶服被铠扞刀兵者，悉籍记之，得数百人”。《汉书·张敞传》载：张敞任京兆尹时长安偷盗现象严重，“上以问敞，敞以为可禁。敞既视事，求问长安父老，偷盗酋长数人，居皆温厚，出从童骑，闾里以为长者。敞皆召见责问，因贳其罪，把其宿负，令致诸偷以自赎”。由上举两则材料可以看出，地方官为了维护地方治安，充分发挥了父老熟知地方的优势，而且也收到了理想的效果。

由上论可知，秦汉时期在乡里秩序的构造中民间父老发挥了重要的作用。我们在肯定这个问题的前提下，也应该看到民间父老因社会结构的发展变化其主体构成在身份上发生的变化。日本学者对父老在里中秩序构建中的作用曾给予高度关注。民间之“父老—子弟”关系是存在的，其作用也是不容否定的，但这是在王权一元化支配下的，它只能为王权构建乡里秩序所用，而不可以游离于王权之外的自律的形态出现。社会结构的变动虽然不会打破基层自然存在的“父老—子弟”关系，也会使民间父老（包括专职里父老）豪族化，但他们作为王权支配中介的地位不会改变。[①]

① 参见崔向东《汉代豪族研究》，第 251～254 页。

结　论

秦汉是我国专制主义中央集权国家建立和发展的重要阶段，为了实现对基层百姓的有效控制，当时国家以乡里组织为基础建立起一套系统的乡里控制机制，内容涵盖了社会生活的各个层面。这样的一套乡里控制机制的建立一方面是对先秦时期治国经验模式的继承，另一方面则是因应新的时代环境不断探索创新的结果。

从秦汉乡里权力结构以及乡里行政体制的本质来看，秦汉国家对乡里的控制的实现绝非所谓的“自治”。就制度设计和王权的基层统治理念而言，秦汉时期国家对乡里的控制可以作如下把握：

一方面，国家建立了王权垂直管理的乡里行政组织，以王权为主导选用、配置各类职能性控制人员，发挥其上通下达和维系基层秩序的功用。乡里职能性控制人员大部分属于“吏”，由于国家主导选用权，所以从王权层面看他们都不能说成是纯粹的“自治”性力量，乡里也不是他们主导下的所谓“共同体”和“自治”性组织。

另一方面，一种秩序形成的路径是复杂的。有学者指出：“对乡村社会而言，一旦外来的国家权力进入到这一‘场域’之中，就意味着进入到了一个特定的社会关系和文化规则之中，它只有服从这一‘场域’的乡土文化逻辑才能建构或维护自己的合法权威。"[①]"乡土文化"是传统社会的典型特征,也是一个内涵复杂的范畴。秦汉国家在"大共同体"框架内构建乡里秩序时,并没有忽视传统乡土文化的存在及其为可资利用的资源,没有忽视对构建国家行政与乡土文化彼此联结途径的探索。三老和里父老体制的建立可谓一条有效的途径,凸显了当时王权对乡里既存社会资源的利用。尽管三老、父老具有"非吏"的身份,但其选用和活动也处于王权的有效支配之下,并不完全代表民间,很好地发挥了沟通官民的作用。乡里父老或者豪强大姓虽是影响乡里的重要力量,但他们始终处于王权的支配之下,国家对其只是利用,而绝没有给其脱离王权支配形成自律秩序的可能。

由上面国家与社会之关系看,秦汉社会王权一元化支配特征甚明,在秦汉乡里秩序构造过程中,乡土文化充其量只是为以"大共同体本位"为特征的国家所改造、利用,并不是以对行政和法律排斥为前提的"自治"。

不过,国家对基层社会的控制乃国家与社会相互作用的结果,社会的稳定和有序发展需要以"公共权力"身份存在的国家发挥作用,国家也可以从制度层面规划和设计控制手段与路径,但王权的基层控制理念和制度设计既是一定社会结构基础上的产物,其实际控制效果也取决于一定的社会结构,并随社会结构的变化而变化。秦和西汉前期,国家"授田制"对相对稳定的小农经济的塑造作用,以及王权对乡里社会势力的节制,奠定了国家对乡里有效控制的基础,在"未有并兼之害"的大环境下,国家的各制度环节有效地发挥了维护乡里秩序的作用,基层社会在王权的一元化权力结构规制下良性运行。西汉中期之后,社会结构的变化也非常明显:随着国家权力体系向社会的开放,国家逐渐放弃了对地方豪强宗族势力的有效抑制,结果导致"授田制"的破坏和愈演愈烈的兼并之害,其直接结果就是国家对乡里经济和人身控制的弱化;在乡里权力结构层面,豪强大族逐渐武断乡曲和把持了乡举里选,在乡里的影响更大。在这样的社会结构变化之下,国家对社会一元化支配的原理没有变化,社会运转的内在机制则在不断变化:随着社会结

① 郭亮、何得桂:《乡村社会中的国家遭遇——一个文化的视角》,载《古今农业》2006 年第 2 期。

构的变化和民间自营的需要，单之类民间结社开始突破王权的限制而渐次发展起来，并为官府所接受和利用，由此开启了历史上王权与民间结社组织间复杂的互动格局；以儒家经典为内容的乡里教化体系日趋完备；国家权力对地方社会势力日益开放；邻里间编伍的连坐举察功能弱化，而互保功能增强。所有这些既是社会结构变化使然，也反映了国家的统治理念的调整及地方社会的自我调整和适应。社会可以说是一个有张力的结构，国家和社会都可以在结构允许的范围内调整，伴随超出该结构承受力的要素的出现，其便难以存在，面临着重构或重新调整的选择，秦汉四百年间朝代之更迭就是最好的反映。

主要参考文献

一、古籍资料

(西汉)司马迁撰:《史记》,中华书局 1982 年版。

(西汉)陆贾撰、王利器校注:《新语校注》,中华书局 1986 年版(《新编诸子集成》本)。

(西汉)韩婴著、(清)周廷寀校注:《韩诗外传》,中华书局 1985 年版(《丛书集成初编》本)。

(西汉)董仲舒撰、(清)凌曙注:《春秋繁露》,中华书局 1975 年版。

(西汉)桓宽撰、王利器校注:《盐铁论校注》,天津古籍出版社 1983 年版。

(西汉)史游撰、(唐)颜师古注:《急就篇》,中华书局 1985 年版(《丛书集成初编》本)。

(西汉)贾谊撰、(清)卢文弨校:《新书》,上海古籍出版社 1989 年版。

(东汉)班固撰:《汉书》,中华书局 1962 年版。

(东汉)崔寔撰、缪启愉辑释:《四民月令辑释》,农业出版社 1981 年版。

(东汉)王充:《论衡》,上海人民出版社 1974 年版。

(东汉)应劭撰、吴树平校释:《风俗通义校释》,天津古籍出版社 1980 年版。

(东汉)王符撰、(清)汪继培笺:《潜夫论》,上海古籍出版社 1978 年版。

(东汉)刘珍等撰、吴树平校注:《东观汉记校注》,中州古籍出版社 1987 年版。

(东汉)徐幹撰、徐湘霖校注:《中论校注》,巴蜀书社 2000 年版。

(西晋)陈寿撰:《三国志》,中华书局 1982 年版。

(东晋)葛洪撰、杨明照校笺:《抱朴子外篇校笺》,中华书局 1991 年版。

(南朝宋)范晔撰:《后汉书》,中华书局 1965 年版。

(唐)房玄龄等:《晋书》,中华书局 1974 年版。

(唐)欧阳询撰、汪绍楹校:《艺文类聚》,上海古籍出版社 1965 年版。

(唐)杜佑撰、王永兴等点校:《通典》,中华书局 1988 年版。

(北宋)李昉等:《太平御览》,中华书局 1960 年影印本。

(南宋)洪适:《隶释》,中华书局 1986 年版。

(南宋)徐天麟:《西汉会要》,中华书局 1955 年版。

(南宋)徐天麟:《东汉会要》,中华书局 1955 年版。

(清)顾炎武著、(清)黄汝成集释:《日知录集释》(外七种),上海古籍出版社 1985 年版。

(清)孙星衍等辑、周天游点校:《汉官六种》,中华书局 1990 年版。

(清)严可均辑:《全后汉文》,商务印书馆 1999 年版。

(清)陈立撰、吴则虞点校:《白虎通疏证》,中华书局 1994 年版(《新编诸子集成》本)。

(清)严万里校:《商君书》,中华书局 1954 年版(《诸子集成》本)。

(清)王先慎撰、钟哲点校:《韩非子集解》,中华书局 1998 年版(《新编诸子集成》本)。

(清)郭庆藩撰、王孝鱼点校:《庄子集释》,中华书局 1961 年版(《新编诸子集成》本)。

(清)董诰等编:《全唐文》,中华书局 1983 年版。

李学勤主编:《十三经注疏》(整理本),北京大学出版社 2000 年版。

黄怀信:《鹖冠子汇校集注》,中华书局 2004 年版。

黎翔凤撰、梁运华整理:《管子校注》,中华书局 2004 年版(《新编诸子集成》本)。

何宁:《淮南子集释》,中华书局 1998 年版(《新编诸子集成》本)。

二、考古资料

睡虎地秦墓竹简整理小组:《睡虎地秦墓竹简》,文物出版社 1978 年版。

谢桂华、李均明、朱国炤:《居延汉简释文合校》,文物出版社 1987 年版。

连云港市博物馆等:《尹湾汉墓简牍》,中华书局 1997 年版。

张家山汉墓竹简整理小组:《张家山汉墓竹简(二四七号墓)》,文物出版社 2001 年版。

甘肃省文物考古研究所:《敦煌汉简》下册,中华书局 1991 年版。

李均明、何双全:《散见简牍合辑》,文物出版社 1990 年版。

甘肃省文物考古研究所等:《居延新简——甲渠候官与第四燧》,文物出版社 1990 年版。

长沙市文物考古研究所等:《长沙走马楼三国吴简·竹简(一)》,文物出版社 2003 年版。

长沙市文物考古研究所等:《长沙走马楼三国吴简·嘉禾吏民田家莂》,文物出版社 1999 年版。

长沙市文物考古研究所、中国文物研究所:《长沙东牌楼东汉简牍》,文物出版社 2006 年版。

中国文物研究所、湖北省文物考古研究所:《龙岗秦简》,中华书局 2001 年版。

湖北省荆州博物馆:《荆州高台秦汉墓——宜黄公路荆州段田野考古报告之一》,科学出版社 2000 年版。

连云港市博物馆等:《尹湾汉墓简牍释文选之集簿》,载《文物》1996 年第 8 期。

湖南省文物考古研究所等:《湘西里耶秦代简牍选释》,载《中国历史文物》2003 年第 1 期。

湖南省文物考古研究所等:《湖南龙山里耶战国——秦汉古城一号井发掘简报》,载《文物》2003 年第 1 期。

湖南省文物考古研究所:《里耶发掘报告》,岳麓书社 2007 年版。

王素:《长沙东牌楼东汉简牍选释》,载《文物》2005 年第 12 期。

刘海旺、张履鹏:《国内首次发现汉代村落遗址简介》,载《古今农业》2008 年第 3 期。

天长市文物管理所、天长市博物馆:《安徽天长西汉墓发掘简报》,载《文物》2006 年第 11 期。

银雀山汉墓竹简整理小组:《银雀山竹书〈守法〉、〈守令〉等十三篇》,载《文物》1985 年第 4 期。

饶宗颐、李均明:《敦煌汉简编年考证》,新文丰出版公司 1995 年版。

甘肃省文物考古研究所:《居延汉简释粹》,兰州大学出版社 1988 年版。

胡平生、张德芳:《敦煌悬泉汉简释粹》,上海古籍出版社 2001 年版。

甘肃居延考古队简册整理小组:《"建武三年候粟君所责寇恩事"释文》,载《文物》1978 年第 1 期。

中国科学院考古研究所洛阳工作队:《东汉洛阳城南郊的刑徒墓地》,载《考古》1972 年第 4 期。

中国科学院考古研究所编辑室:《武威磨咀子汉墓出土王杖十简释文》,载《考古》1960 年第 9 期。

伍德熙:《新发现的一份西汉诏书——〈永始三年诏书简册〉考释和有关问题》,载《西北师院学报》1983 年第 4 期。

裘锡圭:《湖北江陵凤凰山十号汉墓出土简牍考释》,载《文物》1974 年第 7 期。

周世荣:《有关马王堆古地图的一些资料和几方汉印》,载《文物》1976 年第 1 期。

郑杰祥:《南阳新出土的东汉张景造土牛碑》,载《文物》1963 年第 11 期。

宁可:《关于〈汉侍廷里父老僤买田约束石券〉》,载《文物》1982 年第 12 期。

黄士斌:《河南偃师县发现汉代买田约束石券》,载《文物》1982 年第 12 期。

谢雁翔:《四川郫县犀浦出土的东汉残碑》,载《文物》1974 年第 4 期。

三、今人论著

(一)国内(按作者姓名的字母顺序排列)

1. 著作

安作璋、熊铁基:《秦汉官制史稿》下册,齐鲁书社1985年版。

北京大学吴简研讨班编:《吴简研究》第2辑,崇文书局2006年版。

曹旅宁:《张家山汉律研究》,中华书局2005年版。

陈梦家:《汉简缀述》,中华书局1980年版。

陈明:《儒学的历史文化功能——以中古士族现象为个案》,中国社会科学出版社2005年版。

崔向东:《汉代豪族研究》,崇文书局2003年版。

戴康生、彭耀:《宗教社会学》,社会科学文献出版社2000年版。

杜正胜:《编户齐民——传统政治社会结构之形成》,联经出版事业公司1990年版。

费孝通:《乡土中国》,上海人民出版社2006年版。

甘肃省文物考古研究所编:《秦汉简牍论文集》,甘肃人民出版社1989年版。

高敏:《秦汉史论集》,中州书画社1982年版。

高敏:《秦汉魏晋南北朝史论考》,中国社会科学出版社2004年版。

高敏:《云梦秦简初探》,河南人民出版社1981年版。

谷更有:《唐宋国家与乡村社会》,中国社会科学出版社2006年版。

韩星:《儒法整合——秦汉政治文化论》,中国社会科学出版社2005年版。

何双全:《简牍》,敦煌文艺出版社2004年版。

何兹全:《中国古代社会》,北京师范大学出版社2001年版。

胡寄窗:《中国经济思想史》(中),上海人民出版社1963年版。

季乃礼:《三纲六纪与社会整合——由〈白虎通〉看汉代社会人伦关系》,中国人民大学出版社2004年版。

金春峰:《汉代思想史》,中国社会科学出版社1997年版。

李卿:《秦汉魏晋南北朝时期家族、宗族关系研究》,上海人民出版社2005年版。

李松玉:《制度权威研究——制度规范与社会秩序》,社会科学文献出版社2005年版。

李天虹:《居延汉简簿籍分类研究》,科学出版社2003年版。

李天石:《中国中古良贱身份制度研究》,南京师范大学出版社2004年版。

李振宏:《居延汉简与汉代社会》,中华书局2003年版。

廖伯源:《简牍与制度——尹湾汉墓简牍官文书考证》,广西师范大学出版社2005年版。

林甘泉:《林甘泉文集》,上海辞书出版社2005年版。

刘泽华等:《专制权力与中国社会》,吉林文史出版社1988年版。

刘泽华:《中国的王权主义》,上海人民出版社2000年版。

马彪:《秦汉豪族社会研究》,中国书店2002年版。

马小虎:《魏晋以前个体"自我"的演变》,中国人民大学出版社2004年版。

马新:《两汉乡村社会史》,齐鲁书社1997年版。

毛汉光:《中国中古社会史论》,上海世纪出版集团2002年版。

牟发松主编:《社会与国家关系视野下的汉唐历史变迁》,华东师范大学出版社2006年版。

秦晖:《传统十论》,复旦大学出版社2003年版。

孙筱:《两汉经学与社会》,中国社会科学出版社2002年版。

田昌五、臧知非:《周秦社会结构研究》,西北大学出版社1996年版。

仝晰纲:《中国古代乡里制度研究》,山东人民出版社1999年版。

王家范:《中国历史通论》,华东师范大学出版社2000年版。

王威海:《中国户籍制度——历史与政治的分析》,上海文化出版社2006年版。

王彦辉:《汉代豪民研究》,东北师范大学出版社2001年版。

王子今:《秦汉社会史论考》,商务印书馆2006年版。

邢义田:《秦汉史论稿》,台北东大图书公司 1987 年版。

徐复观:《两汉思想史》第 1 卷《周秦汉政治社会结构之研究》,华东师范大学出版社 2001 年版。

许倬云:《求古编》,联经出版事业公司 1982 年版。

薛英群:《居延汉简通论》,甘肃教育出版社 1991 年版。

严耕望:《中国地方行政制度史》甲部《秦汉地方行政制度》,“中央”研究院历史语言研究所专刊 45A,1997 年版。

杨桂华:《转型社会控制论》,山西教育出版社 1998 年版。

杨师群:《东周秦汉社会转型研究》,上海古籍出版社 2003 年版。

尹建东:《两汉魏晋南北朝时期关东豪族研究》,四川大学出版社 2007 年版。

俞伟超:《中国古代公社组织的考察——论先秦两汉的單—僤—彈》,文物出版社 1988 版。

于振波:《走马楼吴简初探》,文津出版社 2004 年版。

张伯元:《出土法律文献研究》,商务印书馆 2005 年版。

张继海:《汉代城市社会》,社会科学文献出版社 2006 年版。

张金光:《秦制研究》,上海古籍出版社 2004 年版。

张荣明:《中国的国教——从上古到东汉》,中国社会科学出版社 2001 年版。

张荣明:《权力的谎言——中国传统的政治宗教》,浙江人民出版社 2000 年版。

张涛:《经学与汉代社会》,河北人民出版社 2001 年版。

赵沛:《两汉宗族研究》,山东大学出版社 2002 年版。

赵秀玲:《中国乡里制度》,社会科学文献出版社 1998 年版。

中国秦汉史研究会:《秦汉史论丛》第 3 辑,陕西人民出版社 1986 年版。

中国社会科学院历史研究所战国秦汉研究室:《简牍研究译丛》第 2 辑,中国社会科学出版社 1987 年版。

周长山:《汉代城市研究》,人民出版社 2001 年版。

朱绍侯:《军功爵制试探》,上海人民出版社 1980 年版。

朱绍侯:《秦汉土地制度与阶级关系》,中州古籍出版社 1985 年版。

2. 论文

卜宪群:《春秋战国乡里社会的变化与国家基层权力的建立》,载《清华大学学报》(哲社版)2007 年第 2 期。

卜宪群:《秦汉之际乡里吏员杂考——以里耶秦简为中心的探讨》,载《南都学坛》2006 年第 1 期。

卜宪群:《秦汉社会势力及其官僚化问题——以商人为中心的探讨》,载《江苏行政学院学报》2006 年第 5 期。

曾加:《张家山汉简〈二年律令〉中的君权法律思想》,载黄留珠、魏全瑞主编《周秦汉唐文化研究》第 4 辑,三秦出版社 2006 年版。

陈洪生:《传统乡村治理的历史视阈:政府主导与乡村社会力量的对垒》,载《江西师范大学学报》2006 年第 3 期。

陈明光:《汉代"乡三老"与乡族势力蠡测》,载《中国社会经济史研究》2006 年第 4 期。

崔向东:《秦始皇"尊奖并兼之人"辨析》,载《锦州师范学院学报》2002 年第 2 期。

董建辉:《"礼治"与传统农村社会秩序》,载《厦门大学学报》2005 年第 4 期。

杜正胜:《从爵制论商鞅变法所形成的社会》,载《中央研究院历史语言研究所集刊》第 56 本第 3 分,1985 年。

杜正胜:《"编户齐民论"的剖析》,载王健文主编《政治与权力》,中国大百科全书出版社 2005 年版。

杜正胜:《"单"是公社还是结社?——与俞伟超先生商榷》,载《新史学》1990 年创刊号。

高敏:《秦汉的户籍制度》,载《求索》1987 年第 1 期。

高敏:《从江陵凤凰山十号汉墓出土简牍看汉代的口钱、算赋制度》,载《文史》第 20 辑,1983 年。

高敏:《"度田"斗争与光武中兴》,载《南都学坛》1996 年第 1 期。

高敏:《试论尹湾汉墓出土〈东海郡属县乡吏员定簿〉的史料价值——读

尹湾汉简札记之一》,载《郑州大学学报》1997 年第 2 期。

高敏:《从嘉禾年间〈吏民田家莂〉看长沙郡一带的民情风俗与社会经济状况》,载《中州学刊》2000 年第 5 期。

高敏:《吴简中所见孙权时期户等制度的探讨》,载《史学月刊》2006 年第 5 期。

高敏:《汉初法律系全部继承秦律说——读张家山汉简〈奏谳书〉札记》,载《秦汉魏晋南北朝史论考》,中国社会科学出版社 2004 年版。

高敏:《〈集簿〉的释读、质疑与意义探讨——读尹湾汉简札记之二》,载《史学月刊》1997 年第 5 期。

高寿仙:《略论传统中国的乡村控制与村社结构》,载《北京行政学院学报》2001 年第 5 期。

贺双非:《从走马楼吴简看汉、吴户籍制度的异同》,载《湖南城市学院学报》2003 年第 5 期。

黄今言:《汉代三老、父老的地位与作用》,载《江西师范大学学报》2007 年第 5 期。

贾丽英:《汉代"名田宅制"与"田宅逾制"论说》,载《史学月刊》2007 年第 1 期。

劳干:《汉代的豪强及其政治上的关系》,载其《古代中国的历史与文化》,中华书局 2006 年版。

李根蟠:《从秦汉家庭论及家庭结构的动态变化》,载《中国史研究》2006 年第 1 期。

李均明:《张家山汉简所见规范人口管理的法律》,载《政法论坛》2002 年第 5 期。

李均明:《张家山汉简所反映的二十等爵制》,载《中国史研究》2002 年第 2 期。

黎明钊:《西汉中期之三老与豪强》,载《新史学》第 8 卷第 2 期,1997 年。

林甘泉:《秦汉帝国的民间社区和民间组织》,载《燕京学报》新 8 期,2000 年。

林甘泉:《"侍廷里父老僤"与古代公社组织残余问题》,载《文物》1991

年第 7 期。

林甘泉:《“养生”与“送死”:汉代家庭的生活消费》,载《林甘泉文集》,上海辞书出版社 2005 年版。

林兴龙:《东汉〈汉侍廷里父老僤买田约束石券〉相关问题研究》,载《云南师范大学学报》2007 年第 4 期。

刘修明:《“汉以孝治天下”发微》,载《历史研究》1983 年第 6 期。

骆正林:《中国古代乡村政治文化的特点——家族势力与国家势力的博弈与合流》,载《重庆师范大学学报》2007 年第 4 期。

马新:《编户齐民与两汉王朝的人口控制》,载《东岳论丛》1996 年第 5 期。

马新:《两汉乡村管理体系述论》,载《山东大学学报》1997 年第 1 期。

马新:《论两汉乡村社会中的里社》,载《文史哲》1998 年第 5 期。

马新:《里父老与汉代乡村社会秩序略论》,载《东岳论丛》2005 年第 6 期。

马新、齐涛:《汉唐村落形态略论》,载《中国史研究》2006 年第 2 期。

牟发松:《汉代三老:“非吏而得与吏比”的地方社会领袖》,载《文史哲》2006 年第 6 期。

穆怀中:《社会控制概念和结构分析》,载《社会学研究》1988 年第 3 期。

宁可:《汉代的社》,载《文史》第 9 辑,1980 年。

宁可:《五斗米道、张鲁政权和“社”》,载《庆祝何兹全先生九十岁论文集》,北京师范大学出版社 2001 年版。

钱剑夫:《汉代“案比”制度的渊源及其流演》,载《历史研究》1988 年第 3 期。

秦晖:《“大共同体本位”与传统中国社会》(中),载《社会学研究》1999 年第 3 期。

秦晖:《传统中华帝国的乡村基层控制:汉唐间的乡村组织》,载其《传统十论》,复旦大学出版社 2003 年版。

秦晖:《郫县汉代残碑与汉代蜀地农村社会》,载《陕西师范大学学报》1987 年第 2 期。

裘锡圭:《啬夫初探》,载其《古代文史研究新探》,江苏古籍出版社 1992 年版。

任志安、林国荣:《大共同体? 小共同体? ——评秦晖的"从大共同体本位走向市民社会"》,载《社会学研究》2000 年第 2 期。

宋超:《走马楼吴简中的"丘"与"里"再探讨》,载《吴简研究》第 2 辑,崇文书局 2006 年版。

苏诚鉴:《"头会箕敛"与"八月算人"》,载《中国史研究》1983 年第 1 期。

沈刚:《〈张家山汉简·二年律令〉所见汉初国家对基层社会的控制》,载《学术月刊》2004 年第 10 期。

孙筱:《孝的观念与汉代新的社会统治秩序》,载《中国史研究》1990 年第 3 期。

仝晰纲:《秦汉时期的乡里豪民》,载《社会科学辑刊》1996 年第 3 期。

仝晰纲:《秦汉时期的乡里管理体制》,载《东岳论丛》1999 年第 4 期。

王毓铨:《汉代"亭"与"乡"“里"不同性质不同行政系统说——"十里一亭……十亭一乡"辨正》,载《历史研究》1954 年第 2 期。

王彦辉:《汉代豪民与乡里政权》,载《史学月刊》2000 年第 4 期。

王彦辉:《论汉代的分户析产》,载《中国史研究》2006 年第 4 期。

王彦辉:《论张家山汉简中的军功名田宅制度》,载《东北师范大学学报》2004 年第 4 期。

王子今:《居延简及敦煌简所见"客"——汉代西北边地流动人口考察札记》,载其《秦汉社会史论考》,商务印书馆 2006 年版。

邢义田:《汉代案比在县或在乡?》,载《中央研究院历史语言研究所集刊》第 60 本第 2 分,1989 年。

邢义田:《从战国至西汉的族居、族葬、世业论中国古代宗族社会的延续》,载《新史学》第 6 卷第 2 期,1995 年。

邢义田:《〈汉侍廷里父老僤买田约束石券〉再议——兼与俞伟超先生商榷》,载《中央研究院历史语言研究所集刊》第 61 本第 4 分,1990 年。

许倬云:《西汉政权与社会势力的交互作用》,载其《求古编》,联经出版事业公司 1982 年版。

许倬云:《中国古代社会与国家之关系的变动》,载《文物季刊》1996 年第 2 期。

徐勇:《中国古代乡村行政与自治二元权力体系分析》,载《中国史研究》1993 年第 4 期。

杨华:《战国秦汉时期的里社与私社》,载《天津师范大学学报》2006 年第 1 期。

杨际平:《秦汉户籍管理制度研究》,载《中华文史论丛》2007 年第 1 辑。

杨际平:《汉代内郡的吏员构成与乡、亭、里关系——东海郡尹湾汉简研究》,载《厦门大学学报》1998 年第 4 期。

杨剑虹:《从简牍看秦汉时期的乡与里组织》,载《陕西历史博物馆馆刊》第 3 辑,西北大学出版社 1996 年版。

杨振红:《秦汉"名田宅制"说——从张家山汉简看战国秦汉的土地制度》,载《中国史研究》2003 年第 3 期。

尹建东:《"豪族共同体"论辨析》,载《华中科技大学学报》2002 年第 2 期。

于振波:《"无任"与"五任"》,载《华南师范大学学报》2006 年第 1 期。

于振波:《张家山汉简中的名田制及其在汉代的实施情况》,载《中国史研究》2004 年第 1 期。

于振波:《走马楼吴简中的里与丘》,载《文史》第 70 辑,2005 年。

于振波:《简牍所见秦名田制蠡测》,载《湖南大学学报》2004 年第 2 期。

于振波:《从长沙走马楼三国吴简看其户籍中的性别与年龄结构——兼论户与里的规模》,载《台大历史学报》第 34 期,2004 年。

臧知非:《汉代田税征收方式与农民田税负担新探》,载《史学月刊》1997 年第 2 期。

臧知非:《刘秀"度田"新探》,载《苏州大学学报》1997 年第 2 期。

臧知非:《西汉授田制度与田税征收方式新论——对张家山汉简的初步研究》,载《江海学刊》2003 年第 3 期。

臧知非:《汉唐土地、赋役制度与农民历史命运变迁——兼谈古代农民问题的研究视角》,载《苏州大学学报》2005 年第 4 期。

臧知非:《秦汉里制与基层社会结构》,载《东岳论丛》2005 年第 6 期。

臧知非:《简牍所见汉代乡部的建制与职能》,载《史学月刊》2006 年第 5 期。

张鹤泉:《东汉宗族组织试探》,载《中国史研究》1993 年第 1 期。

张鹤泉:《〈二年律令〉所见二十等爵对西汉初年国家统治秩序的影响》,载《吉林师范大学学报》2005 年第 3 期。

张金光:《试论秦自商鞅变法后的土地制度》,载《中国史研究》1983 年第 2 期。

张金光:《秦乡官制度及乡、亭、里关系》,载《历史研究》1997 年第 6 期。

张金光:《有关东汉侍廷里父老僤的几个问题》,载《史学月刊》2003 年第 10 期。

张金光:《论汉代的乡村社会组织——弹》,载《史学月刊》2006 年第 3 期。

张金光:《银雀山汉简中的官社经济体制》,载《历史研究》2001 年第 5 期。

张荣强:《孙吴简中的户籍文书》,载《历史研究》2006 年第 4 期。

朱绍侯:《〈尹湾汉墓简牍〉解决了汉代官制中几个疑难问题》,载《许昌师专学报》1999 年第 1 期。

朱绍侯:《汉代乡亭制度浅论》,载《河南师范大学学报》1982 年第 1 期。

(二)国外

[日]西嶋定生著、武尚清译:《中国古代帝国的形成与结构——二十等爵制研究》,中华书局 2004 年版。

[英]崔瑞德、鲁惟一:《剑桥中国秦汉史》,中国社会科学出版社 1992 年版。

[韩]金秉骏:《汉代乡里统治之变迁》,载《中华文化论坛》2004 年第 1 期。

刘俊文主编,黄金山、孔繁敏等译:《日本学者研究中国史论著选译》第 3 卷,中华书局 1993 年版。

[日]西嶋定生著、冯哲佐等译:《中国经济史研究》,农业出版社 1984

年版。

[日]五井直弘著、姜镇庆等译:《中国古代史论稿》,北京大学出版社2001年版。

[日]池田雄一:《中国古代社会聚落的发展情况》,载李范文等编《国外中国学研究译丛》第1辑,青海人民出版社1986年版。

[日]池田温著、龚泽铣译:《中国古代籍帐研究》,中华书局1984年版。

[美]E. A. 罗斯著、秦志勇等译:《社会控制》,华夏出版社1989年版。

[美]陈启云:《汉代中国经济、社会和国家权力——评许倬云的〈汉代农业:早期中国农业经济的形成〉》,载《史学集刊》2005年第1期。

[日]东晋次:《东汉的乡里社会及其政治的变迁》,载《中国史研究》1989年第1期。

[日]谷川道雄著、马彪译:《中国中世社会与共同体》,中华书局2004年版。

[日]谷川道雄:《试从社会与国家的关系看汉唐之间的历史变迁》,载牟发松主编《社会与国家关系视野下的汉唐历史变迁》,华东师范大学出版社2006年版。

[日]谷川道雄著、胡宝华译:《试论中国古代社会的基本构造》,载张国刚主编《中国社会历史评论》第4辑,商务印书馆2002年版。

[美] Emily M. Ahern, *The Cult of the Dead in a Chinese Village*, Stanford: Stanford University Press, 1973.

后 记

呈现在读者面前的这本小册子，是以我的博士论文为基础修改、补充完成的。在该书出版之际，我首先应该感谢我的导师马新先生。书稿的选题、框架的确定和具体写作过程都倾注了导师大量的心血，导师的博学和严谨使我受益匪浅，开阔了我的学术视野，提升了我的思维水平。没有导师的精心指导和帮助，就没有本书的顺利完成。入门三年来，恩师在其他各个方面也给予关心和帮助，对此我终生难忘。

我攻读硕士学位时的导师臧知非先生仍一如既往地关心着我的学习和生活，在书稿的选题和写作过程中先生提出许多宝贵意见，对此我深怀感激。

记得论文开题时，山大历史文化学院的胡新生教授、张金龙教授、晁中辰教授、陈尚胜教授、谭世宝教授对于选题和框架设计提出了宝贵意见。论文答辩时陈其泰先生、张金龙先生、谭世宝先生和崔大庸先生在肯定拙文的前提下，提出了宝贵的修改意见，在此谨一并表示诚挚的谢意。

李学娟、巩宝平、董劭伟、张振国、侯馥中、张高臣等同学和朋友在日常的学习和生活中给予我不少帮助，北京师范大学的陈宁博士对论文的写作提供了大量有价值的资料，在此一并致以衷心感谢。

感谢父母、岳父母的大力支持。感谢我的爱人，无论是学业的完成还是书稿的写作，都离不开她的关心和鼓励。

最后，衷心祝愿所有帮助过我的人平安幸福！

王爱清
2010年1月25日